BIOGRAPHIE

DU

CLERGÉ CONTEMPORAIN

IMPRIMERIE DE A. APPERT, PASSAGE DU CAIRE, 54.

BIOGRAPHIE
DU
CLERGÉ CONTEMPORAIN

PAR UN SOLITAIRE.

TOME TROISIÈME.
S. S. Grégoire xvi.— MM. Grivel.— Dufêtre.— Morlot.— De Cheverus.— Pelier de la Croix.— Deguerry.— Migne.— Droste-Vischering.— Emery.— Paravey.

A Paris,

CHEZ A APPERT, IMPRIMEUR-ÉDITEUR,
54, Passage du Caire.

1841.

BIOGRAPHIE DE MES BIOGRAPHIES.

> Croyez-moi pleinement, mon cher lecteur, il ne faut pas croire de léger.
> VOLT. *Dict. phil. art.* CROIRE.
>
> Je vous trouve plaisant d'user d'un tel empire,
> Et de me dire au nez ce que vous m'osez dire.
> *Le Misanthrope*, acte IV, scène III.

La dernière se terminait par un vers qu'on a estropié cruellement. Il est trop tard pour rétablir le texte; et puis qui ne sait son Virgile par cœur?... Il suffit.

Le nom devant lequel nous avons fait halte est celui de M. Morlot. Ceci mérite considération; c'est le principal évènement du troisième volume.

Laissons de côté le fameux procès dont tout le monde a été encore plus ennuyé que surpris et scandalisé. Il y a une sorte de vertu qui est impossible ici, et une sorte d'équité qui est impossible là (1). J'ai pris mon parti, résignez-vous aussi, et entendons-nous.

Je déteste M. Morlot?.... moi?.... — Que vous a-t-il

---

(1) Relativement du moins.

fait? disait avec un sens infini M. le baron Henrion (1)?

M. Morlot ne m'a rien fait ; je n'eus jamais avec lui le plus petit rapport ; je ne puis ni ne veux détester M. Morlot ; je l'estime, au contraire ; j'éprouve à son égard un sentiment d'affection chrétienne que justifient ses bonnes qualités dont plusieurs de mes amis m'entretiennent journellement. A Dieu ne plaise que je rétracte les éloges de la page VII, première *Biographie de mes Biographies!* Que dis-je? C'est positivement par suite de ces favorables dispositions que j'ai fait sa notice.

On se récrie.

Voici donc quel a été mon but :

Vivement préoccupé des malheureuses querelles qui divisaient et déchirent encore le clergé d'Orléans (2), initié par les communications de M. l'abbé Coulombeau (3), de sainte mémoire, aux épouvantables mys-

---

(1) J'avais fait imprimer sur ce sujet une petite brochure dont on a différé la publication. C'était une réponse détaillée à toutes les critiques que m'a sucitées la notice de M. Morlot. Des circonstances pourraient en nécessiter plus tard la mise au jour. — Notez que j'ai dit : MONSIEUR LE BARON Henrion ; chose qui va s'expliquer incessamment.

(2) Au su et vu de tout le monde. Il faudrait être aveugle ou bien éhonté pour en faire un objet de doute.

(3) Né à Orléans, mort dans la même ville, en 1840, après avoir été élève distingué et professeur de seconde au séminaire, puis vicaire de Montargis, puis desservant de Lailly, près Baugency, et enfin de la petite paroisse de Combleux, l'une des dernières du diocèse.

Ce fut une grande perte pour l'Église : M. Coulombeau, s'il eût été compris par ses supérieurs ecclésiastiques, pouvait devenir l'une des gloires contemporaines de la chaire catholi-

tères de l'administration précédente, M. Morlot, avant même d'avoir vu son diocèse, se demanda un moment s'il n'y renoncerait pas. *Si dormieris, non timebis, quiesces, et suavis erit somnus tuus* (1).

Ici je pourrais invoquer le témoignage d'un homme à qui M. Morlot fit alors ses confidences.

Toutefois, après de mûres réflexions et beaucoup de prières, il se résigna (2).

M. Coulombeau ayant signalé les auteurs du mal, lui facilitait les moyens de le détruire immédiatement dans sa racine, sauf à rechercher plus tard les symptômes secondaires. Il s'agissait d'éloigner les membres de la compagnie de Saint-Sulpice que M. de Beauregard, son prédécesseur, avait placés à la tête du séminaire, ou, tout simplement, *quelqu'un* (3) et le secrétaire de l'évêché. Je m'explique.

M. Mérault, dont la Notice formera les deuxième et troisième livraisons du cinquième volume de la *Biographie du Clergé*, M. Mérault, après avoir créé et entretenu de ses deniers depuis vingt ans le séminaire d'Orléans, en fut chassé par M. de Beaure-

---

que. Doué d'une intelligence vaste, d'une science profonde et d'un organe magnifique, il eût marché l'égal de M. Combalot et de M. Lacordaire ; peut-être les eût-il effacés. Tous ceux qui l'ont connu seront de mon avis. Je répète qu'il est mort par suite des amertumes dont l'abreuva l'administration de M. de Beauregard, et je le prouverai nettement au besoin.

(1) Prov. 3.

(2) J'évite à M. Morlot l'outrage du *pieux* auquel on a pris l'impertinente habitude de toujours crucifier son nom.

(3) Je le donne à deviner.

gard (1) ; et quatre individus vinrent à sa place : *quelqu'un*, MM. Roy, Chapt et Johanet, plus un économe. « Ne voulez-vous pas que je me réjouisse avec vous d'un si bel assemblage (2) ? »

Inutile de rappeler la gestion provisoire de M. Roma, saint vieillard, mais d'une incroyable faiblesse de caractère, espèce de personnage d'entr'acte, si l'expression m'est permise, que l'on fit jouer pour distraire des affections blessées et irritées et ménager la transition d'un gouvernement paternel au gouvernement que j'ai dit.

En arrivant à leur destination, les nouveaux directeurs n'ignoraient pas ce qui les attendait. M. Garnier avait donné ses informations au supérieur, si bien même que celui-ci fut surpris de ne se point voir lapidé ; c'est du moins ce qu'il a maintes fois répété (3).

Voici comment les choses se firent :

Les débuts sont ordinairement irréprochables. Point de mielleuses politesses qu'on n'eût hâte de dépenser aux genoux des dignitaires ecclésiastiques ; point de dévouement et de promesses dont on fût avare pour le clergé inférieur ; point d'entrailles de

---

(1) Dont on vient de publier les *mémoires*. — Je rendrai compte de ces mémoires là, s'il y a lieu. — Je possède la correspondance autographe de M. Mérault et du prélat désigné ici ; et cette correspondance, que j'exhiberais au besoin, justifie surabondamment l'horrible expression que j'emploie ici : M. Mérault fut CHASSÉ de son séminaire.

(2) *Sganarelle*, dans *Le Médecin malgré lui*, act. II, sc. IV.

(3) Non dans les mêmes termes, peut-être, mais dans le même sens.

mère qu'on n'eût à vous offrir, pauvres séminaristes!

Mais peu à peu le masque tombait.

Les dignitaires s'aperçurent enfin qu'en leur baisant les genoux, on minait la terre sous leurs pieds. Le pouvoir allait se concentrant de plus en plus sur un seul point ; on les avait joués ; et, pour opposer de la résistance, il était trop tard. Je demande aux dignitaires ce que veulent dire aujourd'hui tous leurs titres.

Les curés et vicaires, traités d'abord de même sorte, déploraient leurs appréhensions et s'accusaient presque d'injustice, puisqu'on s'engageait devant eux à suivre les errements de M. Mérault, puisqu'on les accueillait avec une charmante bonhomie et qu'on semblait même tenir à honneur de vivre dans l'intimité de chacun d'eux ; mais l'illusion fut de courte durée : bientôt les interdits commencèrent (1), ils se

(1) Voyons comment ils ont continué. — Un mot sur le procès de M. Dombrowski, prêtre polonais, qui fut interdit l'année dernière par l'officialité d'Orléans :

« Le 26 décembre, à quatre heures du soir, un ouvrier tailleur se présente chez M. Dombrowski, *comme officier ministériel*, et lui remet une assignation, plus un réquisitoire du promoteur, *sans date régulière*. Ici, l'accusé doit répondre *super* DELICTIS *ipsi imputatis ;* là, *super* CRIMINE..... *imputato*. — Le 4 janvier suivant, le même messager porte à M. Dombrowski, non plus une assignation, bien que trois citations soient exigibles dans les affaires criminelles, avant qu'on puisse juger le procès *par forclusion*, même sous le régime des immunités gallicanes, même *cum omni strepitu juris* : CITANDUS EST TRIBUS EDICTIS. Mais le tailleur lui transmet une sentence définitive prononcée par défaut, envoyée au nom de *Georgius-Maria* Dupont, et rendue en celui de Paulus-Georgius-Maria, etc., signée enfin

multiplièrent démesurément, je dirais comiquement s'il était permis de rire en matière pareille (1). Il y eut un remaniement complet dans le personnel du diocèse : les anciens furent relégués aussi loin que possible du centre, ou condamnés à rester pour toujours dans d'obscurs emplois qui n'étaient primitivement affectés qu'à leurs jeunes essais, etc., etc. —Ainsi fut traité quiconque ne se laissait pas leurrer

par le secrétaire de l'évêché, lorsqu'aux termes de l'ordonnance épiscopale d'institution, elle doit l'être par le greffier. — L'officialité ne spécifie ni *délit* ni *crime*. — Accusation, dénonciation, enquête, les trois formes capitales de la procédure ont été violées, et l'on sait combien est expresse la lettre du droit-canon : «...tribus modis..... procedi... sicut accusationem legitima præcedere debet inscriptio, sic et denuntiationem charitativa admonitio, et inquisitionem clamosa insinuatio prævenire. Lib. v. Décret. tit. 1. — Conc. lateran. c. 8. — Conc. trid. — J.-L. Brunet : *Le parfait Notaire apostolique*. Tom. II, p. 557. Point d'inscription, point d'admonition *caritative*, vice radical dans le mode d'enquête. La pénible mission d'instruire le procès, la loi la réserve, soit à l'official, soit à un juge commis à cet effet, *judex surrogatus, dont les fonctions*, dit toujours la circulaire de M. Morlot, *seront d'assister notre official ou de le remplacer en cas d'empêchement*. Mais l'information doit être opérée en l'absence du promoteur, la loi le veut ainsi, statuant qu'elle ne lui sera communiquée qu'après la clôture, et c'est pour prendre ses conclusions. » Auboux. — Imbert en sa *Prat*. et Guid. en ses *Décis*. Or, en dépit de toutes ces dispositions, le promoteur écrit : « Exponimus quod *de Mandato D. officialis informationem* super crimine sacerdoti imputato *fecimus; super quo*, replique la loi, *conscientiam tuam oneramus.*» Quelles bévues et quelle ignorance, ou quelle négligence et quelle.........!

(1) «La colère de l'honnête homme est sérieuse,» dit P. Pyrus.

par les premières démonstrations des Quatre, et préférait à leur faveur la pure indépendance de son cœur et de son esprit.

Les *bons* séminaristes prenaient la place de ce clergé là.

Qu'était-ce donc que les *bons* séminaristes ? Ceux qui obéissaient de point en point au nouveau programme, c'est-à-dire qui, en reniant M. Mérault et ses pieux coopérateurs, embrassaient amoureusement une règle contraire à leurs principes (1), donnant à l'étude leur temps perdu et consacrant le reste à mille pauvres pratiques méticuleuses et folles que Dieu ne demande pas, qu'il réprouve même comme nuisant à des devoirs infiniment rigoureux : c'étaient les esclaves *quand même* d'une volonté abrutissante, bien dressés pour soumettre au joug qui leur décorait le cou les fidèles qu'ils allaient gouverner, et pour *embénécher*, passez-moi le mot, le diocèse ; chose aussi ridicule qu'elle est digne de pitié ! Rien n'égalait donc l'ignorance et l'hypocrite fatuité de ces malheureux : « Sur quoi crois-tu cela, dit Harpagon ? —Je le crois sur ce que je le crois, répond maître Jacques. » Les paroissiens résistaient ou se moquaient d'eux audacieusement, et ils avaient mille fois raison ; la guerre était déclarée par les tenants d'un autre régime.

Mais fallait-il accuser de toutes ces misères l'esprit de la compagnie de Saint-Sulpice en général, ou simplement l'homme qui en était le principal représen-

(1) Du moins sur un grand nombre de points.

tant dans ce diocèse ? Je trouve ici l'occasion de m'expliquer, et j'en suis satisfait.

Quelques-unes de mes paroles ont pu faire croire que j'étais en opposition systématique avec les Sulpiciens. Si cela est, je confesse l'erreur de ma plume et mes lecteurs se sont trompés par ricochet. Assurément je n'ai pas envie de nier les côtés faibles de cette institution ; les sociétés comme les hommes en ont toujours, et la congrégation de M. Olier en a plus que bien d'autres. Son premier défaut, c'est de ne pas former précisément un corps, de *nager entre deux eaux* (1), ou, en d'autres termes, de trop participer du couvent et du monde, de faire des engagements conditionnels, et subordonnés, par exemple, à des offres de dignités ecclésiastiques que *nos messieurs*, dans les circonstances données, dédaignent rarement. Un autre inconvénient, c'est qu'ils multiplient infiniment trop dans leurs règlements de séminaires *les vaines observances (voyez plus haut)* (2) au détriment des études, et qu'en conséquence les jeunes gens qu'ils élèvent ne portent trop souvent parmi les peuples que beaucoup d'ignorance et un cruel fanatisme, fruits d'une superstitieuse fainéantise.

Ainsi, voyez quelle est la journée d'un séminariste ;

(1) J'use et j'abuse même de cette façon de souligner, mon excuse est que le temps me manque et qu'en indiquant ainsi plus particulièrement certains passages, je supplée aux réflexions que ne permet pas un cadre exigu comme le mien.

(2) Il vient de paraître à Orgelet (soi-disant) une brochure portant ce titre et où se trouvent d'excellentes choses avec d'autres choses.

il est à propos de le dire dans un ouvrage sur l'église contemporaine.

A cinq heures, le lever ; — à cinq heures et demie, la prière et la méditation jusqu'à six heures et quart ; — ensuite la messe durant trois quarts-d'heure, messe suivie pour ceux qui communient, et quelquefois pour les autres, d'une demi-heure d'actions de grâces ; — étude en attendant le déjeûner de huit heures et quart, après lequel on se rend à la chapelle ; — courte étude avant la classe d'une heure, et courte étude jusqu'à l'examen particulier qui précède le dîner ; — visite à la chapelle après ce repas ; — récréation ; — courte étude souvent interrompue par le tour de visite au Saint-Sacrement ; — classe d'une heure ; — étude un peu plus longue ; — lecture spirituelle ; — souper suivi d'une procession à la chapelle ; — Récréation, prière et coucher à neuf heures et quart. — Je ne parle pas des fréquentes conférences avec le directeur particulier, des devoirs d'obligation comme la confession, etc., etc., d'une autre confession fantastique que font les âmes timorées à M. le supérieur, entre la prière du soir et la retraite dans les cellules, des classes de chant, des entretiens avec le moniteur, de la récitation des méthodes d'oraison qui se trouvent au *Manuel* (1) (et dont on exige le texte comme pour les versets de la Bible), du genre des livres ascétiques qui font l'objet des lectures

---

(1) Manuel du séminariste. — C'est un peu trop l'Évangile de Saint-Sulpice.

spirituelles (1), etc., etc. — Il serait également possible de souhaiter moins de mesquinerie dans les formes de l'enseignement, moins de prix donné à la mémoire et plus à l'intelligence, moins de routine et plus de liberté, plus de franchise en un mot. Un jeune prêtre vient dans le monde pour se mesurer avec tous les sophistes de tous les siècles dont les contemporains peuvent, avec plus ou moins d'à-propos, réveiller les arguments ; et quelles sont ses armes? quelques lignes péniblement et niaisement élaborées en thèse *à tout faire*, *omnis farinæ*, plus une dose quelconque de facéties mystiques. Les écrivains ou autres qu'il doit combattre, il en connaît le nom, *prætereàque nihil*. Le voilà qui prêche contre Voltaire, opposant au philosophe railleur quelques passages copiés dans *Bailly* ou dans la *philosophie de Lyon*; et s'il se trouve un mince étudiant qui ose lui lire en entier le morceau tronqué, il reste coi ou se compromet davantage par de maladroites récriminations. A-t-il bien appris d'Origène, dont il n'a pas lu une seule page, ce que c'était que Celse et Porphyre, les éternels points de mire de son indignation babillarde? Le monde même et ses vices, et ses travers, et ses qualités, et ses grandeurs, et ses bassesses, et sa nature intime, et sa superficie, et son passé, et son présent, et sa marche vers l'avenir, et ce que sont les vieillards et les hommes faits, et les enfants, et les exigences politiques, et les législations civiles: il ne

---

(1) Miracles cités par Liguori (chose singulière pour un si grand homme), et autres.

connaît rien de tout cela ; et vous l'entendez qui crie toujours en se repliant sur lui-même complaisamment: «O ignorance humaine! » — O jeu bizarre de la providence, m'écrierai-je à mon tour, admirable prodige, puisqu'ayant mis en de telles mains sa défense, Dieu triomphe cependant! — mais il pourrait étendre plus loin ses conquêtes, et j'aimerais assez qu'un premier vicaire de cathédrale expliquant le catéchisme à des enfants ne vînt pas leur dire qu'Alexandre était un grand philosophe d'Athènes, ce que j'ai entendu de mes oreilles......

A côté de ces défauts, il y a de grandes qualités. La société de Saint-Sulpice, depuis son origine, a produit quelques bons-prêtres, d'une piété raisonnable et d'un zèle fort louable pour le bien de l'Eglise. Ceci est vrai de ses membres comme des élèves qui sont sortis de ses séminaires : parmi les premiers, à défaut de pouvoir les signaler tous, nommons M. Olier et presque tous ses successeurs jusqu'à M. Garnier inclusivement (1).

Donc, moyennant quelques réformes, la compagnie

---

(1) Il y a un autre reproche à faire aux Sulpiciens, c'est qu'ils s'estiment trop et regardent les autres *ut stercora*, comme dit saint Paul. Hors de Saint-Sulpice, point de vertu, point de science, point de raison, rien. Ils portent cet esprit de corporation jusqu'à un point exorbitant, et ils traitent les directeurs diocésains comme faisaient les Indiens des Anglais : Le Christ, selon ces derniers, a été crucifié à Londres ; Ponce-Pilate était un officier de la Grande-Bretagne. La Grande-Bretagne est tout séminaire gouverné par des prêtres diocésains : Ponce-Pilate, ce sont ces directeurs eux-mêmes.

serait encore à même de produire pour les diocèses des bons-prêtres ; et, dans cette hypothèse, pourquoi les répudierions-nous, à moins d'une antipathie très formelle de certaines localités pour des instituteurs venus de loin? Nous qui aimons et admirons les Jésuites, peut-on supposer que, par suite de je ne sais quel parti pris, nous condamnerons à l'ostracisme ceux qui leur ressembleraient? Non, certes, mille fois non, ce n'est pas tout-à-fait la compagnie, mais quelques-uns de ses membres que j'avais signalés à l'attention publique.

Il n'est point dans l'esprit de cette compagnie de semer, partout où elle se présente, la zizanie et tous les mauvais levains, de faire d'une maison d'éducation ecclésiastique une école d'espionnage, d'un évêque le complice ingénu de mille machinations détestables, d'un diocèse une espèce de tripot dégoûtant d'où s'enfuient avec horreur les gens honnêtes.

Telle était pourtant l'histoire d'Orléans lorsqu'apparut M. Morlot.

Il y avait de plus un individu qu'on a trouvé dépeint trop énergiquement peut-être par les deux vers du grand comique.

Eh bien, je m'adresse à la mémoire de M. Morlot et à la justice de tous.

Est-il vrai que vous ayez reçu d'un curé d'Orléans, Monsieur l'évêque (1), un long mémoire qui était le

---

(1) Il existe deux petits volumes de 1674 ayant pour titre : *l'Evesque de cour opposé à l'Evesque apostolique;* si l'on en excepte certains passages foncièrement jansénistes, l'ouvrage est rempli d'excellentes réflexions et la lecture en est aussi utile qu'intéressante.—L'auteur y traite, entr'autres sujets, du terme de *monseigneur.*

motif et la complète justification de ce que j'ai fait soupçonner (1)? Je vais plus loin, et je prétends que vous me taxez intérieurement d'une charité excessive.

Est-il vrai que cet individu ne vive pas en bonne intelligence avec le clergé d'Orléans, que ce malheureux, oubliant ce qu'il fut et comment il est devenu ce qu'il est, a renié et insulté M. Mérault son bienfaiteur (2) et traité de turc à more le bon Dieu et sa conscience? Est-il complice ou non des faits et gestes du *régent?* Abusait-il de son influence sur l'esprit de M. de Beauregard pour placer haut ses créatures et perdre les autres? Serait-ce qu'on a tort de signaler dans ce parvenu brutal et ignorant l'impertinence du langage, les plus pernicieuses étourderies, etc., etc.? Interrogez le clergé d'Orléans, les laïcs, les chanoines, les fabriciens parmi lesquels il a su se glisser, les enfants même, et ils vous diront s'il y a quelque chose d'exagéré dans ce qui vient d'être dit.

Donc, les deux individus étant éloignés, l'un du séminaire, l'autre de l'évêché, le diocèse était sauvé; car enfin, que restait-il à faire pour rétablir parfaitement l'ancien état de choses? moins que rien :

M. Roy. — Il suffirait de le mettre vis-à-vis un

---

(1) Je reviens à dessein sur les mémoires que M. Coulombeau fit passer à M. Morlot lorsqu'il n'était encore qu'évêque nommé et depuis; mais ce n'est pas de ces mémoires qu'il s'agit ici.

(2) Voyez la *Physiologie du prêtre* (sauf les impiétés).

autre homme pour qu'il le reflétât de même qu'il reflète le régent; et d'ailleurs il a l'âge de la retraite.

M. Johanet. — Ma plume, un peu de mauvaise humeur, ne l'a pas traité, je l'avoue, avec une complète mansuétude; on eût pu en faire un assez bon curé de village.

Le reste ne vaut pas.... M. Desb......

Hé! l'ami, qui te savait là?

Et bien donc, lorsqu'il fut arrivé à Orléans, M. Morlot examina tant soit peu ce qui se passait, et il jugea convenable de laisser tout dans le *statu quo*.

C'est l'erreur que j'ai osé déplorer.

En rappelant au nouvel évêque les *Mémoires* qu'il avait reçus des meilleurs prêtres de son diocèse (1), je fus heureux aussi de le citer lui-même à lui-même. Chose frappante: ce que M. Coulombeau demandait à M. Morlot, c'était de point en point ce que M. Morlot avait demandé à M. Rey, son évêque, en 1830; c'est-à-dire, puisqu'il faut le répéter, le renvoi du régent et de l'autre (entendez-vous bien?). Mêmes personnages, mêmes motifs apportés par M. Morlot et M. Coulombeau, même genre d'opposition. Il y a plus, comme pour achever cette étonnante ressemblance, M. Coulombeau demanda depuis, ainsi que l'avait fait encore M. Morlot, le renvoi d'un grand-vicaire, demande fondée aussi sur son incapacité et sa qualité d'étranger.— *In quo judicas alienum, teipsum condemnas, eadem enim agis quæ judicas* (2).

---

(1) Il les reconnaît lui-même pour tels.

(2) Math. 12-15. — On m'a reproché de ne pas indiquer

Mais malheureusement M. Morlot s'avisa de faire comme M. Rey ; et, lui qui s'offensait si fort autrefois de n'être point entendu, il se ferma aussi les oreilles; lui qui concevait si bien en 1830 que l'on pût, dans une hypothèse donnée, résister aux ordres d'un évêque, il trouva inconvenantes les humbles remontrances qui lui furent adressées.

Rien ne fut fait.

S'il y a ici un seul mot dont on parvienne à me démontrer l'inexactitude, je consens à passer pour un vil imposteur.

Et maintenant, que faut-il penser des réclamations soulevées par cette notice ? Elles n'ont pas été nombreuses. Je n'en trouve qu'une qui mérite réponse ; c'est la lettre d'un chanoine de la cathédrale, M. Lejeune, insérée par surprise dans un petit journal de la localité. Je me contente de la reproduire en y joignant une seconde lettre explicative de la première.

A M. MORLOT.

Orléans, 28 novembre 1841.

« Monseigneur,

« J'ai lu, avec une profonde douleur, la dernière *Biographie du Clergé contemporain*. Je ne puis résister plus longtemps au besoin de vous ouvrir mon cœur.

de point en point l'origine de mes *textes* et d'exposer les ignorants qui sont méchants, c'est-à-dire en général tous les ignorants, à proclamer que je les fabriquais moi-même..... Donc je serai précis désormais. — La grande raison de cette lacune est que je suis avare de mes lignes et toujours plein d'estime pour mon lecteur qui, j'en suis sûr, suppléerait fort bien par lui-même.

« Je proteste de toute mon âme contre les assertions du Solitaire, *en ce qui me concerne*. Il est un mot que je repousse comme une calomnie, *s'il a le sens que je lui prête :* je ne suis pas et je ne serai jamais dans un autre camp que celui de mon évêque.

« Si j'adore en vous, Monseigneur, une puissance qui est divine, je révère aussi des qualités qui ne sont pas communes, et je n'oublierai jamais les preuves de confiance, d'estime, de bonté, de bienveillance que vous m'avez données dans toutes les circonstances.

« J'ignore à quelle porte l'auteur a frappé pour se procurer ce qu'il dit avoir reçu d'Orléans; mais je déclare que ce n'est ni à la mienne, ni à celle de mes amis, et que, s'il eût été en notre pouvoir d'empêcher une pareille publication, elle n'aurait jamais vu le jour.

« Agréez, Monseigneur, les sentiments d'une sincère et filiale vénération. »

AU SOLITAIRE.

Orléans, 29 novembre 1841.

« Monsieur,

« La dernière biographie du Clergé contemporain (concernant M. Morlot) m'a fait beaucoup de peine : ce n'est pas ainsi que vous auriez dû parler de notre digne et vénérable évêque. Vous auriez pu *le plaindre* sans doute en raison de sa position *difficile*, mais il fallait rendre justice à ses excellentes qualités et à ses bonnes intentions; je pense que vous avez été dans cette partie de votre œuvre, aussi maladroit que mal renseigné.

« Du reste, *tout ce que vous dites de ceux qui, de-*

puis quinze ans, gouvernent notre église *en la persécutant*, est de la plus évidente exactitude ; vos assertions ne reposent que *sur des faits, et ces faits sont connus de tout le monde*, personne ne saurait les contester. Loin de vous accuser de sévérité envers les hommes qui ont abusé de M. de Beauregard, et qui voudraient encore aujourd'hui abuser de son successeur, je suis forcé de reconnaître que vous n'avez pas même révélé la vingtième partie du mal qu'ils ont fait à notre diocèse.

« Je regrette cependant que cette biographie, telle que vous l'avez faite, ait été livrée au public. »

P. LEJEUNE,
Curé de Saint-Marc-d'Orléans.

M. Lejeune sait maintenant qu'il était loin de ma pensée d'affliger M. Morlot ; il sait aussi par quel tour d'escobarderie ceux qui se voyaient piqués au vif et piqués tous seuls par cette notice, ont feint de s'oublier pour ne songer qu'à mettre aux pieds de M. Morlot, qui n'en avait nullement besoin, d'hypocrites et lâches condoléances (1).

---

(1) Il y avait dîner l'année dernière, chez M. l'abbé R. pour fêter M. P., évêque de L., alors à Orléans ; tous les curés de la ville y assistaient. Sur la fin, on porta un *toast* au prélat, M. G. ayant soulevé de nouveau son verre pour en provoquer un autre... — tous les verres se soulevèrent à l'unisson... — à la santé de M. Morlot!.. tous les verres furent retirés silencieusement et posés sur table.

Se peut-il que cet homme ait un charme aujourd'hui
A vous faire oublier toutes choses pour lui !

Mol..

Mais c'en est assez sur ce sujet; je n'y reviendrai plus; on m'en a supplié.

His lacrymis vitam damus, et miserescimus ultrò (1).

(1) Virg., OEn. 143. — Quant à l'affaire du schisme de Flavigny, je me contente de citer diverses lettres de M. Morlot, adressées soit à l'évêque de Saint-Dié, soit à d'autres. Bien que l'espace me manque pour donner la correspondance entière, ces lettres donneront beaucoup à penser, et d'ailleurs on peut recourir à l'ouvrage de l'évêque de Saint-Dié lui-même, M. Dupont, aujourd'hui archevêque de Bourges. *OEuvres pastorales de Jacques-Marie-Antoine-Célestin Dupont, évêque de Saint-Dié*, 1837; chez Aubanel, à Avignon.

Lettre à Mgr l'évêque de Saint-Diez.

Dijon, le 26 juin 1832.

MONSEIGNEUR,

Madame la Supérieure des Sœurs de la Providence de la Maison de Flavigny, vient de transmettre aux Vicaires Capitulaires Administrateurs du Diocèse, le siège vacant, la lettre qu'elle a reçue de votre Grandeur, sous la date du 2 de ce mois.

Vous lui demandez, Monseigneur, de s'expliquer catégoriquement sur ce qui fait l'objet d'une discussion entre la Maison de Portieux et celle de Flavigny. Cette position de la Sœur ****** est embarrassante. Votre Grandeur n'ignore pas ce que pensait Mgr Raillon de la situation de l'établissement de Flavigny vis-à-vis de celui de Portieux. Oserai-je vous dire, Monseigneur, que l'Administration Capitulaire étant dans les mêmes sentiments, tout ce qu'il y aurait de plus désirable dans le moment présent, ce serait que la question demeurât indécise jusqu'à l'arrivée de notre Prélat qui ne saurait tarder beaucoup; et qui, une fois en possession, prendra connaissance de cette affaire, l'examinera soigneusement, et s'empressera de s'entendre avec votre Grandeur, pour la terminer à la plus grande gloire de Dieu et pour le bien des deux établissements.

J'ai l'honneur d'être.... MORLOT.

XIX

Lettre à Mgr. l'évêque de Saint-Diez.

Dijon, le 9 août 1832.

Monseigneur,

Souffrez que je vienne encore réclamer, près de votre Grandeur, l'ajournement de la décision à prendre, relativement à la Maison des Sœurs de la Providence établie à Flavigny. Vous avez daigné, Monseigneur, surseoir jusqu'au premier septembre prochain, ainsi que vous m'avez fait l'honneur de me l'écrire : nous osons espérer que votre Grandeur voudra bien prendre en considération le désir qui nous semble bien légitime, et que nous avons eu l'honneur de vous manifester ; savoir : que les choses demeurent dans l'état où elles sont, jusqu'à ce que notre nouvel Évêque ait pris possession. L'Administration Capitulaire mue par des considérations que votre Grandeur appréciera, ne croit pas devoir se prononcer autrement qu'en disant que les observations faites par Mgr Raillon lui semblent d'une haute importance, que les réponses que vous y avez faites, Monseigneur, méritent également le plus grand respect, que des motifs de haute convenance lui font un devoir de placer les unes et les autres sous les yeux du Prélat, qui ne peut pas tarder beaucoup de nous arriver ; qu'alors il aura l'honneur de se mettre en rapports avec votre Grandeur, et que l'affaire ne peut pas manquer de se terminer de la manière la plus conforme à la gloire de Dieu, et à l'affermissement d'une institution aussi utile à l'Église. Il nous semble, Monseigneur, que les saintes Règles qui régissent les Sœurs de la Providence, ne peuvent être blessées de la prolongation d'un état de choses auquel votre Grandeur consentirait, par des motifs aussi graves, et à la condition expresse qu'aussitôt après l'arrivée de Mgr l'évêque de Dijon, ce Prélat sera saisi de cette affaire, et s'en occupera de concert avec votre Grandeur.

Une administration capitulaire, vous le savez, Monseigneur, doit agir avec réserve et ménagements. Toutes les fois qu'il n'y a pas péril dans la demeure, elle fait sagement de s'abstenir, et de maintenir le *statu quo* : ici c'est bien le cas, ce me semble, d'en agir ainsi ; car nous ne demandons qu'une chose, c'est que ce qui existe depuis plusieurs années demeure dans le même état pendant tout au plus deux ou trois mois encore, c'est-à-dire, jusqu'à ce que nous ayons notre Évêque, ce qui arrivera sans doute très prochainement. Toutefois, Monseigneur, dans la crainte que la vacance du siège se prolonge au-delà de ce mois, j'ai cru qu'il était de mon devoir de vous supplier d'avoir égard à cette circonstance, et de vouloir bien permettre que l'affaire reste pendante jusqu'à l'arrivée de Mgr Rey.

Je suis.... MORLOT.

Lettre à Madame la Supérieure Générale des Sœurs de la Providence de Portieux.

Dijon, le 8 octobre 1832.

MADAME LA SUPÉRIEURE,

Vous m'avez fait l'honneur de me donner connaissance d'une Ordonnance de Monseigneur l'Évêque de Saint-Diez, en date du 1er du mois dernier, par laquelle Mgr l'Évêque de ce diocèse prononce la dissolution du noviciat des Sœurs de la Providence établi à Flavigny, et enjoint aux novices de se rendre immédiatement à Portieux. D'après cette même Ordonnance, vous auriez, Madame la Supérieure, à vous rendre à Flavigny, et à vous assurer des dispositions de toutes les Sœurs de la Providence qui s'y trouvent, aussi bien que de celles des autres Sœurs disséminées dans le Diocèse de Dijon ; et faute par elles d'adhérer aux intentions de Mgr l'Évêque de Saint-Diez, en ce qui regarde la réception, le placement et la révocation de ces mêmes Sœurs, elles seraient considérées comme réfractaires, et comme étant dès lors complètement séparées de la Congrégation des Sœurs de la Providence.

Je regrette vivement, Madame la Supérieure, que Monseigneur notre Évêque ne soit pas encore au milieu de nous, pour traiter directement avec Monseigneur de Saint-Diez cette importante affaire ; heureusement son arrivée ne saurait éprouver de longs retards. Mais en attendant qu'il puisse prendre connaissance de tout ce qui regarde la Maison de Flavigny et ses rapports avec celle de Portieux, je suis obligé de vous dire, Madame la Supérieure, que tous les effets de votre mission dans notre Diocèse doivent demeurer suspendus, qu'en vertu de l'autorité épiscopale dont je suis le dépositaire, je m'oppose à toute démarche de votre part, soit dans la Maison des Sœurs de la Providence de Flavigny, soit dans les autres lieux du Diocèse, où résident des Sœurs de cette même Congrégation.

Vous comprendrez facilement, Madame, que des mesures d'une importance aussi grave que celles que vient de prendre Monseigneur l'Évêque de Saint-Diez, ne peuvent être exécutées à l'insçu de Monseigneur l'Évêque de Dijon; et que celui-ci ne peut avoir une connaissance exacte des choses, que quand il sera sur les lieux. J'ai la confiance que Mgr l'Évêque de Saint-Diez daignera prendre en considération les motifs que je viens d'avoir l'honneur de vous exposer, et que sa Grandeur étant informée de la prochaine arrivée de Mgr l'Évêque de Dijon, loin de savoir mauvais gré à moi et à mes collègues dans le grand vicariat qui partagent ma manière de penser, des dispositions que je viens d'exprimer, ne verra dans cette conduite que l'accomplissement d'un devoir vis-à-vis de notre nouveau Prélat, et n'aura pas regret à un délai de quelques semaines, qui le mettra à même de traiter avec son collègue dans l'Épiscopat, tout ce qui regarde l'établissement de Flavigny. Il ne peut y avoir de part et d'autre que les intentions les plus conformes à la gloire de Dieu et au bien de la Congrégation des Sœurs de la Providence; le résultat ne saurait donc manquer d'être heureux.

J'ai l'honneur d'être.... Morlot.

Je donnerai plus tard les lettres de M. Dupont, et surtout des extraits de ses documents relatifs au schisme de Flavigny; aujourd'hui, je me contente de citer cette phrase sur M. Morlot. « C'était se mettre en opposition formelle avec les statuts de la congrégation, etc., etc.; L'AUTORITÉ de M. l'évêque de St-Diez était méconnue.» p. 466 de l'ouvrage précité.—Lisez, pour confirmation de tous les faits, le manifeste de M. Rey, indiqué dans la notice et qui sera réimprimé incessamment.

M. DE CHEVERUS.

Après M. Morlot, nous avons eu la vie de M. de Cheverus; c'est une vie de saint. Elle a été beaucoup lue et non critiquée. Voici seulement un point qui demande à être éclairci: Pourquoi faire une notice en deux livraisons? — Mon Dieu! tout bonnement parce qu'il est quelquefois impossible de faire autrement. Viendront les biographies de Grégoire, de M. Mérault, etc., etc., qu'il faudra traiter de même, et c'est un inconvénient fort heureux, je pense; les existences pleines sont assez rares aujourd'hui. — Mais les souscripteurs y perdront un portrait? — Fi donc! vous calomniez les souscripteurs. — Mais les autres personnages de la *Biographie* s'offenseront de n'avoir pas obtenu double brochure? — Il dépend d'eux d'en avoir dix.

Nul n'a contesté les dernières insinuations de la notice. Evidemment M. de Cheverus est mort des suites du chagrin que lui causaient des ennemis infâmes mais cachés. Je sais gré au clergé de cette franchise.

Il y a une manière de faire amende honorable au saint cardinal, c'est de mettre à la tête de l'Eglise de France des hommes qui lui ressemblent, chose difficile, mais possible; *Unus est, ne desperes*, dit saint Augustin. Il ajoute: *Unus est, ne confidas*. Ne croyez donc pas que, sans effort, on puisse parvenir à ce degré de perfection, mais croyez que, moyennant la grâce de Dieu qui ne manque à personne, la bonne volonté finit par y conduire. Dieu sait que la France a besoin de bons évêques, bien saints, bien savants, peu ambitieux, amis du ciel et non de la terre et de ses princes: *Princeps hujus mundi*, c'est l'expression du Sauveur lui-même; tels enfin que les demande l'apôtre: *Benignum, hospitalem, etc., etc.* Voyez comme j'arrive à la notice de M. Pelier de la Croix.

M. PELIER DE LA CROIX.

En effet, quel évêque, ô mon cher lecteur, que cet ecclésiastique dont les mérites ne sont égalés que par sa modestie et sa noble simplicité! Sans déprécier ceux que nous avons, qui présentait pour fixer le choix des maîtres toutes les garanties offertes par celui-ci? exceptons deux ou trois titulaires.

Je parle de mérites, et ceux qui le connaissent savent quelle est l'étendue, la profondeur et l'admirable ingénuité de sa foi.

C'est, à coup sûr, le type du prêtre sous tous les rapports.

Indépendamment de ses éminentes qualités de cœur et de sa haute intelligence, il n'est pas que son extérieur même ne témoigne de ce que j'avance. Voyez cette large et pacifique physionomie, ce regard plein de finesse et de bonté compatissante, ce large front, cette chevelure négligée, il est vrai, mais comme disposée par la nature selon l'idéal que vous avez rêvé; sa démarche même un peu rude, hâtive et inculte, si je puis le dire, sent l'homme de Dieu; son costume sans apprêt, sa ceinture de filet conforme aux vieux *us* de la Franche-Comté, ses gros souliers si peu tissus de soie et d'or comme ceux que se font mettre officiellement et incroyablement quelques prélats, vous les avez vus aussi; mais si vous êtes de loin, si, étant de Paris ou de Saint-Claude, ou de Saint-Leu, ou de Chartres, vous n'avez jamais eu cependant l'honneur d'approcher de sa personne et de jouir de cette conversation si grave et si pieuse, et si pleine d'enseignements, et si merveilleusement évangélique, croyez-en le Solitaire qui vous dit : Quel malheur qu'un homme pareil ne soit pas évêque ! que de diocèses il eût pu sauver (1) !

(1) Le mot *sauver*, qui revient souvent dans ces notices,

Et comment concevoir qu'en certaines circonstances l'interdit fût jeté sur ce même M. Pelier, par le motif qu'il aurait fait les chansons citées dans sa notice !

Et à propos, on m'a reproché l'insertion de ces couplets. Si je l'avais fait étourdiment ou malicieusement, on aurait eu raison ; mais il s'agissait, après avoir montré M. Pelier dans toute la réalité de son existence, de faire sentir toute l'indigne inconséquence des gens qui lui attribuèrent ces malignités et le frappèrent à cause d'elles (1).

Au reste, M. Pelier, pour être complètement un homme d'une grande valeur, devait encourir les disgrâces d'une autorité quelconque, chose pénible à dire, mais chose réelle et d'expérience journalière ; on pourrait affirmer que pas un prêtre de talent n'a évité de nos jours ou d'être interdit ou d'être menacé de choses analogues. — Je nomme bien vite MM. de Genoude (2), de La Mennais, Combalot, Lacordaire, Guillon, Cœur, Grivel, Morlot, Pelier de la Croix,

n'est pas employé sans intention. Le catholicisme ne périra jamais dans le monde, mais il n'est pas nécessairement français.

(1) Et pourtant j'ai dit quelques mots que ce digne ecclésiastique a cru devoir relever. Il a eu raison ; je m'étais trompé. (Lisez sa lettre, deuxième volume : *Biographie de mes biographies.*) En insérant, sans commentaire, la lettre de M. Pelier, j'ai assez clairement indiqué que je souscrivais à ses justes et spirituelles réclamations.

(2) A qui M. Affre disait, en lui défendant les chaires de Paris : « S'il vous arrive de prêcher, je vous interdis. » — Il a prêché à Sens ; et M. de Cosnac, je l'ai dit, l'a nommé chanoine de sa cathédrale *pour ce fait.*

Migne, et me voilà au courant de ma trente-troisième notice.

M. DEGUERRY.

On a dit que M. Deguerry avait fait sa biographie lui-même.—Ceci est apparemment trop joli pour qu'on ne soit pas tenté de le répéter souvent. Des littérateurs bien malins ont vu dans la différence de style de chacune des notices une preuve frappante qu'elles partaient toutes de la main de ceux qu'elles concernaient ; je félicite ces littérateurs de leur sagacité ; et j'admets d'ailleurs le compliment qu'ils me donnent, d'autant qu'ils prétendent ainsi m'injurier. Je m'expliquerai tout-à-l'heure.

Mais voici d'abord une difficulté : chaque notice, selon vous, m'a été donnée toute faite par le personnage qu'elle concerne ; or, vous accusez la Biographie d'être stupide et immorale dans tous ses points ; vous l'en avez accusée formellement, et longuement, et lamentablement par l'organe de M. Henrion, de ce pauvre M. Fontaine, et de je ne sais quel pâle Coffinal d'intelligence rapée ; donc les cinquante ecclésiastiques dont j'ai parlé sont des êtres stupides et dégoûtants d'immoralité, outre qu'ils sont des hérétiques, etc., etc... Syllogisme que saisirait M. Fontaine lui-même, si le cher homme avait la force de saisir autre chose que ses revenant-bons d'avocat du journal l'*Orléanais*.

M. Deguerry n'a pas été si envieux de vos outrages, M. Bouange (1), ou plutôt de vos éloges ; car, enfin, c'est

(1) On se rappelle la lettre du sieur Bouange.

louer un auteur que de soutenir qu'il a tellement diversifié son style, selon la nature des sujets divers qu'il traite, qu'on croirait chaque sujet traité par une personne différente et *spéciale*.

Allons, laissez-moi cette satisfaction d'amour-propre et passons à M. Migne, sans tenir compte des lettres anonymes qui pleuvent chez M. Appert, éditeur de cet ouvrage, et où l'on m'intime, par prières, menaces, et autres moyens, l'ordre de regarder M. Deguerry comme un homme d'un esprit mondain, comme un pitoyable criard d'église, et comme n'ayant en un mot aucune des qualités que j'ai vues en lui et qu'il a. Je sais à quoi m'en tenir sur les jugements humains, et j'ose rappeler ici que j'ai dit autre part : un homme maintenant mérite l'estime en proportion du mépris qu'on fait de lui. Je suis franchement l'ennemi d'une race d'hommes, et Dieu a voulu que les traits lancés contre cette Biographie me vinssent d'elle : ces hommes sont ceux qui ont une conscience de jour et une conscience de nuit, qui, par opinion politique ou je ne sais quelle hypocrisie infâme, croient devoir afficher systématiquement la foi qu'ils n'ont pas, se récrier contre une ingénuité d'enfant, lorsqu'en secret ils s'abandonnent à d'horribles débauches; fêtant la Saint-Louis ou un autre saint par des orgies de taverne, et dans les bras de prostituées qui leur mettront leurs cravates au besoin pour porter les cordons du dais à nos processions (1). — (*Histoire d'il y a deux mois*).

(1) C'est un exemple.

M. Deguerry, encore une fois, peut se consoler de pareils adversaires ; et, pour mon compte, je m'honore presque autant de leurs attaques que je me jugerais flétri par leur bienveillance.

M. MIGNE.

C'a été un des mérites de M. Migne d'avoir multiplié autour de lui cette sorte de reptiles. Il reconnaîtra, sans nul doute, la vérité des allégations qui précèdent, et son parti est pris d'ailleurs.

Mais, pour n'occuper ici nos pensées que de choses moins hideuses, qu'on veuille donc une bonne fois répondre aux questions suivantes :

1° Si M. Migne, pour le seul fait de son *imprimerie catholique*, a mérité l'interdit, comment se fait-il que pas un évêque ne vienne à Paris sans visiter ledit établissement et combler son auteur de félicitations ?

2° Si cette imprimerie est digne de blâme, c'est sans doute parce que les livres qui en sortent le sont aussi ; alors, pourquoi compte-t-il parmi ses souscripteurs la majorité des évêques et une bonne partie du clergé de France ?

3° Ses livres sont bons, et qu'on lui reproche seulement de s'exposer aux périls d'une industrie, pourquoi tolérer dans les séminaires ces prêtres de Saint-Sulpice, qui, par leur trafic de librairie, ruinent les libraires de province ? et surtout, pourquoi tolérer que certains prêtres *bien en cour* fassent des spéculations infiniment périlleuses de journaux, etc., etc.? Pourquoi ne pas dévoiler le mystère sacerdotal de l'*Ami de la Religion*, de l'*Univers*, de cette pauvre *Union Catholique*, et tant d'autres?

L'unité est belle pourtant; et qu'il serait bon de n'y pas substituer l'aveugle et brutale raison de la volonté: *sic volo!*.. Pourquoi point de franchise? pourquoi toujours *avec le ciel des accommodements?* pourquoi se fausser toujours l'esprit jusqu'à croire qu'en outrageant Dieu on lui fait un sacrifice agréable? Ne parlez plus d'Escobar, pensez à vous-mêmes; ne soyez plus esclaves ou des caprices d'autrui, c'est-à-dire de votre cupidité, ou de vos désirs, c'est-à-dire de votre envie de commander, et suivez la voie droite, *ambulate in simplicitate cordis.* Ainsi tout s'arrange, et les difficultés que vous aimiez à regarder comme insurmontables s'applanissent, et la justice ramènera la paix avec les félicités de la concorde qui n'existe plus.

Il y a une chose que je n'ai pu dire, faute de place, dans la notice de M. Migne, c'est qu'il fait de sa maison, non seulement une *officine de l'esprit* φαρμακα ψυχῆς, mais un refuge pour les prêtres malheureux.

Tout prêtre, quel qu'il soit, qui a faim et envie de s'occuper, peut frapper à la porte de l'*Imprimerie catholique.* Que seulement il promette de vivre comme il doit vivre, et qu'en effet il remplisse sa promesse, et le voilà sauvé. Il apprend un état honorable et profitable encore pour l'église; il se trouve en présence d'un maître, que dis-je? d'un ami qui comprend sa position et n'exigera pas de lui le temps nécessaire à l'accomplissement de ses devoirs; rien ne l'empêchera de dire son bréviaire, d'assister aux offices, etc.. etc.; et l'entourage ne sera pas de nature à l'éloigner ou à faire souffrir sa délicatesse de bon prêtre.

Est-ce une belle action de M. Migne? Eh! bien, certains ont trouvé qu'elle était mauvaise. De quel droit, disent-ils, recueillir des coupables que l'autorité a jetés dans la rue?

A peine si j'ose m'arrêter à cette réflexion, mais elle est si commune!

Voici donc pourquoi: c'est que M. Migne ne croit pas aux péchés impardonnables; c'est peut-être qu'il ne croit pas non plus l'autorité infaillible dans ses châtiments comme dans ses récompenses; c'est qu'il ne croit pas qu'il faille tuer ceux qui se trompent, attendu que Dieu, comme on l'a si souvent dit, ne veut pas la mort du pécheur, mais qu'il se convertisse; c'est qu'il croit impossible, ou à peu près, la conversion d'un homme exposé par la misère à toutes les tentations du désespoir; c'est qu'alors même que cet homme serait injustement puni, la faim est une bien mauvaise conseillère; c'est qu'il a horreur de voir traîner dans les ordures des cloaques, parmi les animaux immondes qui les remuent pour y trouver leur pâture, cette soutane qui est son vêtement d'amour et de gloire; c'est parce qu'il sent qu'il en doit être ainsi, et qu'au dire de Vauvenargues, la raison nous trompe plus souvent que la nature; c'est parce qu'il a un cœur et une âme, et qu'il se sent fait à l'image de Dieu, selon la parole sacrée, *faciamus hominem ad imaginem et similitudinem nostram.* Voilà l'excuse de M. Migne, puisque c'est aux plus louables choses qu'il en faut une.

M. de DROSTE-VISCHERING.

Nous avons parlé d'unité, c'est le grand mot de toute société ecclésiastique et civile, c'est une pierre d'achoppement où viennent se heurter nos pieds. Dans le clergé, il y a les légitimistes, les républicains et les philippistes, comme partout ailleurs; si ce n'est que la dernière opinion, regardée presque généralement comme abominable dans les jours de 1830 où l'on croyait la révolution passagère, se catholicise maintenant avec une rapidité effrayante. — Je parle toujours du clergé (1).

---

(1) Lisez ces discours de M. Rœss à M. le duc de Nemours. Je précise un fait, sans le blâmer ni l'approuver.

«Le coadjuteur de Strasbourg, avec le vénérable chapitre de la cathédrale et le clergé de cette ville, a l'honneur d'exprimer à votre A. R. l'hommage de son respect et de son affection. Elle est grande, cette affection, monseigneur, comme les qualités éminentes qui distinguent votre A. R., lesquelles, dérobées jusqu'ici à l'action d'un soleil brûlant, ont ressemblé à un ruisseau roulant sous terre ses eaux limpides et froides, dont les douceurs ne se font connaître qu'au moment où il plaît au souverain maître de la nature de les faire jaillir au grand jour.

« Elle est grande cette affection, monseigneur, parce qu'elle est sincère; grande comme l'âme du Roi et sa douleur, sincère comme la piété de la Reine, l'ange tutélaire du trône de France.

« Veuillez, monseigneur, dire à ceux qui ont donné le jour à V. A., et aujourd'hui à nous le bonheur et la joie, qu'en Alsace il y a un million d'âmes qui aiment Dieu et le Roi. »

Autre du même :

« Il y a plus de huit siècles qu'un évêque de Strasbourg, d'une foi immense, a jeté le fondement de ce temple qu'on

Or, la question serait de savoir comment les trois espèces d'ecclésiastiques dont il s'agit jugent le fait de M. de Droste-Vischering ou plutôt sa résistance.

Les légitimistes, ce me semble, doivent le désapprouver, car ils professent qu'en tout et pour tout il faut obéir au pouvoir absolu du souverain, quel qu'il soit; or, s'ils répondent qu'en matière religieuse, la désobéissance peut être permise, qu'ils précisent donc le point où la permission commence, et qu'ils disent qui en sera juge. — Le pape? ils ne le tiennent point pour infaillible; et puis, comme disait Cauchon

pourrait appeler à juste titre la huitième merveille du monde. Il n'avait d'autres ressources que sa confiance en Dieu et la piété de son peuple. — Beaucoup de souverains sont venus adorer en cette enceinte le Dieu de Clovis et de Charlemagne; le plus grand empereur (Henry), et le plus grand roi, Louis XIV, étaient de ce nombre.

« Monseigneur, dès votre tendre jeunesse, et surtout naguère, vous avez compris que Dieu seul est grand. — Que lui seul est le Dieu de toute consolation. — La terre n'avait rien à vous offrir. — Le ciel vous a donné la force de supporter l'amertume de la douleur, et d'accepter avec courage, pour l'amour de la France, les tribulations des honneurs. La piété de V. A. R. ne se démentira pas, la religion est là pour vous soutenir, monseigneur, et les cœurs que vous avez déjà gagnés, et qui seront tout à vous, seront votre rempart, votre consolation et votre gloire; c'est dans ces sentiments, monseigneur, que nous allons déposer aux pieds des autels de dix-huit siècles les vœux les plus ardents de V. A. R. pour le Roi et la Reine, pour l'enfant de France et sa mère, pour tout ce que vous avez de plus cher en ce monde.

« 24 août. »

— Je saisis l'occasion pour annoncer à mes lecteurs que M. Lepappe de Trévern vient de mourir, ce qui laisse de plein droit à M. Rœss le titre d'évêque de Strasbourg.

à la Pucelle: *il est trop loin, le Pape!* — l'Église? il serait trop long et impossible, suivant eux, de la convoquer ou consulter; — les évêques? oh! non; car, outre qu'ils seront presque toujours les créatures du gouvernement avec les formes actuelles d'élection, ils peuvent mieux encore se tromper que le Pape: et puis supposez donc entre eux une division ou un partage d'opinions sur le point en litige!

J'ajoute que chacun prétend, qu'il résiste ou qu'il obéisse, agir selon le principe catholique.

Les philippistes..... que feront-ils? — Consulteront-ils les chambres? Ils demanderont à Louis-Philippe, et il répondra; mais...

Les républicains diront: « s'il sent son droit, qu'il fasse opposition. L'archevêque est du peuple, et en ce sens plus souverain que le roi de Prusse..»Ils ont r.....

Allons, ceci me paraît fort embarrassant, et c'est un sujet de méditation que je vous propose. Il a embarrassé de bien grands esprits, M. Emery entr'autres, sur lequel je n'ai plus grand' chose à dire.

M. EMERY.

Excellent homme, excellent prêtre, mais assez sulpicien cependant pour que le Souverain Pontife ait pu dire: *j'interdirais M. Emery, si j'osais.* M. Emery n'est pas positivement un grand homme; il n'avait pas le quart des forces nécessaires pour pouvoir et même vouloir tout ce qu'il a fait. Chacune de ses actions comme chacune de ses paroles présente véritablement une énigme. Il a parlé en maître, mais auss en serviteur à Napoléon; on n'a jamais bien su s'il était, ou non, partisan de la *constitution civile*, comme le prouvent des expressions plusieurs fois citées dans cette biographie, etc., etc.

Je suppose que, dans le premier cas, ses obséquiosités flattaient doucement l'empereur et le prédisposaient à écouter quelques avis qu'il pardonnait d'ailleurs à une conviction sincère. Au fait, Napoléon pensait qu'un homme de si mince espèce (1) pouvait avoir sans inconvénient ses coudées franches. — Il se trompait cependant. — Quant à la constitution civile, c'est autre chose, et j'aurai un jour l'occasion de m'expliquer sur ce sujet si contesté et si mal connu, si Dieu me prête vie. Un mot seulement : Je n'ai jamais bien compris comment, sauf l'approbation du Pape, on a trouvé parmi les plus ardents panégyristes du concordat de 1801 ceux qui détestaient le plus cordialement la *constitution civile*. Je le répète, c'est une chose inconcevable pour moi, et j'en dirai la raison.

M. PARAVEY.

Je n'ai pas grand' chose à dire non plus sur cet ecclésiastique, sinon qu'il avait été appelé par hazard à bénir les héros de Juillet vis-à-vis le Louvre. J'ai rendu justice à ses vertus obscures mais réelles, et admiré la providence de Dieu qui, si elle lui refusa un talent supérieur, compensa cette privation par des avantages aussi précieux. — Toutefois, j'ai à relever un

(1) Selon lui.

oubli : M. Paravey a publié un petit livre de dévotion qui n'est pas d'un homme tout-à-fait dépourvu de capacité, et qui témoigne toujours de sa douce piété et de son zèle. — Il faut encore ajouter que M. Paravey ne tombe pas dans le ridicule de certaines gens qui comblent en quelque sorte la nullité de leur esprit par les énormités de l'orgueil ; il a le bon sens de la modestie, et il aime l'obscurité ; je ne sais s'il accepterait d'autres fonctions, après celles de chanoine de Saint-Denis qui le font vivre, que celles de gardien des tombes ; et il est évident qu'il n'y a rien là de très séduisant pour l'ambition.

Toutefois, au train dont les choses vont, on disait dernièrement que M. Paravey était sur les rangs pour un évêché.

CONCLUSION.

Je n'ai plus rien à dire sur ce troisième volume. Si j'ai eu encore des détracteurs, les encouragements ont aussi continué, mais je n'en parle pas. Ce fut de la part de mon éditeur une idée d'homme ingénu que celle de se prévaloir de certains témoignages. Il croyait à une science et à des consciences qui n'existent pas. En suivant mon avis, il eût évité de se compromettre, parce que j'étais mieux que lui en mesure de savoir à quelles gens il avait affaire. Quoi qu'il en soit, il n'a péché que par excès de confiance et de probité, et les remords sont pour d'autres que lui et moi. Qu'ils sachent, les imprudents, que sans une compassion trop grande peut-être, nous pouvions, pièces en main, les déconsidérer justement, les vouer au plus affreux mépris et les perdre pour jamais. — Ils le savent!

Un instant j'avais résolu de tout dévoiler. Les ignobles machinations de ces malheureux auraient assez justifié ma rigueur. Il aurait fallu jeter de la boue au visage d'un homme que, dans l'enthousiasme de mon cœur et de mes convictions catholiques, j'avais honoré d'une espèce de culte filial; non, je me tairai, et j'attendrai le jugement de Dieu, si ce jugement n'est prévenu par celui de sa conscience; il en est temps encore (1). Un prêtre me disait dernièrement: « je conçois que M.... nie son écriture, mais ce que je ne lui pardonne pas, c'est d'avoir écrit. » J'abandonne cette parole, et je détourne la tête.

J'espère, dans une prochaine *Biographie de mes Biographies*, entamer une question qui m'est personnelle, et qui, je le sais, préoccupe fort quelques uns de mes lecteurs. Si je ne l'ai pas fait jusqu'ici, ce n'a pas été par crainte de m'expliquer sur certains faits; loin de là, j'en sentais la nécessité et je me trouvais heureux de les faire connaître comme je m'en trou-

---

(1) C'est également à lui que je dois ou plutôt qu'on me doit de n'avoir rien dit sur le fameux banquet donné au comédien Rubini, par un archevêque, et annoncé dans tous les journaux de l'époque, véritable dîner homérique ou shakespearien, comme on voudra :

Either they must be dieted, like mules,
And have their provender tied to their mouths,
Or, piteous they will look, like drowned mice.

SHAK., *Henry VI*, 1 p. act. 1 s. 2.

vais honoré; mais c'est que j'appréhende toujours de fatiguer le lecteur en lui parlant de moi-même, ce qui, m'arrive déjà trop souvent, et ce qui est d'ailleurs un écueil fatal.

J'attendrai des conseils, et en attendant, je méditerai ces sublimes paroles de l'imitation de Jésus-Christ : *omnia ex te (Domine Deus) et ideò in omnibus es laudandus.*

1er Septembre 1842.

Biographie du Clergé Contemporain

S.S. GRÉGOIRE XVI

S. S. GRÉGOIRE XVI.

> Quia ostendit tibi Deus omnia quæ locutus es...... eris super domum meam, et ad oris tui imperium cunctus populus obediet..... tantùm te præcedam.
> GENÈSE, 41.

Après vingt mois de pontificat, Pie VIII venait de mourir, la nuit du 30 novembre au 1ᵉʳ décembre, à trois heures et demie. Il était né à Cingoli, le 20 novembre 1761, et avait été élu le 31 mars 1829. Depuis Alexandre VIII (Ottoboni) qui n'occupa le siège que quinze mois, on n'a pas d'exemple d'un règne aussi court parmi les papes.

Pie VIII laissait cinquante-cinq cardinaux, dont neuf hors de l'Italie : six de l'ordre des évêques, trente-neuf de l'ordre des prêtres, et dix de l'ordre des diacres (1). Le chef d'ordre des évêques était le cardinal Pacca; des prêtres, le cardinal Ruffo; des diacres, le cardinal Albani.

Le 4 décembre, au matin, les cardinaux se réunirent au Vatican pour la première congrégation. M. Polidor, secrétaire, y lut les bulles des papes sur la vacance du Siège. M. Zucche rompit solennellement l'anneau du pêcheur et le plomb de la chancellerie apostolique. La cassette des suppliques et celle des brefs furent remises toutes deux scellées. M. Camille de Piétro fut nommé pour prononcer l'oraison funèbre; M. Mai, pour le discours sur l'élection; les cardinaux Galeffi, Odescalchi et Rivarola, pour disposer le conclave; le maréchal héréditaire et gardien, fut le prince Aug. Chigi; le gouverneur, M. L. de Drago, majordome; le sacriste, M. Augustoni, évêque de Porphyre; et le préfet des cérémonies, M. Zucche.

Le 14 au matin, car l'usage ne permettait pas d'anticiper sur cette date, le cardinal doyen célébra dans l'église Saint-Pierre, une messe du Saint-Esprit. Les deux discours prononcés, à trois heures après midi, les cardinaux entrèrent processionnelle-

(1) Vingt-six de la création de Pie VII, vingt-quatre de celle de Léon XII, et cinq de celle de Pie VIII, qui en avait réservé huit *in petto*.

ment, au nombre de trente-cinq ; et les conjectures commencèrent par le monde.

Quel sera le successeur ? Les uns disaient : le cardinal archiduc d'Autriche ; d'autres, le cardinal Fesch ; d'autres encore, le fameux cardinal Pacca, plusieurs même le prince de Hohenlohe. Juste Dieu ! voici qui surpasse toute humaine croyance, en ce siècle où nous heurtons à tous pas contre des étrangetés burlesques. Deux neveux de Bonaparte, le fils de Jérôme et celui de Louis, se mirent sur les rangs ; c'est-à-dire qu'avec une poignée de brouillons comme eux, ils songèrent à fermer le conclave et à s'emparer du château Saint-Ange. Mais on les traita en échappés de collège ; et pour eux, tout fut fini là.

Il est à propos de nommer les cardinaux qui entrèrent au conclave le 14 ; les voici : B. Pacca, P. F. Galeffi, T. Arezzo, E. de Gregorio, J. F. Falzacappa, C. M. Pedicini, C. Oppizzoni, F. Testaferrata, B. Maro, G. Doria, A. Palotta, H. Dandini, C. Odescalchi, P. Zurla, J. B. Bussi, L. Micara, M. Cappellari, P. Caprano, J. Giustiniani, J. P. Franzoni, B. Barberini, J. A. Benvenuti, J. Nasalli, T. Weld, R. Mazio, F. de Rohan, J. Albani, A. Rivarola, C. Guerrieri, A. Frosini, T. Riario, T. Bernetti, B. Cristaldi, J. F. Marco y Catalan, et D. de Simone.

Le 15, ils se réunirent dans la chapelle Pauline, au palais Quirinal où avaient eu lieu les deux conclaves précédents de 1823 et 1829. Après le *Veni creator*, les cardinaux, restés seuls, procédèrent au premier scrutin. On fit l'ouverture des tours destinés aux communications avec le dehors. Les conclavistes jurèrent d'observer le secret sur tous les préliminaires de l'élection ; puis la clôture se fit dans la forme accoutumée.

Un journal auquel j'emprunte quelques-uns de ces détails, s'adressait à lui-même les questions suivantes :

« La France ne prendra-t-elle aucune part à ce conclave ? Soit comme état catholique, soit comme puissance européenne, peut-elle rester indifférente ? Laissera-t-elle tranquillement s'accroître l'influence déjà si prépondérante de la maison d'Autriche en Italie ? Sa politique ne lui conseille-t-elle pas d'envoyer des prélats qui la représentent et soutiennent ses intérêts ? Il y a quatre cardinaux français ; MM. de Croï et d'Isoard ne sont point sortis de France. Ce dernier, surtout, qui a demeuré longtemps à Rome, pourrait être utile par la connaissance qu'il a des usages de cette cour et du personnel. M. le cardinal de Rohan est dans le même cas... Il était d'usage que l'on donnât aux cardinaux une indemnité en ces circonstances; retranchera-t-on, par économie, une dépense si naturelle, et au fond, si modique? »

D'autres journaux débitèrent, sur les membres de l'auguste assemblée, des contes ridicules et d'ignobles sottises.

A tout cela, vous savez ce qui fut répondu.

Le mercredi, 9 février, une dépêche télégraphique nous annonça que le cardinal Maur Cappellari avait été élu le 2, fête de la purification de la Sainte-Vierge, après soixante-quatre jours de vacance, et cinquante jours de conclave.

Une fois le scrutin dépouillé, M. Zucche entra dans la salle. Les cardinaux, Pacca, doyen, Galeffi, Camerlingue, Fesch et Albani demandèrent au cardinal Cappellari s'il acceptait, et quel nom il choisissait; il prit celui de Grégoire XVI, se rendit à la sacristie pour se revêtir des habits pontificaux, revint dans la chapelle du Quirinal, et, sur les degrés de l'autel, reçut la première obédience avec le baisement de la main et la double embrassade. M. Galeffi lui remit l'anneau du pêcheur. C'est alors que, de la galerie qui domine la grande porte, M. Albani proclama l'élection devant tout le peuple assemblé :

« Je vous annonce une grande joie : nous avons

« pour pape Son Éminence Maur, cardinal Cap-
« pellari, qui a pris le nom de Grégoire XVI. »

Sa Sainteté parut ensuite au milieu des applaudissements et des acclamations; elle donna sa bénédiction au peuple.

Le lendemain, elle fut portée sur son siège à l'église Saint-Pierre, puis placée sur l'autel de la confession; et alors le cardinal Pacca entonna le *Te Deum*.

Pour bien faire connaître dès l'abord le pape Grégoire XVI, je ne puis m'empêcher de citer ici les paroles d'un écrivain fort connu, sauf à reprendre, dans leur ordre successif, les faits qui ont accidenté son admirable existence.

« Il a soixante-seize ans à l'heure qu'il est, et ne paraît pas en avoir plus de soixante. D'une santé vigoureuse, il promet, pour le bonheur de l'Église, de vivre encore bien des années. Gracieux au-delà de toute expression, sa douceur, j'oserai même dire sa gaîté, tempère l'impression que tout fidèle éprouve naturellement en voyant le successeur de saint Pierre, le représentant de Jésus-Christ sur la terre. Théologien profond, savant distingué, homme de goût, il fait fleurir la religion, les arts et les sciences. Le chrétien trouve en lui un père, et l'artiste un protecteur; dans les positions les plus difficiles, il a fait admirer sa prudence et sa fermeté. Les vertus les plus opposées en apparence lui sont cependant si naturelles, qu'il passe des unes aux autres sans ostentation : il badinera avec un enfant et le quittera, s'il le faut, pour aller audevant d'Attila. Avant son exaltation, il était dans l'ordre des Camaldules, et il conserve une partie de leurs austérités. Celui dont le chef auguste est ceint de la triple couronne de Benoit XII, et dont l'autorité s'étend sur toutes les nations, couche à côté d'un lit magnifique sur une pauvre couchette où il n'y a qu'une paillasse; sa vie est celle d'un gentilhomme peu fortuné.

« On raconte que, quand il fut nommé pape, son maître-d'hôtel étant venu lui demander de quelle manière il voulait que sa table fût servie, — crois-tu, lui dit-il, que mon estomac est changé !

« Une de ses parentes, qui était à la veille de marier sa fille, aurait bien désiré venir à Rome pour que Sa Sainteté célébrât le mariage ; — Elle a son curé, dit-il ; cela suffit.

« La place de grand-bailli de l'ordre de Malte étant vacante, place qui rend cinq mille écus romains, on vint en députation chez lui pour le supplier de vouloir bien permettre qu'on la lui offrît pour son neveu. — J'accepte avec plaisir, répondit le pape, mais pour le cardinal Odescalchi. Ainsi, loin d'enrichir ses parents, il ne fait peut-être pas assez pour eux. Il est cependant renommé pour ses saintes prodigalités; mais sa famille, c'est son peuple; ses enfants, les pauvres; et ses frères, les chrétiens. Le peu que l'État lui donne n'arrive jamais au fond de sa bourse; il est distribué avant d'y entrer (1). »

Assurément, nul ne m'en voudra d'avoir copié un portrait si ressemblant et si bien frappé. Je n'ajoute pas une naïveté de M. de Géramb qui dit à la suite : « Le pape ne connaît ni spectacles ni jeux. » C'est un vol fait à M. Boyer, soyez en bien sûr; et remontez avec moi à la naissance de Grégoire XVI.

Maur Cappellari naquit le 18 septembre 1765, à Bellune, ville épiscopale du royaume d'Italie, capitale du Bellunèze, dans l'état vénitien. On compte dans sa famille une longue suite de magistrats honorables. Sa première éducation fut celle de presque tous les saints. Il avait une mère digne de voir son fils prendre place parmi les chefs suprêmes de l'Église, c'est-à-dire douée d'une vertu angélique, et voisine, en bien des circonstances, du plus pur héroïsme. Les limites de cette notice m'imposent

(1) Voir la notice de M. de Géramb, page 430.

ici un silence que je déplore. Il ne fut pas moins avantagé du ciel par son excellent père, le plus spirituel et le plus vénérable des hommes. Le premier mot qu'il apprit à prononcer fut le nom adorable de Dieu. De très bonne heure, il avait déjà pris la douce habitude de prier, tellement qu'il s'y adonnait avec une sorte de ferveur passionnée. Ses goûts sur ce point, non plus qu'en matière d'études, n'ont jamais varié. C'est à lui aussi que s'applique excellemment une parole déjà citée dans cet ouvrage : il était pour ainsi dire né prêtre : *à puero episcopus.*

Entré chez les Bénédictins Camaldules (1), il devint en peu de temps l'un des sujets les plus distingués de leur institut. Dans une carrière si remplie et qui devait être si brillante, je ne puis m'arrêter aux succès qu'il y obtint.

Où sont en France les religieux bénédictins et les autres ? Ne cherchez pas, car voici la Morgue où vos yeux s'arrêteraient malgré vous, et voici les prisons qui pullulent avec les bagnes. En bonne politique, il faut vouloir des couvents ou vouloir ce

---

(1.) Congrégation fondée vers 870 par saint Romuald, et assez connue pour que j'évite d'en parler plus au long. Elle avait alors des monastères à Rome, à Classe, à Montecorone, à Murano.

qui est ; les gouvernements ont choisi, et je les en félicite.

Après ses cours de latinité, je veux dire après avoir employé à l'étude des langues anciennes et modernes (surtout des langues orientales), les éminentes dispositions que Dieu lui avait départies pour ce genre-là même d'application, d'élève remarquable le jeune Cappellari devint un grand maître. Dans une corporation dont le plus humble membre éblouirait nos prodiges de Sorbonne, il était, de l'aveu de tous, sans concurrent et sans égal ; on le chargea de professer la théologie aux Profès. A cette époque il n'avait pas vingt-cinq ans ; il n'était pas encore entré dans le sacerdoce.

Ce fut alors que, sans inquiétude et sans effort, il fit le pas redoutable, quoiqu'il sût aussi bien que personne en apprécier l'importance ; mais sa vie antérieure avait été tout entière une préparation perpétuelle, et, en quelque manière, un solennel examen de lui-même. Fut-il jamais une vocation plus évidente ?

Jusqu'en 1799, il se tint à l'ombre du cloître, uniquement occupé de son cours théologique et des travaux importants qu'il se proposait de publier.

Cette année 1799 vit paraître *le Triomphe du Saint-Siège et de l'Église, ou les Novateurs battus par leurs propres armes.* C'était un in-4° de 435 pages, imprimé à Rome ; l'auteur y combat les doctrines des Jansénistes en général, et de Tamburini en particulier (1).

(1) Pierre Tamburini ou, comme on l'appelle encore, Tamburinus, naquit à Brescia. Il fut d'abord professeur au séminaire de cette ville, puis au collège irlandais de Rome ; et ensuite à l'Université de Pavie. Le nombre de ses ouvrages s'élève à plus de quarante-un volumes in-8°. Il publia d'abord en 1771, à Brescia, une dissertation latine sur la grâce. Cette dissertation fut cause que le cardinal Molino lui ôta la chaire de théologie qu'il occupait dans son séminaire. C'est alors qu'il obtint à Rome la faveur du cardinal Marefoschi, et par elle une autre chaire aux *Hibernois*.

Il donna, en 1781, l'*Analyse des Prescriptions* de Tertullien, après celle des *Apologies de saint Justin*; l'une et l'autre mises à l'*index*.

En 1782 et 1784 parurent à Pavie les *Prælectiones*, touchant la justice, les sacrements, la fin de l'homme, les vertus et la morale chrétienne. Il était à cette date professeur de morale à l'Université de Pavie, et préfet des études du collège germanique hongrois. Huit ans après, il fut transféré à la chaire des lieux théologiques, et mit encore au jour des *Prælectiones* pour servir de prélude au *Traité des lieux théologiques*.

Mais son principal écrit, et celui qui doit le plus nous occuper ici, c'est le livre intitulé : *Véritable idée du Saint-Siège*.

Je ne parle point du Traité de la tolérance ecclésiastique et civile attribué à M. de Trautmansdorf, et dont Tamburini paraît être le véritable auteur. J'indique pour la forme ses *Lettres théologico-politiques* sur la présente situation des affaires ecclésiastiques, le traité *de Verbo Dei scripto et tradito*, de même que l'Introduction à l'étude de la philosophie morale; productions infectées de jansénisme et qui toutes furent mises à l'*index*.

On sait assez qu'il fut l'âme du synode de Pistoie, et

On trouve au début du livre un traité sur l'immutabilité du gouvernement de l'Église, avec le titre de *Discours préliminaire*. M. Menghi d'Arville, docteur en théologie et protonotaire apostolique, en donna vers 1832 une traduction remarquable, *faite*, dit-il, *sous les yeux de l'auguste auteur*. Ce traité est divisé en quatre-vingt-deux paragraphes, dont le contenu est sommairement indiqué en tête de chacun d'eux. Le savant religieux suit pas à pas ses dangereux adversaires; il établit la souveraineté monarchique et absolue des pontifes romains sur les preuves les plus irrécusables, telle que la raison universelle formulée par la tradition et l'histoire; il discute certains actes relatifs au concile de Constance et à Grégoire XII, etc., etc.

Dans la seconde partie, le P. Cappellari aborde la question si fort débattue de l'infaillibilité pontificale. Certes, le P. Cappellari n'était pas plus gallican que janséniste; et si on conçoit que les jansénistes ne cèdent point à l'évidence de ces preuves, ce qu'on ne concevra point, c'est qu'en maintenant une opinion contraire, les gallicans puissent se croire absolument et franchement catholiques; car

---

qu'il en rédigea les actes et décrets. Il est mort en avril 1827, à 90 ans. — Ceci est extrait d'une notice imprimée il y a quelques années à Milan.

enfin Grégoire XVI n'a pas rétracté les écrits du P. Maur Cappellari.

Le Triomphe du Saint-Siège, etc. se termine par un avis d'un Janséniste aux protestants. Après l'avis, vient la réponse. Je voudrais bien savoir ce qu'en pense M. Receveur. En attendant, j'abandonne à la sagacité publique cette réflexion d'un petit biographe : « Les victoires remportées sur Schérer « et la retraite des Français qui abandonnaient « Rome et Naples aidèrent au succès de ce livre ; » attendu que les Français avaient nommé Tamburini chevalier de l'ordre de la Couronne de Fer et membre de l'Institut des Sciences, Tamburini, cela s'entend, l'un des plus violents fauteurs de la révolution d'Italie.

Je cite avec bonheur, et pour raison, les paragraphes 57, 58, 59 et 60, que je recommande à tous les professeurs de théologie et autres :

En supposant que le concile de Constance eût défini la supériorité des conciles sur les Papes, on ne pourrait pas pour cela, d'après les adversaires, regarder cette doctrine comme celle de l'Église.

Mais considérons ces actes même hors de cet ensemble. Dans les décrets de l'assemblée de Constance sur la dignité papale, ou, pour mieux dire, sur la dépendance des Papes du tribunal des conciles, les novateurs reconnaissent-ils la voix et l'autorité de l'Église ? Eh bien ! qu'ils nous prouvent avec leurs principes que ce concile, dans les deux célèbres sessions, était légitime et œcuménique. Ils n'y réussiront jamais. En effet, quand reconnaissent-ils un concile comme général? Quand en reçoivent-ils les décisions avec une soumission de foi? Est-ce lorsque tous les Évêques de la chrétienté y ont été invités et qu'ils y sont réunis en nombre suffisant? Cela ne suffit pas : tel fut aussi celui de Rimini. Est-ce lorsque les Pères sont d'un rang, d'une science et d'une équité qui les rendent vénérables aux fidèles et les mettent à couvert de tout soupçon d'entraînement et de partialité? Malheur à nous si l'assentiment de foi qui nous est demandé dépendait de cette connaissance! Comment s'assurer de toutes ces choses? Il faudrait faire l'examen, le procès de chaque Père; et de telles recherches seraient certainement impossibles pour le plus grand nombre. Sera-ce lorsque les articles auront été débattus contradictoirement et avec une pleine liberté de suffrages? Cela ne suffit pas encore, parce que tout cela serait trop difficile à reconnaître pour ceux qui n'auraient pas été présents et pour les âges futurs. Sera-ce enfin lorsque les décrets auront été portés avec les formalités accoutumées? Qu'y a-t-il de plus trompeur? Cet avantage appartiendrait aux conciliabules même des hérétiques, qui, afin d'en imposer aux catholiques, ne négligent pas cet artifice. Quel sera donc le cas où les novateurs jugeront un concile vraiment légitime et canonique? Ils vont eux-mêmes nous le dire, car ils ont adopté avec des applau-

(1) An concilium aliquod generale sit ac legitimum constare nobis non posse, nisi ex unanimi Ecclesiæ acceptatione seu consensu. DISSERT. 4, DE CONC. Q. 1, § 6.

dissements unanimes la décision d'Opstract : « Nous ne pouvons être certains qu'un concile soit général et légitime que par l'acceptation ou le consentement unanime de l'Église (1). » Il faudra donc qu'ils nous prouvent que l'Église a manifesté son acceptation et son consentement unanime par rapport aux deux fameuses sessions de Constance, telles qu'ils les expliquent, pour que nous soyons convaincus que l'Église elle-même a défini la suprématie du concile.

Preuves du paragraphe précédent:

Mais comment pourront-ils le prouver ? Ces sessions furent célébrées en l'absence et de Jean XXIII et du collège des cardinaux, sans lequel, au dire de Pierre d'Ailly lui-même, un très grand nombre de personnes ne croient pas qu'il puisse y avoir de délibération canonique : *Deliberatio, exclusâ deliberatione dicti collegii, et non factâ in communi sessione collatione votorum, videtur multis non esse censenda deliberatio conciliariter facta*. On en exclut les deux Papes contendants, je veux dire Benoit XIII, favorisé par l'Espagne, dont les Églises, ainsi que le dit le cardinal Marco dans le concile même, *ne comptaient pas moins de chrétiens que la Grèce chrétienne*, et Grégoire XII avec une foule de personnes et d'évêques d'Allemagne et d'Italie. Si l'on ne peut regarder ce concile comme légitime et œcuménique dans la manière dont il fut célébré, on ne peut pas davantage lui donner ce titre en considérant comment plus tard fut reçu son prétendu jugement sur sa suprématie. En effet, il est certain qu'on ne peut traiter d'hérétiques plusieurs théologiens, tels que saint Antonin et Turrecremata, membres de ce concile, qui prêchèrent et soutinrent la doctrine opposée immédiatement après sa dissolution. On n'accusa pas d'hérésie Martin V, qui condamna solennellement par une bulle les appels du Pape au concile, qui par-là s'en déclara supérieur, et par conséquent, comme le dit Gerson, « détruisit par la base toute l'importance de ces deux sessions si souvent rappelées : « *fundamentale penitùs robur destruxit.* Personne n'a jamais qualifié de conciliabule d'hérétiques le concile de Latran, qui, peu de temps après celui de Constance, prononça la supériorité des Papes.

Où nos adversaires ont-ils trouvé qu'on ait dès-lors tenu et qu'on tienne maintenant pour hérétiques et schismatiques l'Eglise de Rome et la multitude des Eglises qui lui sont attachées et qui ont toujours si constamment et si victorieusement défendu les prérogatives du Pape, au point de faire *désespérer de la réforme* et d'abolir la fameuse pragmatique de Charles VII, comme ils ont l'imprudence de l'assurer les larmes aux yeux? Et s'ils ne parviennent pas à prouver tout cela, seront-ils en droit de prétendre que, dans les sessions telles qu'ils les entendent, on doive reconnaître la décision de l'Eglise universelle? Bon Dieu ! il est bien permis à un Homère de sommeiller quelquefois ; mais que des *théologiens*, que des *canonistes*, qui ont la prétention d'être seuls conséquents avec eux-mêmes, tombent dans d'aussi continuelles contradictions, c'est ce qu'on ne peut comprendre, à moins d'y voir la preuve que leur cause est désespérée, et qu'ils ne défendent que l'erreur. Quand il s'agit de leurs doctrines, il suffit d'un *petit* nombre de partisans pour qu'on ne puisse les dire condamnées par l'Eglise ; et quelque grand que soit le nombre de ceux qui les combattent, il est toujours insuffisant pour les empêcher de les regarder comme ayant été reçues et définies par l'Eglise universelle. Que Tamburini paraisse dans la lice et vienne nous dire que, quand une décision vient à être *obscurcie*, on peut, sans être taxé d'hérésie, soutenir la proposition contradictoire ; principe subversif et erronné, dont je montrerai les funestes conséquences dans les deux *dissertations* placées à la suite de ce traité. Y a-t-il eu ici une acceptation, un assentiment public et notoire de l'Eglise ? Mais, si cette acceptation n'a été manifestée ni dans le concile même, ni immédiatement après cette prétendue décision, ni dans la suite des temps jusqu'à nous ; si même l'assentiment a été plutôt favorable à ce qu'on appelle les *sentiments de Rome*, quand donc a-t-on commencé, ou quand commencera-t-on à la connaître ? Je lui accorderais même presque que ces deux sessions, la IVe et la Ve, aient été généralement reçues, quel avantage en retireraient les novateurs ? S'ensuivrait-il que la supériorité des conciles œcuméniques soit un dogme décidé et généralement professé ? Non certainement ; mais seulement que la doctrine établie dans ces sessions ne regarde que le cas particulier pour lequel elle fut définie, et qu'elle ne doit pas être étendue à tous les conciles et à tous les Papes, en établissant en thèse générale la suprématie des conciles.

Si la suprématie des conciles sur les Papes avait été définie par le concile de Constance, on devrait l'entendre des Papes douteux.

Quel est donc ce cas particulier ? Celui d'un Pape douteux. Voilà le moyen de concilier entre eux les actes du concile de Constance. Dans ces actes, le concile se montre incertain et flottant quand il s'agit d'examiner le fait, c'est-à-dire de savoir si ces Papes, et particulièrement Grégoire, pouvaient prudemment être considérés comme des Papes *douteux* ; mais au moins ne fait-il rien qui soit opposé à son autorité sur eux dans cette hypothèse : au lieu que, dans l'hypothèse de la suprématie *absolue* du concile, ces actes présentent des contradictions frappantes avec cette autorité absolue des conciles sur tous les Papes. Que si néanmoins les adversaires s'obstinent à soutenir que ces deux sessions doivent s'entendre généralement de tous les conciles et de tous les Papes, qu'ils soient prêts à concilier entre eux les actes de Constance ; c'est-à-dire qu'ils prouvent, mais sans équivoque, sans subterfuge, que, malgré la conduite des Pères, malgré tant de Papes, d'évêques, de théologiens qui ne nient pas, qui affirment même qu'on peut et qu'on doit n'appliquer ces deux sessions qu'au cas d'un Pape douteux, malgré les circonstances qui viennent à l'appui de cette interprétation, malgré les expressions employées par le concile admettant, pour plus grande *assurance*, les procédés monarchiques de Grégoire, qu'ils prouvent, dis-je, que, malgré tout cela, il n'est pas moins certain que le sens de ces décrets est absolu et général, qu'on ne doit pas les restreindre au cas du schisme, et que ce fut précisément ainsi que les Pères l'entendirent ; car si les décrets sont susceptibles d'interprétation, c'est-à-dire s'il est permis de les limiter ainsi, il faut encore se rappeler qu'il s'agit ici d'un point essentiel, et d'après les règles de Tamburini, on ne pourrait considérer la question comme terminée dans le sens des adversaires ; il serait encore nécessaire et impossible tout à la fois de démontrer que les Pères, *d'accord sur les paroles*, l'aient été aussi de sentiments; et cependant Tamburini l'exige pour une décision dogmatique (1).

L'Histoire du concile de Constance est plutôt contraire que favorable aux adversaires.

C'est donc un concile qui est plutôt réellement favorable qu'opposé à la puissance monarchique des Papes, et dont les décrets ne le condamnent pas ouvertement ni définitivement; c'est une *décision* qui n'est pas *claire* ni *précise* en elle-même, qui l'est bien moins encore si l'on fait attention à l'incertitude que les juges montrèrent dans leur conduite, une décision que l'on peut toujours combattre dans les écoles sans hérésie, qui fut attaquée dès le principe, et qui est maintenant oubliée; c'est, dis-je, un tel concile et une telle décision, qui sont les seules armes avec lesquelles nos adversaires espèrent d'anéantir la souveraine autorité des Papes; mais ces armes même ne servent réellement qu'à la mieux protéger encore contre leurs attaques. On ne saurait en effet donner une plus éclatante preuve de la divine institution de la monarchie ecclésiastique, que de rappeler l'impuissance des assauts par lesquels on a voulu, surtout à l'époque du concile de Constance, la renverser, et de la montrer se relevant toujours avec plus d'éclat pour le gouvernement unique, *immuable*, *visible* et *perpétuel* de l'Eglise. Et qu'on ne dise pas que, au moins dans ces circonstances, elle n'était pas *visible;* car autre chose est de douter quel est, entre plusieurs prétendants, le monarque légitime; et autre chose d'ignorer si la forme du gouvernement est

(1) Continuaz. dell' Appellante, p. 25 et suiv.

monarchique : or cette forme se révèle dans le concile même par de nombreux témoignages. Voudrait-on que Dieu eût paré même à toute incertitude sur le vrai monarque ? Il l'aurait fait sans doute, si la monarchie excluait toute espèce d'interrègne ; et s'il n'avait pas donné à son Eglise les pouvoirs nécessaires dans ces circonstances : rien ne nous empêche de le croire. (*Trad. par M. Menghi-d'Arville.*)

Pie VII, de sainte et glorieuse mémoire, ayant fondé en 1800 l'*Académie de la religion catholique*, le P. Cappellari fut un des premiers qu'il appela à en faire partie. On le vit dès 1801 inscrit au nombre des membres résidents, et chaque année lire un mémoire sur quelques matières importantes. A son entrée, il expliqua *comment les erreurs apparentes qui ont accompagné quelquefois le consentement général sur l'existence de Dieu, n'atténuent point la force de cet argument.* D'honneur, M. de La Mennais n'y fut pour rien.

Dans son mémoire de 1832, il prouve que *la loi naturelle prescrit de rendre à Dieu un culte intérieur et extérieur, ordinairement désigné sous le nom de religion.* Il établissait en 1833 que *la prophétie des soixante-dix semaines concerne le Messie.*

En 1804, il démontrait que *la religion chrétienne doit être et est essentiellement une dans ses dogmes comme dans sa morale ;* en 1806, que *pour nier la création, on objecte en vain certaines irrégularités plus ou moins évidentes dans l'économie du monde physique, comme étant inconciliables avec les attributs de Dieu.*

Je dois revenir à 1807 ; j'épuise vite le sujet des mémoires.

Celui de 1809 exposait la faiblesse des objections que les incrédules tirent du malheur et des révolutions du peuple Juif contre les promesses de félicité faites à ce peuple.

A partir de 1807, le P. Cappellari exerça successivement les fonctions de censeur d'exercice de l'Académie, de lecteur émérite de théologie, de vice-procureur-général, et d'abbé des Camaldules.

Lors de l'enlèvement de Pie VII, les ordres religieux se dispersèrent ; et le P. Cappellari chercha un asile dans l'état vénitien, au monastère de Saint-Michel de Murano. Il y retrouva quelques-uns de ses confrères, et avec eux bien des consolations. Une chaire lui fut confiée dans un collège voisin de cette ville et qui avait pour proviseur le célèbre abbé Traversi, pour recteur le P. Zurla, depuis cardinal.

« C'est à l'abbé Traversi, dit M. Menghi d'Arville, que les Camaldules ont dû de rester tranquilles dans leur île ; mais en 1811, leur bibliothèque fut tout à-fait ruinée, après avoir été absorbée en partie par les bibliothèques de Saint-Marc, de l'Académie et du Lycée. Le P. Cappellari déplorait amèrement cette perte, en écrivant à M. l'abbé Baraldi qu'il honorait d'une affection toute particulière.

Au commencement de 1814, il se rendit à Padoue avec le collège. Là, il apprit la délivrance de Pie VII, et cet évènement bien heureux lui inspira un nouvel écrit sur le *Concours extraordinaire de tant de prodiges, considérés comme motifs de foi.*

Il ne revint pas immédiatement à Rome ; mais après peu de temps, et suivant les désirs les plus ardents de son cœur, il y fut rappelé ; et il reprit avec joie la vie d'étude et d'oraison dans son ancien monastère.

Nommé d'abord abbé-procureur-général, il fut ensuite consulteur de l'Inquisition, de la Propagande et des affaires ecclésiastiques ; « c'était, dit un auteur, accorder une haute preuve d'estime à ces institutions (la Propagande et l'Inquisition) qu'on juge mal hors de Rome, parce qu'on ne les connaît pas bien et qu'on a donné le même nom à des associations politiques, etc., etc. »

Il fut ensuite chargé d'examiner les nouveaux sujets à promouvoir aux évêchés, puis nommé consulteur de la correction des livres de l'église orientale, et, par suite de l'élévation du P. Zurla à la dignité de cardinal, vicaire-général des Camaldules. « Il ajoutait de plus en plus, dit M. Menghi d'Arville que je me plais à citer souvent, au trésor de ses mérites. » Ce qu'un autre écrivain traduit ainsi : « Les travaux dont il fut chargé firent éclater de plus en plus son savoir, la justesse de son esprit, sa prudence et sa piété. » Léon XII, qui l'avait réservé cardinal *in petto* dès le 21 mars 1825, lui rendit un éclatant hommage dans le consistoire du 13 mars 1826, en le créant cardinal de l'ordre des prêtres de Saint-Calixte. Voici en quels termes le souverain Pontife motivait son choix : *Recommandable par l'innocence et la gravité de ses mœurs, par ses connaissances, principalement dans les matières ecclésiastiques, il s'est acquitté de tant de travaux journaliers pour le Saint-Siège, que nous avons cru devoir récompenser par le cardinalat, ses soins, son dévoûment et son zèle.*

Maur Cappellari fut ensuite nommé préfet de la Propagande. On sait que cette charge éminente consiste dans l'inspection de toutes les missions faites parmi les peuplades infidèles.

Toujours à la hauteur de ses dignités, il sut se faire admirer et aimer partout; partout préluder admirablement aux destinées presque divines qui lui étaient réservées. On a peine à croire que le zèle, l'intelligence et les forces physiques même d'un seul homme pussent tenir contre une si prodigieuse multitude de travaux. Mais la vertu est aussi une puissance sans pareille, et la grâce de Dieu abonde en ressources. Demandez au miraculeux Mezzofante, cette pentecôte vivante, où il a pris du temps, de l'esprit et de la mémoire pour parler toutes les langues du monde comme sa langue maternelle ! (1)

Lorsqu'eut sonné l'heure de son exaltation, Maur Cappellari dut éprouver une grande angoisse (2). Sous Léon XII, les États-Romains avaient essuyé de vives commotions qui n'avaient point cessé durant la courte apparition de Pie VIII. La révolution, en voyant mourir celui-ci, venait de proclamer qu'enfin le dernier des Papes était descendu dans la tombe. Les relations extérieures présentaient plus

---

(1) Bayle appelait Pic de la Mirandole *monstrum sine vitio*.

(2) Le christianisme, dit M. de Châteaubriand, n'attend qu'un génie supérieur venu à son heure et dans sa place....
— Depuis que ces lignes sont écrites, ajoute-t-il, le cardinal Cappellari a été nommé Pape. C'est un homme d'une vaste science, d'une éminente vertu et qui comprend son siècle ; mais n'est-il pas arrivé trop tard ? J'avais appelé ce choix de tous mes vœux dans le précédent conclave.

Études histor. Préface, p. 97.

d'une difficulté, plus d'un achoppement certain. A toutes les rixes politiques des rois et des peuples se mêlait subsidiairement la question catholique interprétée en sens contraire, et qu'il serait urgent, nécessaire, quoique bien difficile et dangereux, d'expliquer catégoriquement. Nous sommes dans un temps où tout se discute; et cette despotique manie de discussion allait se développer visiblement de jour en jour. On discutait donc non-seulement parmi les infidèles ou payens, et les hérétiques, et les philosophes encyclopédistes, s'il y en a encore, mais dans les assemblées même de certaines nations catholiques; on discutait, dis-je, sur le point de savoir s'il était convenable ou non qu'un pape fût à la fois roi spirituel et roi temporel.

De plus, les gouvernements, comme tous les êtres voisins de leur dissolution, tendaient à s'individualiser; et voici quelle était, en conséquence, la seule alternative probable: ou laisser ce pauvre petit état de Rome se dévorer par ses propres faiblesses, ou, s'il portait ombrage aux autres, l'effacer de la carte.

Pour nous en tenir à la France où nous sommes, c'est bien ainsi qu'après avoir entravé d'abord les relations des évêques et de leur chef suprême, on tentait d'anéantir complètement ces relations; on les annulait, du moins autant que possible ; qu'on lise au reste les réflexions judicieuses de MM. Allignol, que j'estime, en dépit de M. Boyer, pour d'honnêtes et courageux écrivains.

On fit plus encore ; et comme je n'ai point envie de copier tous les journaux et toutes les brochures plus ou moins politiques de l'époque, je me contente de citer les gentillesses d'Ancône, celles de S. M. l'autocrate Nicolas, auquel il est juste de joindre le roi de Prusse, père et fils, etc.

Si la charge était effrayante, la récompense aussi était grande ; et ce n'est pas un faible motif de courage et de confiance qu'une promesse telle que Dieu l'a faite à son représentant sur la terre.

Grégoire XVI resta calme, et rien n'a pu altérer encore sa majestueuse sérénité.

Comme souverain temporel, il s'occupa d'abord de l'organisation intérieure de ses états, appuyé par le concours des hommes les plus remarquables sur lesquels étaient tombés ses choix. Il divisa le gouvernement en délégations, hormis les environs de la ville, appelés *Comarca* de Rome. Les communes et les provinces furent harmonisées et constituées ; chaque localité pourvue des règlements nécessaires au bien-être et à la sécurité de ses habitants. Un grand travail eut lieu pour la révision des lois en général. De fâcheuses coutumes furent abolies. Il introduisit avec habileté des innovations désirables. Les plus hautes capacités intellectuelles que renfermât le clergé romain furent appelées aux affaires. S'il est au monde un homme qui puisse se croire au-dessus des avis et des conseils, certes c'est lui ; mais sa prudence et sa modestie lui inspirent d'autres pensées. Toujours environné des sages qu'il recherche, il est rare qu'il agisse par son propre et unique mouvement, et une détermination n'est jamais prise que le sujet en question n'ait passé par des épreuves réitérées.

Un des plus tendres objets de la sollicitude du Saint-Père, c'est l'enseignement public. Il y a dans Rome un grand nombre d'établissements où les pères de famille peuvent envoyer leurs petits enfants, alors même qu'ils sont dans l'indigence. Ils y trouvent des maîtres choisis qui leur enseignent gratuitement les principes de la langue, et même les belles-lettres. Je l'ai dit, le nombre de ces écoles est presque infini. Les rois de l'instruction, si cette expression m'est permise, les Jésuites, sont appréciés admirablement par Grégoire XVI, et sont préposés à la plupart des maisons qu'il forme en ce genre. « Puisse leurs heureux élèves, dit un illustre écrivain, ne jamais oublier leurs leçons, et honorer leurs maîtres par la solidité de leurs vertus, comme ils le font par la variété de leurs connaissances! J'ai été frappé, ajoute-t-il, de trouver sous un ciel aussi ardent tant de recueillement et de décence. Quel ordre! quelle régularité! quelle précision dans tous les exercices! quel zèle et quelle bonté de la part des maîtres! Quel respect et quelle docilité de la part des élèves! »

Je n'ai point parlé du Collège romain, connu par son fameux Musée d'antiques : *Kirkerianum*, de la Sapience, etc. ; on les connaît assez.

Aborderai-je des questions plus délicates encore, s'il est possible ? On a examiné, à propos d'une mesure toute récente prise à Rome contre une feuille légitimiste, ce qu'il pourrait y avoir d'analogue entre la position d'un prêtre qui dirige un journal et cette position mixte d'un pape, que j'ai signalée plus haut. On a murmuré le nom de *Gazette* à faire publier; on a même articulé celui d'échafaud à faire élever; on est descendu à des détails plus révoltants qu'on a qualifiés nécessités royales. Suivrai-je dans leurs sourdes insinuations ces juges plus hideux encore qu'impertinents?

Je dis hautement que non; et je suis sûr que les hommes de bon sens me dispenseront de m'expliquer davantage. J'aime bien mieux reposer vos idées sur les établissements de bienfaisance que j'ai indiqués et ceux que je voudrais nommer encore. Vous savez les prodiges opérés durant le choléra par les Pères Cruciferi, ces généreux enfants de saint Camille de Lellis, et par les Capucins, les Franciscains, les bons frères des écoles chrétiennes, les pères de l'ordre de la Miséricorde, les chanoines réguliers de St-Jean de Latran, et les Frères de St-Jean de Dieu? Nul n'ignore que Rome aussi renferme un Mont-de-Piété fondé par Barnabé de Terni, et bien loin d'être, comme ceux que nous avons sous les yeux, un hypocrite abîme où s'engloutit la substance du pauvre sous le couvert de la miséricorde. Je m'arrête.

Qu'il me suffise d'ajouter que la main bienfaisante et paternelle de Grégoire XVI s'est fait sentir dans chacune de ces institutions pour leur agrandissement, et que, parmi les papes qui ont tant fait, peu se trouvent avoir plus fait que lui.

On s'attend sans doute à trouver ici quelques réflexions sur certaines décisions du Souverain Pontife, relatives à des questions fort difficiles et fâcheuses. Il n'en sera rien. Pour la forme seulement j'y dois faire allusion.

D'abord les évêques de France, dans l'embarras où les mettait la double nécessité de travailler au bien des âmes, selon leur conscience, et de suivre pour cela des influences forcées, recoururent à Grégoire XVI et lui demandèrent ce qu'il fallait penser au fond du *Domine salvum* ordonné par M. de Montalivet, du droit ou plutôt du fait du gouvernement de Louis-Philippe, de leurs relations diplomatiques enfin. Il leur fut fait une réponse dont tout le sens est contenu dans ces mots évangéliques et tout noirs d'interprétations : *Reddite quæ sunt Cæsaris Cæsari, et quæ sunt Dei Deo*. Ou il fallait s'en tenir à cette définition suprême, ou la rejeter absolument si elle semblait entachée d'incompétence. Il n'y avait pas de doute ni de fraction ou scission possible ; cependant les uns, par suite de la réponse, se rattachèrent corps et âme au nouvel ordre de choses ; d'autres usèrent d'une prudence équivoque ; certains persistèrent dans leur primitive façon de voir. Je ne prononce pas ; mais je ne connais rien qui puisse contrebalancer un décret, ou, si l'on veut, une décision partie de la chaire de Pierre.

Vint bientôt une question plus difficile, parce qu'elle émanait d'une source plus considérable et plus vaste : Fruit des longues méditations et des études profondes du génie, cri de détresse de la vertu et de l'amour épouvantés par la fausse marche des choses et par des catastrophes prochaines, l'*Avenir* avait paru, jetant dans le monde avec une forme inouie des principes qu'il proclamait souverains et contemporains de la pensée de Dieu. Soit générosité du système nouvellement et admirablement exposé, soit instinct naturel, soit la force inhérente à la vérité, une grande partie du corps social ecclésiastique, prêtres comme simples fidèles, avaient embrassé avec ardeur et presque avec fureur les doctrines de M. de la Mennais. Des cardinaux les avaient déclarées salutaires. Toutes les lumières de la science s'y concentraient, si je puis ainsi m'exprimer. Les vieilles sectes frémissaient devant une telle simplicité de vues et une telle clarté de paroles.

Quelques hommes seulement réclamèrent; les gouvernements se sentirent inquiets; et ce fut à qui parmi eux défendrait ses iniques prérogatives si vigoureusement attaquées. La bassesse de l'hypocrisie a des moyens inénarrables. Ce qui fut fait alors, j'espère le dévoiler, plus tard et surabondamment, dans un ouvrage *ad hoc*.

Quoi qu'il en soit, au milieu de toutes les ignominies en fermentation, le Souverain Pontife, dépositaire de l'éternelle et immuable sagesse, resta calme, comme il fut toujours pur et brillant d'indépendance. Sur des motifs que nous devons respecter sans les examiner, il publia cette fameuse Encyclique, condamnation précise et irréformable de certains points, ou de forme ou de fond, sur lesquels M. de La Mennais n'avait pas cru se trouver répréhensible. Humilions nos fronts et répétons : *Est-ce que la vigne doit se révolter contre celui qui la cultive, et le blé contre la faulx du moissonneur? Numquid,* etc...

Hélas! que ne puis-je détourner de la Pologne mes yeux baignés de larmes! malheureux pays! nation de héros! martyrs du catholicisme, victimes vénérables du schisme sanguinaire, ils sont tombés! *Quomodò ceciderunt fortes?...*

« La religion, dit M. Lacordaire (1), tout habituée qu'elle est à voir mourir les nations comme les hommes, a aussi de *secrètes et tendres pleurs* pour ces immenses infortunes qui attestent la caducité de tout ; mais elle y voit de plus le mystère réparateur de la croix appliqué tout sanglant aux peuples pour leur salut; et, soit que Dieu les ait condamnées pour jamais, soit qu'il les appelle un jour à revivre, elle doit leur adresser les paroles de la résignation chrétienne, seule consolation de la créa-

---

(1) Lettre sur le Saint-Siège, page 59.

ture quand elle ne peut plus rien. Tel a été l'esprit du bref adressé par le Souverain Pontife aux évêques polonais; et à supposer même, ce que je ne crois pas, que dans l'espérance d'apaiser un prince irrité contre une portion de son troupeau, le pasteur eût excédé par les expressions, je ne me persuaderai jamais que Priam fit une action indigne de la majesté d'un roi et des entrailles d'un père, quand il prit la main d'Achille en lui adressant ces sublimes paroles : « *Juge de la grandeur de mon malheur, puisque je baise la main qui a tué mon fils.* »

Dans les notices si intéressantes par elles-mêmes de MM. Droste de Wischering et de Dunin, nous aurons à nous lamenter sur d'autres douleurs et à nous prosterner, comme toujours, devant l'auguste sainteté des actes de Grégoire XVI.

Une biographie de 36 pages n'était pas de nature à contenir une vie si féconde et si large. Je n'ai pas eu non plus la folle prétention de l'y faire rentrer. Mon intention, dès l'abord, fut de diviser ma biographie en deux parts, réservant pour la seconde, qui paraîtra dans le cours de la publication, tous les détails qui auront suivi la promotion de Grégoire XVI à la papauté; consignant ici seulement les faits antérieurs à ce grand évènement, comme devant être d'un intérêt plus prochain.

O vous, pontife vénérable, image de Dieu sur la terre, Dieu vous-même, puisqu'en quittant la terre Jésus-Christ vous a revêtu de toutes les prérogatives de sa personne sacrée ; ô vous, grand par la science comme par la vertu, honneur éternel de l'humanité et de l'Église, pardon si les immenses beautés d'une vie telle que la vôtre se sont en quelque sorte affaiblies et rétrécies sous mon faible pinceau ; mais, à défaut de la puissance de l'esprit, j'ai eu la sincérité et le vouloir du cœur; ces dons de l'amour et de la foi compenseront le reste à vos yeux ; et, du milieu des élans d'enthousiasme que provoque maintenant dans toute l'Italie votre voyage triomphal, vous daignerez sourire aux efforts du plus humble de vos enfants, et faire descendre sur sa tête l'une de vos plus abondantes bénédictions.

Grégoire ! nom cher à l'Église par les vertus, par les sciences, par les actions qu'il rappelle ; cinq Papes de ce nom vénéré sont inscrits au nombre des Saints. Le premier de tous a conquis par sa doctrine et sa piété, le surnom de Grand ; tous les bons esprits regardent Grégoire VII comme l'un des amis, des tuteurs, des sauveurs du genre humain, comme l'un des génies qui ont constitué l'Europe; Grégoire IX fut le restaurateur du droit canonique; Grégoire XIII, qui fonda tant de collèges, édita le décret de Gratien et réforma le calendrier; Grégoire XV, qui ne fit que traverser le pontificat, y laissa des traces de lumières, et choisit dans le collège des cardinaux un conseil pour la propagation de la foi chez les barbares. A son tour, Grégoire XVI, en adoptant un nom si illustre, a pris l'engagement d'évangéliser les idolâtres et les hérétiques, d'éclairer les fidèles, d'édifier le monde, et de contribuer par l'ascendant de son apostolat à sauver la société européenne, en lui montrant le bonheur dans l'*unité* romaine, et en lui indiquant la charité comme le moyen facile d'arriver à ce port de salut (1).

(1) PROPHÉTIES DE St. MALACHIE,
ARCHEVÊQUE D'ARMATH.

Quoique les prophéties de saint Malachie, archevêque d'Armath, concernant les Papes, soient connues de presque tout le monde, néanmoins il paraît dans les convenances de rattacher à une Notice historique sur Sa Sainteté Grégoire XVI celle qui lui échoit et qui est : *De balneis Etruriæ*, des bains de Toscane; et celles qui font allusion à douze de ses successeurs. Les voici :

Crux de cruce, la croix de la croix.
Lumen in cœlo, la lumière dans le ciel.
Ignis ardens, le feu ardent.
Religio depopulata, la religion dépeuplée.
Fides intrepida, la foi intrépide.

Pastor angelicus, le pasteur angélique.
Pastor et nauta, le pasteur et le nautonnier.
Flos florum, la fleur des fleurs.
De medietate lunæ, du milieu de la lune.
De labore solis, du travail du soleil.
Gloria olivæ, la gloire de l'olive.
In persecutione extremâ sacræ romanæ Ecclesiæ, sedebit PETRUS *romanus, qui pascet oves in multis tribulationibus, quibus transactis, civitas septicollis diruetur, et Judex tremendus judicabit populum :* dans la dernière persécution de la sainte Eglise romaine, il y aura un PIERRE à Rome qui remplira le siège apostolique ; il paîtra les brebis confiées à sa conduite au milieu de beaucoup d'afflictions ; ce temps fâcheux étant passé, la ville aux sept collines sera détruite, et le redoutable Juge jugera le monde.

(Tiré de l'ouvrage de M. Menghi.)

1er Octobre 1841.

Paris. — Imp. de A. APPERT, pass. du Caire, 54.

Biographie du Clergé Contemporain

M. l'abbé GRIVEL

Aumônier de la Chambre des Pairs

Aumônier de...

M. GRIVEL,

AUMÔNIER DE LA CHAMBRE DES PAIRS.

> Qui non est tentatus, quid scit ? vir in multis expertus cogitabit multa, et qui multa didicit enarrabit intellectum.
> *Lib. eccli.* 34-9.

> Les jugements et les apparences sont si souvent faux, qu'il est étonnant que l'on ne s'en désaccoutume pas.
> Mme DE SÉVIGNÉ.

> Ἔργου δὲ παντὸς ἤν τις ἄρχηται καλῶς,
> καὶ τὰς τελευτὰς εἰκός ἐσθ' οὕτως ἔχειν.
> SOPHOCLE.

> Ut quisque rem accurat suam,
> sic ei succedit post principia.
> *Trad. de Plaute.*

Louis-Jean-Joseph Grivel est né le 8 septembre 1800, à Ambert, petite ville du Puy-de-Dôme, à sept lieues d'Issoire. Il est fils unique. Son père, Pierre Grivel, était un simple ouvrier papetier ; et sa mère, Marie Trunel, une pauvre couturière (je le dis pour lui faire honneur), qui avait la science suprême des mères (1).

« Le juste, dit l'Écriture, qui marche dans sa simplicité, laisse après lui des enfants heureux (2). » C'est suivant toute la rigueur du sens attaché à ces mots, que M. et Madame Grivel donnèrent au jeune Joseph les exemples les plus puissants et les plus douces leçons de vertu, libres qu'ils étaient des gênes d'une grande fortune.

En cultivant son cœur, si facile et si tendre, ils ne négligeaient rien pour orner son esprit, et consacraient à cette dernière fin le peu d'argent qu'ils pouvaient amasser par leur travail : *qui diligit filium suum, instanter erudit (3)*. L'économie, du reste, est un grand et immanquable secret de multiplier ses ressources.

(1) « La plus utile et honorable science et occupation à une mère de famille, dit Montaigne, c'est la science du mesnage. » — Madame Grivel était la nièce d'un vénérable ecclésiastique, M. Portal, mort curé de Saint-Féréol ; elle avait été élevée sous les yeux de cet excellent oncle ; et c'est à son école qu'elle avait puisé tous les principes d'une piété tendre et solide qu'elle transmit à son fils. — M. Grivel le père, maintenant plus que sexagénaire, reste en Auvergne, où il se repose de ses longs travaux dans une petite manufacture de papeterie, dont le revenu le fait vivre.
(2) Prov. 20-7.
(3) 13-24, *ibid.*

Le père et la mère de M. Grivel vivent encore ; sa mère est aujourd'hui sa compagne inséparable ; Dieu veuille lui conserver ce délicieux bien !

De bonne heure, il se montra parfaitement digne des soins qu'il recevait ; et sa vocation pour l'état ecclésiastique s'était déjà manifestée par plusieurs signes incontestables, à un âge où d'autres témoignent à peine d'une demi-intelligence des choses matérielles de la vie. Quel bonheur ce fut pour lui quand il obtint l'honneur de figurer à l'église Saint-Jean d'Ambert, comme enfant de chœur, et surtout de servir la messe, doux et sublime ministère dont il s'acquittait vraiment comme un ange ! (1)

Il y a plus ; on distinguait déjà le genre plus particulier de talent qui devait le porter dans la suite vers la chaire chrétienne. Assidu aux offices, avide surtout de sermons et de prônes, sa mémoire était telle, qu'il les répétait textuellement au foyer paternel, ou même dans les réunions d'enfants, ses amis, avec une ardeur et une onction ravissantes ; les grandes personnes elles-mêmes prenaient plaisir à l'écouter.

Voyez ce que j'ai raconté de M. Combalot, page 186 ; et, pour m'éviter une redite, faites-en l'application au sujet présent.

(1) Ce sont les propres expressions d'une personne qui l'a connu à cette époque.

Je ne saurais assez appuyer sur ce dévouement de M. et Madame Grivel à l'éducation de leur fils. Celle-ci surtout se sentait fière des succès qu'elle lui voyait remporter au collège d'Ambert; et des larmes de joie coulaient de ses yeux lorsqu'il avait à sa boutonnière *la croix de mérite*, ce qui lui arrivait fort souvent.

Ici encore, elle le surveillait et le dirigeait; M. l'abbé Grivel raconte avec effusion tous les prodiges de cette sollicitude sans égale.

« Vierge sainte! s'écrie-t-il dans un sermon
« sur la Sainte-Vierge, ce n'est pas en vain que
« la miséricorde incarnée a demeuré neuf mois dans
« votre sein; elle y a laissé à jamais les traces et
« les impressions de cet admirable sentiment,
« comme un vase, dit saint Bernard, où l'on a mis
« quelque excellent parfum et qui en garde tou-
« jours la suavité et l'odeur. Oui, vous qui êtes si
« bien nommée la mère de la belle dilection, puis-
« que vous êtes l'épouse de l'amour consubstantiel
« et la mère de l'agneau immolé par l'amour, vos
« entrailles furent émues d'un redoublement de
« tendresse pour le genre humain que vous adop-
« tâtes quand Jésus-Christ l'eut racheté. Nous le
« savons, *nous ne sortîmes de son côté que pour*
« *entrer dans votre cœur maternel.*

« O vous qui portez le doux nom de mère, et
« vous qui avez le bonheur d'être l'objet de l'af-
« fection maternelle, dites-nous ce que c'est qu'une
« bonne mère. Oh! que ne puis-je le peindre
« comme je l'ai si bien éprouvé et si bien ressenti!
« c'est ce que Dieu a fait de plus admirable sur la
« terre. Il n'a mis dans le cœur maternel que bon-
« té, dévouement et tendresse. Tout l'être d'une
« mère *se résout* en amour; et cet amour s'accroît
« par les sacrifices même; il pense recevoir à
« mesure qu'il prodigue; il est à lui-même sa ré-
« compense, car la récompense de l'amour mater-
« nel, c'est de pouvoir aimer encore davantage.

« Confidente de nos joies, et surtout de nos
« peines, qu'elle sait en quelque sorte deviner et
« pressentir par une révélation du cœur, une mère
« est si ingénieuse à poser l'appareil sur les points
« saignants de notre âme, si empressée à couvrir
« nos fautes d'une discrète et indulgente pitié! (1) »

Heureux fils! heureuse mère! Qui n'a ressenti
dans son cœur toutes ces émotions et toutes ces
douceurs? C'est le seul bonheur que, dans la

---

(1) Je n'entends pas donner comme un chef-d'œuvre de style tout ce morceau, si remarquable sur quelques points. M. Grivel, aussi bien que personne, saura pourquoi j'ai souligné çà et là des passages qui probablement lui étaient plus chers que tous les autres.

nature terrestre, Dieu ait voulu faire universel ; et en parlant d'une mauvaise mère et d'un mauvais fils, Pindare a pu dire presque absolument : μονα και μονον (1).

« Il faut adorer les dieux, disait Centaure au jeune Achille, mais notre second hommage doit être pour ceux dont nous avons reçu le jour. »

A douze ans, Joseph Grivel fit sa première communion sous la direction du P. Gachon, missionnaire, qui l'affectionnait beaucoup, et qu'à une certaine époque il accompagnait continuellement dans ses courses apostoliques. Cet excellent P. Gachon, modèle de vertu et de bonté, est mort il y a quelques années, laissant bien des regrets dans tout le pays (2).

---

(1) Faites-vous traduire ces trois mots grecs, et, s'il est possible, ceux que voici : *Nous ne sortîmes du côté de Jésus-Christ que pour entrer dans le cœur maternel de la sainte Vierge*; et ces autres encore : *Tout l'être d'une mère se* RÉSOUT *en amour*; puis dites-nous si le grec de Pindare n'est pas plus français, en l'espèce, que la langue de M. Grivel. Nous verrons d'ailleurs que le prédicateur a fort bien pris sa revanche, indépendamment des passages qui, même dans ce morceau, rachètent les incorrections.

(2) Le vieux clergé bientôt aura disparu entièrement pour faire place au clergé nouveau, *d'après la révolution ;* c'est un sujet de douleur. Il y avait jusque dans l'extérieur et le caractère de la physionomie je ne sais quelle beauté particulière qui tend aussi à s'effacer. Où allons-nous ? où va l'espèce ? où vont toutes choses ?

Par un concours de circonstances fort heureuses, Joseph Grivel fut encore confié successivement à deux hommes d'un grand mérite : M. l'abbé Clément, ancien génovéfain, et M. Girard, de l'Académie de Lyon (1). Il fit, sous leur direction, ses humanités et sa rhétorique. Je note pour mémoire les succès brillants qu'il y remporta, bien que j'aie promis de couper court à toutes ces conquêtes de collège.

Joseph Grivel trouva aussi dans ses rapports habituels avec M. de Rostaing, curé d'Ambert, des ressources précieuses pour son instruction (2). Le vertueux ecclésiastique dut se réjouir d'avoir donné à Dieu un si bon serviteur ; c'était sur cette terre une récompense bien douce de ses bienfaits. « Les bienfaits, dit Xénophon, sont des trophées qu'on érige sur le cœur des hommes (3). »

(1) M. Clément, principal du collège d'Ambert, depuis chanoine titulaire de Valence où il est mort. — M. Girard, qui lui succéda, était laïque.

(2) M. de Rostaing, homme d'excellent cœur et de grand sens, avait été autrefois le condisciple de M. de Talleyrand ; et on le disait aussi spirituel causeur que ce diplomate des diplomates. Si M. Grivel, à l'intime fréquentation de M. de Rostaing, ne gagna pas positivement une dose de saillies analogue, il y puisa du moins une amabilité de manières et de paroles qui a bien aussi son mérite.

(3) Cyropédie.

A treize ans, M. Grivel avait terminé ses études classiques; il entra bientôt, pour suivre un cours de philosophie, au séminaire de Clermont, après avoir pris la soutane qu'il n'a plus quittée.

Sa philosophie terminée, il fit, au séminaire de Valence, son cours de théologie. C'est alors que M. de Dampierre lui donna la tonsure et les ordres mineurs. (Année 1819.)

Il passa ensuite quatre ans comme professeur dans un établissement ecclésiastique (1).

En cette dernière qualité, il dirigea quelque temps ce qu'on appelle les basses classes, mais avec un talent et un zèle qui le firent bientôt distinguer et désigner pour une chaire de rhétorique, à la première vacance de cette place. Il avait fait de fort bons élèves; et je sais qu'il se trouvait fort à l'aise dans ce dernier poste. *Manifestum est quòd perfectio disciulorum gaudium et perfectio magistri est* (2).

Les premières années de M. Grivel furent donc paisibles et douces; à part une funeste exception, sa vie tout entière s'en est délicieusement ressentie; et je l'en félicite. D'autres n'ont pas eu

---

(1) Au collège de Valence, collège mixte dont les professeurs étaient au choix de l'autorité ecclésiastique. Il s'y trouve d'ordinaire de 400 à 500 élèves.

(2) *Amb.*

un si grand bonheur. « Quand une vie est commencée au milieu des orages, dit M. de Châteaubriand, le reste de son cours passe en vain sous un ciel pur ; le fleuve demeure teint des eaux de la tempête qui l'ont troublé dans sa source. »

M. Grivel fut fait sous-diacre en 1821 (1).

En 1822, M. l'évêque de Valence disposa en sa faveur d'une dispense de vingt-deux mois, la seule qu'il eût ; et M. l'abbé Grivel fut ordonné prêtre, à vingt-deux ans. C'est du même prélat qu'il avait reçu les autres ordres, comme la tonsure et les *mineurs*. Dans la disette où nous vivons, l'É-

---

(1) Aujourd'hui, plus que jamais, c'est une terrible chose que *le grand pas!* Hélas! avec les meilleures intentions du monde, on peut se tromper quelquefois ; mais les évêques ont le devoir de suppléer autant que possible, par beaucoup de zèle et de bonté, aux inconvénients d'une vocation *défaite*.

On nous signale plusieurs évènements bien fâcheux. Deux jeunes séminaristes, l'un diacre, l'autre sous-diacre, furent renvoyés dans le monde, sans position possible à tenir, sans pain, sans aucune ressource matérielle. Et pourquoi cela ? Parce que l'un d'eux avait été surpris posant le pied dans la cellule de l'autre. Les gens de bien ne voient pas de ces excès d'autorité sans une vive et amère douleur. On m'en cite un troisième qui, n'ayant pu obtenir de son supérieur la permission d'aller voir son père mourant, mit la piété filiale au-dessus d'une loi arbitraire d'obéissance, sortit de lui-même, et trouva la porte fermée à son retour. Encore une fois, il y a là matière à réflexion, comme aussi matière à réforme.

glise se voit ainsi forcée de déroger elle-même à ses règles; trop heureuse quand ses privilèges tombent sur une tête aussi digne de les obtenir. Les ouvriers manquent à la vigne. Je sais bien, et on sait bien partout ce qui pourrait les multiplier comme les étoiles du ciel; mais on ne veut pas.

Nous sortons de l'année 1822.

Un an après son ordination, Joseph Grivel fut menacé d'un anévrisme au cœur. Sur l'avis des médecins, il vint se reposer dans sa famille et respirer l'air natal. Sa maladie s'aggrava; il fut en danger de mort; mais après plusieurs mois, grâces aux soins qu'on lui prodigua, la maladie perdit d'abord de son intensité; et, peu à peu, sa santé parut vouloir se rétablir. Pour la consolider, il fut habiter une campagne à deux lieues d'Ambert, où il passa encore près d'une année.

Il est rare que tout homme ne rencontre pas dans le cours de cette vie, et comme à point nommé, de distance en distance, quelques-uns de ces personnages bons et propices, qui semblent les ambassadeurs et les représentants de la Providence par devers nous (1).

---

(1) Nul ne le sait aussi bien par expérience que celui qui écrit ces lignes. Il s'agenouillait aujourd'hui même sur une

Ce fut aussi ce qui advint à M. Grivel ; on se rappelle les honorables noms que j'ai cités. Il rencontra encore dans sa solitude le vénérable abbé Molin, mort depuis sur le siège épiscopal de Viviers.

Comme tous les hommes d'un vrai mérite, M. Molin savait apprécier celui des autres ; sa modestie égalait ses talents. Il accueillit M. Grivel avec cette belle affabilité qui attire et gagne les cœurs ; il l'admit même dans sa précieuse intimité.

Mais nous allons voir comment, des sources les plus douces, peuvent découler les plus amères angoisses. *Est via quæ videtur homini recta, et novissima ejus ducunt ad mortem.* (Prov. 16-25.)

C'était M. Clément, son professeur de rhétorique, qui l'avait fait aller à Valence ; et M. de Rostaing, cousin de M. de la Tourette, n'y fut pas étranger peut-être.

Or, lorsque M. Molin passa par Clermont pour aller à Paris et s'y faire sacrer, il fit un tel éloge de M. Grivel à l'évêque du lieu, qu'il lui inspira le désir de le rappeler dans son diocèse. Pour y réussir, M. de Clermont employa une médiation puissante. Demander lui-même son ancien diocésain,

tombe à peine fermée, priant pour un bon prêtre qui fut le guide de sa jeunesse et sa consolation dans de grandes douleurs.

eut été se compromettre en faisant preuve d'une certaine légèreté, puisqu'il l'avait excorporé *de son propre chef*. M. de Rostaing fut chargé de traiter l'affaire comme une affaire d'amitié; il était autorisé à ne ménager aucune promesse ; et il offrit à M. l'abbé Grivel une place de vicaire à la cathédrale de Clermont. *Omnis homo primùm bonum vinum ponit ; et, cùm inebriati fuerint, tunc id quod deterius est.* Joan. 2-10.

M. l'évêque de Valence, qui affectionnait particulièrement M. Grivel, avait opposé d'abord quelque résistance ; mais il se laissa fléchir enfin.

M. Grivel revint.

Je répète qu'il avait été excorporé en vertu d'un *exeat* bien et dûment muni des formalités voulues.

Une certaine réputation l'avait devancé dans le chef-lieu du Puy-de-Dôme; aussi la jalousie fut-elle vite sur pied, cette vile passion qui semble s'attacher au clergé, puisqu'il faut le dire, comme la chenille aux plus beaux fruits.

« Jamais il ne faut lutter, dit Pindare, contre le Dieu qui élève ceux qu'il veut, et qui donne, tantôt aux uns tantôt aux autres, la gloire et les dignités. L'esclave de l'envie, néanmoins, ne s'adoucit point par ces considérations; en se livrant à ce vice qui l'entraîne comme un poids, il a commencé par se blesser lui-même douloureusement au cœur. » Telle est malheureusement l'histoire de beaucoup de diocèses en France (1).

M. l'évêque de Clermont oublia les promesses magnifiques qu'il avait faites ; M. Grivel ne fut point nommé. M. de Dampierre était trop éclairé pour ne pas saisir le fond de l'intrigue et en démêler les fils cachés ; mais les forces de son esprit ne secondaient point l'élan de son cœur ; et la vieillesse l'avait rendu peureux, lui aussi. M. Grivel resta donc dans les plus obscurs emplois, mal regardé par ses confrères, regrettant une belle position dans le diocèse de Valence, et se remettant de sa justification comme de son avenir à la discrétion de Dieu.

« Dans tout gouvernement, dit encore Pindare, que le pouvoir réside aux mains d'un seul, que l'impétueuse multitude fasse la loi, ou que la cité soit confiée à la garde des plus sages, l'homme droit et véridique l'emporte toujours. » (2)

---

(1) Nous verrons bien des misères de cette espèce dans la notice de l'estimable M. Morlot, si peureux et si bon, si indécis et si plein de bonne volonté, si malheureux peut-être dans la position fausse où l'ont mis les circonstances, et si digne pourtant d'être heureux !

(2) Pythique ; traduct. de M. Vincent, avocat. Cette traduction, pour le dire en passant, est la meilleure que nous possédions.

En effet, à ces sourdes menées, que M. l'évêque actuel de Clermont qualifie dans une lettre particulière de *petites jalousies*, il y eut de bien douces compensations, c'est-à-dire que M. Grivel eut des amis fidèles et dévoués... Mais c'en est assez sur des dissensions que je n'aime point. Il y a beaucoup de l'homme dans toutes ces affaires-là ; et, de façon ou d'autre, le chrétien se montre peu, encore moins le prêtre. Quelle menteuse chose que l'ambition ! quelle source de misères ! Hélas ! Nous n'avons jamais qu'un moment à vivre, et nous avons toujours des espérances pour plusieurs années ; une partie de la vie se passe à désirer l'avenir, et l'autre à regretter le passé. Voilà le spectacle où nous assistons (1).

Nommé vicaire d'Ambert, ce fut dans cette ville qu'il prêcha pour la première fois un carême. C'était un beau début; il fit sensation ; l'église était pleine; l'auditoire se composait surtout des plus notables personnages du lieu et des environs. M. Grivel prit rang parmi les jeunes orateurs d'un bel avenir.

Au fait, il est un de ceux qui réunissent le plus et

(1) Fléchier.—Beauzée.

le mieux toutes les qualités voulues par Saint-Évremont, comme par tous les maîtres de l'éloquence : « Pour devenir parfait orateur, il faut avoir un fonds de bon sens et de bon esprit, l'imagination vive, la mémoire fidèle, la prestance agréable, le son de la voix net, une assurance honnête et une grande facilité de parler (1). »

Toutefois, avant d'examiner M. Grivel comme orateur, rompons, autant que possible, avec les tracasseries indignes qui lui furent suscitées alors. Être jaloux et nuire, voilà qui est bien pour certaines natures basses et plus nombreuses qu'on ne pense; mais il faut au moins justifier par des apparences légitimes l'ignominie de ses actes. A l'égard des prêtres, c'est une tactique de vieille date : si on veut perdre quelqu'un, vite on l'attaque dans ses mœurs; et de fait, en pareil cas la blessure est presque toujours mortelle. Donc, comme M. Grivel, à cause de ses talents, et sans doute aussi de son amabilité de manières, était fêté dans le monde ; comme, en dépit de lui-même, mais sans toutefois quitter son caractère

---

(1) Cette définition, comme on voit, n'est point exclusive, et ne doit pas avoir plus de sens que je ne veux lui en donner. M. Grivel, avant d'arriver à la hauteur de MM. Cœur et Lacordaire, par exemple, a quelque chose à faire ; mais on peut valoir moins que ces orateurs et valoir encore beaucoup.—Ceci est bon à répéter.

sacerdotal, il se répandait quelque peu, on chercha je ne sais quelle hideuse et absurde supposition, au risque de consterner deux familles honorables ; et une délation fut portée à M. de Dampierre, alors âgé de quatre-vingt-quatre ans et en enfance, qui l'accueillit tout de suite.

M. Grivel, quelques jours après, recevait une signification d'interdit, non motivée, car cela peut être ; et il restait attéré ; et le vénérable M. de Rostaing n'en pouvait croire ses yeux.

Il n'est pas toujours juste de dire, comme saint Grégoire : *Bonarum mentium est, ibi etiam* aliquo modo *culpam agnoscere, ubi culpa non est.* Notre réputation n'est pas à nous.

M. Grivel et M. de Rostaing partirent pour Clermont et se présentèrent chez le prélat. Une explication eut lieu ; et, tout bien éclairci, l'interdit fut levé ; mais un changement s'en suivit, et M. Grivel fut envoyé à Aigueperse, comme vicaire, avec mille consolations en expectative : *Multa verba non satiant animam, sed bona vita refrigerat mentem ; et pura conscientia magnam ad Deum præstat confidentiam.*—J'allais dire : *et cum inebriati fu...* etc.

Il n'accepta pas sa nouvelle place. Il quitta l'Auvergne, pour quelque temps du moins ; et il vint à Paris, où il fut assez mal reçu par M. de Quélen. C'était en 1825.

Précieuse faute, qu'il me soit permis de le dire, ou plutôt heureuse imprudence du supérieur ecclésiastique, qui fit sortir de l'obscurité où il se fût éteint sans doute, un homme comme M. Grivel, pour le pousser, par le monde, à son brillant apostolat. « *Qui sunt isti qui ut nubes volant, et quasi columbæ ad fenestras sunt ?* » (1).

Depuis lors, jusqu'en 1832, il se voua entièrement à la prédication, ayant sa résidence à Ambert, chez ses parents; mais partant de là pour évangéliser un grand nombre de pays, et toujours avec succès.

En 1827, il avait prêché l'Avent à Meaux; en 1828, le carême à Melun; en 1829, le carême à Saint-Pierre de Bordeaux, et l'Avent à Saint-Germain-l'Auxerrois. — C'est là que M. de Barante lui demanda de prononcer le panégyrique de saint Louis devant l'Académie Française. — D'un autre côté,

---

(1) Isaïe, 60-8.
Chose remarquable que, parmi les hommes en petit nombre qui se sont élevés dans le clergé, soit par la vertu des œuvres ou par celle du talent, pas un seul peut-être n'ait été sans une défaveur au moins passagère auprès de son ordinaire !

M. Magnin, curé de la paroisse, avait obtenu d'un grand-vicaire de la grande-aumônerie qu'il donnât d'abord un sermon, puis une station à la cour.

En 1830, il prêcha le Carême, et une retraite, quelques mois après, à Saint-Ouen de Rouen ; en 1831, un nouveau carême à Bordeaux, où il fut nommé chanoine honoraire; en 1832, l'Avent à Ambert; la même année, son troisième Carême à Bordeaux; la suivante, son quatrième Carême dans la même ville, et l'Avent à Thiers; en 1834, le Carême à Ambert, l'Avent à Rouen; — le 15 février, il avait prononcé l'oraison funèbre de M. Dervieux, curé de St-Chamond (Loire) ; — la même année, en juillet, il avait prononcé l'oraison funèbre de M. de Rostaing. — En 1835, il donna le Carême à Montpellier, et l'Avent à Saint-Thomas-d'Aquin.

Après des journées pareilles, l'ouvrier du Seigneur pourra lui montrer le talent qui lui fut confié, et lui dire qu'il s'est centuplé entre ses mains. Ainsi ne sont point faits les serviteurs inutiles.

A Bordeaux, en prêchant devant M. de Cheverus, M. Grivel fut remarqué de M. De Cazes, ce qui plus tard l'a conduit à l'aumônerie de la Chambre des Pairs (1).

(1) Plût à Dieu que toutes les places fussent acquises à

Voici un échantillon des qualités et défauts oratoires de M. Grivel, car, je le répète, mon but n'est pas de donner ses discours comme un modèle achevé du genre.

C'est un extrait d'un sermon sur *la Justice de Dieu*.

« Si le temps est le règne des hommes, *tempora nationum*, c'est-à-dire, le règne des préjugés, de la dissimulation et de l'injustice, viendra enfin le jour de Dieu, *dies Domini*, qui remettra tout dans l'ordre. La raison, ainsi que la foi, ne nous présentent-elles pas, en effet, Dieu comme la perfection *infinie et par excellence*; et cette perfection n'exige-t-elle pas que les trois grands désordres que j'ai signalés et qui blessent les *trois grands attributs principaux* de la divinité soient enfin réparés. Oui, mes frères, *la raison souveraine* doit détruire les préjugés. La vérité par essence ne saurait souffrir le règne sans fin de la dissimulation et de l'hypocrisie. La justice immuable doit enfin mettre un terme aux injustices sans nombre de cette terre. Cette misérable terre a été le théâtre de trois gran-

---

ce prix ! Je le déclare, sans crainte de déplaire à l'Église, ce fut un infâme scandale que toutes ces nominations d'évêques par les femmes, durant un certain temps. Plusieurs disent que ce temps n'est pas tout-à-fait fini.

des réparations bien dignes de Dieu, et qui auront lieu lorsque le grand et équitable juge viendra tenir ses redoutables assises.

« Vous vivez, Seigneur, et vous êtes juste ; le problème affligeant de la vie est dès-lors résolu, tout est réservé pour l'avenir, comme parle le sage ; la terre et les illusions, et les mensonges et les épreuves, disparaissent devant les réalités et les immortelles espérances qui s'offrent à moi : les cieux s'ouvrent, l'éternité m'apparaît. Père du siècle futur ! juge suprême des vivants et des morts, exaltez votre puissance et votre justice, *exaltare qui judicas terram*. Encore un moment, mes frères, le grand jour du Seigneur arrivera. Je vois les cieux qui se roulent comme un livre, dit l'Écriture ; l'aurore du grand jour luit au fond des tombeaux, la mort n'a plus d'asile. Dieu sort des ombres qui l'entouraient ; il a brisé ce monde de préjugés, d'hypocrisie, d'injustice et de véritable anarchie, et a ressaisi son sceptre éternel.

. . . .

« Mais alors, direz-vous, que devient cette immense multitude de transgresseurs qui disparaissent tous les jours sous nos yeux, et qui veut se précipiter dans l'abîme de la mort où tout entre et d'où rien ne sort.

« Eh! vous croiriez donc que la multitude des violateurs de l'ordre pût changer la nature même des choses, transformer le mal en bien, annuler la loi éternelle, détruire son imprescriptible sanction, forcer la puissance suprême de suspendre ou de révoquer l'exécution de ses arrêts, imposer à celui qui tient le tonnerre des capitulations, des amendements qui l'obligeraient de déroger à ses droits inaliénables, et d'abjurer ses attributs les plus essentiels! Vous croiriez donc que cet affreux assemblage d'impies, de scélérats, d'hommes féroces, de misérables encore teints de sang, noyés dans le vice, abrutis par d'infâmes voluptés, pourraient forcer les portes de la sainte Sion, introduire le crime dans les saints tabernacles, placer la brutalité parmi les anges, l'impudicité parmi les vierges, et porter tout l'enfer en révolte jusque dans le ciel, où rien de souillé ne peut entrer!... etc. »

Doué d'un physique avantageux, à peine M. Grivel a-t-il paru qu'on est prévenu en sa faveur; sa taille est au-dessus de l'ordinaire, sa chevelure épaisse et d'un fort beau noir encadre comme à souhait un beau front large et singulièrement expressif. La douceur se mêle, dans ses yeux, à je ne sais quelle finesse satirique. Sa voix, sans avoir une étendue extraordinaire, est fortement accentuée, et pénètre jusqu'aux extrémités de la plus vaste église.

Joignez à cela, ce qui est infiniment rare, une grâce inexprimable de débit, le charme de la diction, le pathétique des mouvements, la solidité des preuves, de la simplicité, du naturel, de l'onction, du savoir, une connaissance approfondie de la lettre et du sens des écritures, des Pères, des actes des conciles, etc., et jugez; ou lisez cette appréciation faite par M. Madrolle, en 1836, après une station de M. Grivel dans la capitale :

« La station de l'Avent, composée de douze discours, a été prêchée, à Saint-Thomas-d'Aquin, d'une manière brillante et fructueuse. M. l'abbé Grivel a été constamment suivi et écouté avec un intérêt toujours croissant, par le clergé et par un nombreux concours de fidèles. Une seule fois la parole éloquente et onctueuse de l'orateur a manqué à l'attente de ses auditeurs habituels; mais alors, elle retentissait dans l'église de Saint-Sulpice, en faveur des incendiés de la rue du Pot-de-Fer. Nous avons fait connaître le beau résultat de la charité des fidèles excitée par le discours de M. Grivel. La personne honorable qui nous transmet cette note ajoute : — « Je ne sais si la profonde émotion de M. Grivel lui a permis d'apercevoir, quand il nous adressait, dimanche dernier, ses touchants adieux, ce que nous éprouvions de regret en voyant la station terminée; mais il était facile de lire sur toutes les figures ce qui se passait dans les cœurs; nous ne craignons pas de le dire à tous égards, le succès de M. Grivel a été complet (1).

— Autre jugement. « A la Madeleine, dit M. Walsh (2), c'est la voix harmonieuse et pure de l'abbé Grivel qui donne les enseignements chrétiens; et là encore, *il y a grand charme à prêter l'oreille.* Peu de prédicateurs du jour ont plus nourri leur esprit et leur style des beautés des livres saints que le jeune orateur. Si la véhémence et la force caractérisent la prédication de l'abbé Combalot, la douceur, la pureté, distinguent les sermons de l'abbé Grivel (3)....... »

« *Si* les orateurs sacrés pouvaient être, *avec convenance*, comparés aux auteurs dramatiques,

---

(1) M. Madrolle, quand il ne parle sous le coup d'une idée fatalement préconçue, a des jugements d'une autorité peu commune.

(2) Rédacteur du journal *la Mode.*

(3) On se rappelle, dans la haute société parisienne, certaines allocutions pleines de fraîcheur et de grâce qu'il a prononcées dans la chapelle du Luxembourg à des mariages de pairs de France; et je sais qu'il est éminemment doué surtout de cette éloquence d'un autre ordre si difficile et si rare qui, dans le tribunal de la pénitence, peut opérer des prodiges.

je dirais : l'abbé Combalot est le Corneille de la chaire, et l'abbé Grivel en est le Racine! »

C'est agir en homme sage, dit Morel de Vindé, de ne jamais parler au superlatif.

Bien entendu donc que si je souscris à ce passage de M. Walsh, c'est avec restriction. Je n'insiste pas.

Je suis toujours content de citer M. Olivier; son témoignage, quoi qu'il en semble, n'est pas sans importance.

Or, un jour que M. Grivel avait prêché à Saint-Roch, sur l'*aveuglement, les malheurs et le crime des passions* (le sermon, l'un des plus beaux qu'il ait faits, lui fut demandé à deux reprises différentes dans la même église); ce jour-là, M. Olivier lui dit : « M. l'abbé, les succès que vous avez obtenus dans ma paroisse sont d'autant plus flatteurs que vous n'avez prêché qu'avec votre seul talent. » On se demande ce que font les autres prédicateurs (1).

Voici encore un extrait qui a son importance :

« Saint-Sulpice, dit M. Philarète Chasles, a entendu prêcher M. l'abbé Grivel, aumônier de la chambre des pairs, confesseur de Fieschi et d'Alibaud. *L'amour éclate dans ses paroles; sa voix*

---

(1) Et moi je sais que le mot de M. Olivier, posé certaines réserves, surabonde d'esprit et de vérité.

s'éteint d'émotion. Chaque fois qu'on entend M. l'abbé Grivel, on se retrace *quelqu'une de ces terribles scènes* qui remplissent la vie ; et quoiqu'il n'y fasse point allusion, *la tristesse de ses sermons*, son débit véhément et *fraternel*, et je ne sais quelle *douce importunité du prêtre*, montre en lui l'homme qui touchera l'âme d'un criminel. En vérité, après tout ceci, *je suis honteux de me souvenir* que M. Grivel *a l'esprit orné*. Ses sermons *peuvent cacher* des études parfaites. Tout y est clair, suivi, correct, comme si ce n'était pas le cœur qui le fît toujours parler. Les séminaristes ne prennent souvent des prédicateurs que les défauts, le bel esprit, l'abus de raisonnements, le sentiment de convention, et surtout une assurance vaine et forcée. M. Grivel les aura *mis en goût de meilleures choses*. Ils auront appris de lui à prêcher de telle sorte qu'on puisse dire à chaque pause : *c'est pour quelqu'un qu'il parle.* » (1)

L'ensemble de cette petite notice montrera pourquoi M. Grivel, en attaquant comme les autres et

---

(1) M. Philarète Chasles est un des hommes les plus instruits d'à-présent. Il est encore un des principaux rédacteurs, le principal peut-être, du *Journal des Débats*. Ai-je besoin de recommander à l'attention du lecteur les passages soulignés ?

aussi vigoureusement qu'eux, les passions mondaines, s'est fait entendre et goûter, lorsque d'ordinaire on s'attire ainsi trop facilement la colère ou l'indifférence.

J'ai nommé Fieschi, cet ignoble saltimbanque d'échafaud, cette nature ridicule et féroce; j'ai nommé Alibaud, jugé diversement; j'ai parlé de cette éloquence du cœur que possède excellemment M. Grivel.

« Fieschi, après avoir entendu la lecture de son arrêt, demanda M. Grivel, et il lui dit : « Mon bon « Monsieur, quand je suis avec vous, j'oublie que « je suis condamné à mort. »

« Au moment de monter sur l'échafaud, il pria M. Grivel de ne pas le quitter, *et de l'accompagner le plus près possible de l'éternité.* Arrivé au terme fatal, il lui dit en l'embrassant : « Je voudrais bien, cinq minutes après ma mort, vous donner de mes nouvelles. » Et le sang du malheureux jaillit sur les vêtements de M. Grivel (1).

---

(1) Je n'attache pas à ces faits d'autre importance que celle d'une anecdote; de même pour les autres. Une vraie conversion vaudrait mieux que tous ces caprices d'un scélérat. (Je ne parle point d'Alibaud et de Barbès). M. Grivel est, j'en suis sûr, de mon avis; et j'aurai à raconter sur M. Marduel, le saint prêtre, comme on dit à Lyon et partout, des choses plus admirables, sans nul doute.

« Dès qu'Alibaud fut transféré à la prison du Luxembourg, il fit aussi demander M. Grivel. Le pieux aumônier resta dans son cachot depuis cinq heures du soir jusqu'à une heure du matin, s'entretenant avec lui, et lui prodiguant, sans relâche, les consolations du ministère évangélique. Alibaud l'aimait; il pleura, lorsqu'il fallut se séparer de lui pour toujours; et, avant de marcher au supplice, il lui écrivit cette lettre :

« Monsieur,

« Vous avez été pour moi un second père depuis
« mon arrivée à la prison du Luxembourg; recevez,
« je vous prie, mes remerciements sincères et mes
« adieux.

« Votre respectueux serviteur et ami,
« ALIBAUD (1). »

Un fonds de foi, dit Fénélon, et des principes de religion qui dorment au bruit des passions excitées, se réveillent tout à coup dans le moment d'un extrême danger.

Vint Meunier, qui avait au moins ses raisons pour compter sur une fin pareille à celle d'Alibaud. Il écrivit au président de la cour des pairs, pour lui

---

(1) Extrait de *la Mode*.

rappeler sa promesse de remettre à M. l'abbé Grivel une tête-de-Christ qu'on avait trouvée chez lui après son arrestation. Voici cette lettre :

Prison du Luxembourg, 26 avril 1836.

« Monsieur le président,

« Vous m'avez fait l'honneur de me promettre
« que mon tableau du Christ serait remis à M. l'abbé
« Grivel ; quel que soit le sort qui m'est réservé,
« je n'ai point ici la prétention de lui léguer un
« souvenir de ma personne ; j'ai par lui trop appris
« à me connaître ; mais j'ai la conviction que le
« tableau ne peut être mieux que dans les mains
« de celui qui a été pour moi l'image d'un Dieu
« sur la terre.

« MEUNIER (1). »

Au reste, ces anecdotes, peu connues jusqu'ici, ne sont point dénuées d'intérêt, et j'ai trouvé bon de les consigner ; elles ne sortent pas de mon sujet, elles le corroborent au contraire. Il en est une autre que je ne puis passer sous silence.

---

(1) Meunier n'eut rien de plus vil que lui, si ce n'est Fieschi. Les idées chrétiennes étaient trop grandes et trop belles pour entrer dans cette âme plate et pourrie, si tant est que Meunier eût une âme. Cette lettre d'ailleurs n'a pas grand sens, et témoigne seulement de la confiance que sait inspirer la douceur de M. Grivel, même aux bandits.

« Barbès, condamné à mort le vendredi soir, ne voulut pas recevoir d'abord le prêtre qui se présenta, non que ce fût mépris pour la religion, mais son âme n'était point sans quelques appréhensions fâcheuses ; le malheur rend soupçonneux. Enfin pourtant, M. l'abbé Monteil réussit à s'introduire ; et, entre lui et le jeune républicain, s'engagea une conversation qui fut assez longue : « J'ai mes principes religieux à moi, dit ce dernier en quittant le vénérable prêtre ; merci, M. l'abbé, de vos bons conseils, je verrai. » « L'homme prévenu ne vous écoute pas, dit Bossuet, il est sourd, la place est remplie et la vérité n'en trouve plus. »

« M. l'abbé Monteil se retira ; et, comme Barbès ne le faisait pas revenir, et refusait de recevoir M. l'abbé Grivel, celui-ci, dans son ingénieuse charité, eut l'heureuse idée de lui faire remettre la dernière et suprême lettre qu'Alibaud lui écrivait la veille de son exécution. Cette lettre et les termes affectueux par lesquels elle se terminait, produisirent un grand effet sur Barbès. Ne semblait-il pas en effet qu'en montant les dernières marches de l'échafaud, Alibaud eût légué à son coréligionnaire politique, celui qui lui avait adouci les approches de la mort, et que *le consolateur de son agonie fût naturellement désigné à cette autre agonie républicaine qui commençait dans ces mêmes lieux.*

« Barbès fit appeler sur-le-champ M. l'abbé Grivel; ils demeurèrent ensemble pendant près de trois quarts d'heure; et dans cette conférence, le condamné montra un calme extraordinaire et une dignité parfaite.

« En se retirant, M. Grivel lui remit le *Manuel du chrétien,* qui contient, comme on sait, les *Évangiles,* les *épitres,* les *psaumes* et l'*Imitation de Jésus-Christ.* Barbès accepta ce livre avec reconnaissance, et s'en occupa pendant toute une journée; il ne quittait cette lecture que pour lire et relire une lettre pleine d'éloquence, de bon sens et de religion qui lui avait été adressée par une femme, lettre qui prépara les voies à la douce et sainte assistance de M. l'abbé Grivel.

— Une page de l'Évangile, dit Fielding, est plus puissante pour apprendre à mourir que tous les volumes des philosophes. —

« Lorsque, dans la soirée, le digne aumônier vint revoir le républicain, il le trouva dans le même calme et les mêmes dispositions de foi chrétienne.

« Après la commutation de la peine, Barbès a vivement insisté pour emporter avec lui le *Manuel du Chrétien* (1).

Le principal caractère de la vertu chez M. Grivel fut toujours le dévoûment. On pourrait difficilement raconter toutes les preuves qu'il en a données. Rien ne l'arrête; rien ne l'intimide; rien ne trouble son incroyable sang-froid; il est souvent héroïque du même air que d'autres disent *oui* et *non*.

A ce propos, voici un fait remarquable :

Au retour d'une station lointaine, il se rendait à Ambert, accompagné d'un guide; lorsqu'il trouva les routes tellement obstruées par les neiges, qu'il lui fut impossible d'avancer sans se frayer, à force de bras, un passage dangereux. Il faillit mille fois périr sous les éboulements, épuisé par un froid de dix-huit degrés. Enfin, après neuf heures de marche, les aboiements d'un chien amenèrent à lui des paysans qui le transportèrent nu-pieds (car il avait perdu depuis longtemps ses souliers) dans une de leurs cabanes; et ces braves gens, par les soins généreux et empressés qu'ils lui prodiguèrent, parvinrent à le sauver...., *Haud dubium quin ad animarum lucra*, dit St. Bernard.

(1) Tous les alinéas guillemetés sont tirés de *la Mode*, et j'espère qu'on s'en apercevra bien.

Si ce n'était pas assez pour démontrer ce que j'avançais tout-à-l'heure, c'est-à-dire que M. Grivel est essentiellement dévoué au bien de ses frères, il en a donné d'ailleurs assez de preuves.

Je passe à autre chose.

Ici, je suis ravi de trouver un portrait tout tracé dans ces définitions de l'*homme de bien*, telles que les ont faites les moralistes les plus illustres :

Dans le commerce intime de la vie, M. Grivel est ce qu'on appelle *un galant homme*, poli de cette politesse qui est, suivant Moncrif, l'oubli constant de soi pour ne s'occuper que des autres. Peu de gens le connaissent sans s'attacher à lui; et sa piété est une vertu sociale.

La Rochefoucauld a dit : « Peu de gens savent être vieux. » Il est aussi vrai de dire que peu de gens savent être pieux. M. Grivel possède éminemment ce secret.

« Un homme grave, est-il écrit dans l'Encyclopédie, n'est pas celui qui ne rit jamais, c'est celui qui ne choque point les bienséances de son état, de son âge, de son caractère. » Nul en ce point ne surpasse M. Grivel.

J'ai connu des gens passionnés pour sa conversation la plus vive, la plus nourrie et la plus simple qui soit.

Avant tout, M. Grivel est d'une nature aimante, et c'est là aussi bien la source de son talent que la cause de la séduction qu'il exerce sur ceux qui l'approchent. On sait le mot fameux de Vauvenargues : « Les grandes pensées viennent du cœur. »

Sans la pousser trop loin, il sait à propos user de la tolérance ; et sa parole douce se prête merveilleusement au rôle de conciliateur dans des circonstances épineuses. Les discours modérés ressemblent à des prières qui font descendre la vérité parmi les hommes ; ce que saint Bernard disait encore mieux : *Sermo vivus et efficax exemplum operis est, plurimum faciens suadibile quod monstratur factibile.* (Serm. de S. Ben.)

La pierre de touche de la bonté est certainement l'aumône, et l'aumône bien faite, car la libéralité consiste moins à donner beaucoup qu'à donner à propos (1) ; et je sais que cette vertu, chez M. Grivel, est très particulièrement remarquable.

Point de caractère si mal fait qu'il ne fléchisse ou n'adoucisse par son contact. C'est le triomphe

(1) La Bruyère.

de la raison que de bien vivre avec ceux qui n'en ont pas (1).

— Autre question qui nous presse..... Nous en sommes aux *dignités*.

A Dieu ne plaise que je considère comme définitive pour ou contre le mérite d'un individu les récompenses ou peines départies par la justice distributive des hommes; nous avons sous les yeux trop de scandales journaliers; et les tentations non plus ne nous manquent point à ce propos.

Mais ici le doute n'est pas possible; et j'ose proclamer hardiment que M. l'abbé Grivel, en récompense de ses services et comme honneur rendu à son talent, fut nommé aumônier de la chambre des pairs en novembre 1834, et entra avec un titre au chapitre royal de Saint-Denis, le 9 mai 1837.

S'il y avait quelqu'intérêt à savoir qu'il ne fait point partie de l'ordre de la Légion-d'Honneur, je le dirais, sans prétendre positivement enlever

---

(1) Voltaire.—J'ajoute, en appuyant le plus possible sur mes mots, qu'une raison de sa fortune est avant tout son admirable simplicité de mœurs; et cela se conçoit de reste, bien que très souvent les succès s'achètent au prix du déshonneur et de la lâcheté: *Qui diligit cordis munditiam, propter gratiam labiorum suorum, habebit amicum regem.* (Prot. 22.-11.)

quelque chose à ses qualités. Je suis bien plus empressé de rappeler qu'il fut l'ami de M. le cardinal de Cheverus (1), et qu'il dut à cette haute protection la mosette de chanoine de Bordeaux, *ad honores*; puis je termine en émettant aussi le vœu que les grandes chaires de la capitale soient désormais et souvent ouvertes à M. Grivel.

Qu'il veuille toutefois méditer ces belles paroles de Saint Jérôme :

« Nolo tibi venire superbiam de proposito, sed timorem; onustus incedis auro, latro tibi vitandus est. Studium est hæc vita mortalibus : hìc contendimus, ut alibi coronemur. Pacem arbitraris in terra quæ tribulos generat et spinas. » (*Ep. ad Eust.* c. II.)

Ce qui signifie qu'en dépit des viles calomnies dont il ne doit faire nul cas, M. Grivel a presque autant de vertus et de mérites de toutes sortes que ses ennemis eurent de bassesses et de sottise, mais qu'il doit se résigner, s'attendre à tout et éviter la morgue, cette mort subite de tout homme montant aux placés; — car M. Grivel peut y monter un

---

(1) Je publierai incessamment une notice sur le saint cardinal qu'on a surnommé, avec tant de justice et de raison, le *Fénélon du dix neuvième siècle.*

jour. — D'autres l'ont bien fait, qui n'avaient pas des droits plus incontestables; qu'il se tienne mieux que beaucoup d'entre eux; que, monté au faîte, la tête ne lui tourne pas, comme à ceux qui sont faibles; qu'il se rappelle alors son passé de simple prêtre, ses infortunes, certaines injustices, résultat de la mauvaise organisation du pouvoir ecclésiastique; qu'il lise et médite bien l'ouvrage de MM. Allignol, qui vaut bien au moins son *Manuel* (1); que toujours son royaume soit de l'autre monde et non pas de celui-ci. Il est digne d'un tel avenir!

(1) M. Grivel a composé, sous ce titre, un petit livre ascétique de quelque importance: *Manuel du fidèle*, dont l'éditeur est maintenant M. Estienne jeune.

15 Octobre 1841.

Paris. — Imp. de A. APPERT, pass. du Caire, 54.

Biographie du Clergé Contemporain

M. DUFÊTRE.

Evêque de Nevers.

A. Appert Edit Passage du Caire 54

M. DUFÊTRE,

VICAIRE-GÉNÉRAL DE TOURS ET DE BORDEAUX.

> Id maximè quemque decet, quod est cujusque suum maximè.
> CICÉRON.

> Ce qui est nécessaire à un homme en place, c'est de ne laisser sortir personne mécontent de sa présence, et de se rendre agréable à tous ceux qui l'approchent. On ne peut faire du bien à tout moment, mais on peut toujours dire des choses qui plaisent.
> VOLTAIRE.

La ville de Lyon jouit d'une très vieille renommée oratoire; et, certes, elle la justifie de plus en plus.

Du temps de Caligula, dit Ausone, un grand concours avait lieu dans Lyon à certaines époques : les rivaux, venus des pays les plus lointains, récitaient leurs ouvrages et disputaient aux académiciens du lieu la palme du savoir et de la parole; réunions si imposantes du reste que Juvénal a pu dire, en faisant allusion aux débutants qui s'y mêlaient :

> Palleat, ut nudis pressit qui calcibus anguem,
> Aut lugdunensem rhetor dicturus ad aram.

Ce que M. Hennequin traduisait comme il suit, après un sermon de M. Cœur : *J'ai entendu le roi du barreau, M. Sauzet; et le roi de la chaire, M. Cœur* (1).

Nommer M. Cœur, MM. Duguerry, Miolan, de la Croix d'Azolette, Donnet, Suchet, Dufêtre, et cette admirable maison des *Chartreux* d'où ils sont tous sortis, c'est assez dire si le Lyon d'aujourd'hui

---

(1) Il est bien évident que ces mots ont la portée d'une exclamation, et sont susceptibles d'un sens restreint. M. Hennequin, comme un galant homme qu'il était, voulait faire une politesse à la seconde ville de France, et ne parlait d'ailleurs, j'ai la naïveté de le remarquer, que des prédicateurs et avocats d'aujourd'hui. Quant à M. Sauzet surtout, le compliment me paraît un peu exagéré, vu M. Berryer et autres; n'en déplaise à ces braves Lyonnais, si prodigues de triomphes, et auxquels je ne reproche pas le mot de Dion Cassius : « Caligula reçut dans Lyon l'honneur de son troisième triomphe. » — Caligula avait fondé une Académie à Lyon; Caligula, cette masse de boue pétrie avec du sang! disait le rhéteur Théodore, sans songer probablement qu'il serait question de lui dans la notice de M. Dufêtre.

vaut celui d'autrefois, et si l'influence du gouvernement de M. Bochard pouvait compenser celle de Son Éternité Caligula.

M. Dufêtre, dans cette glorieuse phalange d'apôtres, ne marche ni au premier ni au dernier rang. Moins académicien dans la forme, moins vigoureux par le fond que les uns, il a plus d'énergie apparente et plus de mouvements que certains autres. Son talent n'est pas le génie; ce n'e. pas non plus l'esprit, bien qu'il en prenne quelquefois les allures; il n'y a pas chez lui cette étendue d'érudition qui épouvante, cette suprême tactique du raisonnement qui saisit et déconcerte, de hautes théories stratégiques. On ne répète pas ses discours au sortir de l'église; les imprimer serait les gâter. Nul ne prouverait bien, par des citations ou des motifs précis, comment et pourquoi s'est fondée sa réputation; et cependant cette réputation est un fait: *E però si muove.*

C'est qu'au fond, M. Dufêtre n'a pas positivement un caractère d'éloquence qui se puisse définir. Il est, comme M. Combalot, quoique sur une échelle inférieure, exclusivement missionnaire. En épiloguant sur ses discours, on les trouverait de peu de prix au point de vue du talent; mais je défie le plus zélé puriste du monde de songer à la rhétorique et à la logique, et de faire autre chose que l'écouter, quand il parle. Qu'importe la critique et les chicanes, une fois le prêtre descendu de chaire ? L'effet produit sur la masse restera. Qui va se douter qu'il existe çà et là quelques féroces contradicteurs en sous-ordre ?

Dire simplement qu'il est missionnaire, ce n'est point assez pour expliquer cette sorte de phénomène du jugement public. Que dirai-je donc de plus ? Il y a dans la parole divine, indépendamment de toute forme humaine, une puissance telle qu'on n'y résiste jamais que par distraction, faute de savoir qu'elle résonne, si je puis ainsi parler. Or, c'est une grande science et un avantage singulier que de forcer l'attention, et il suffit quelquefois pour cela d'une certaine organisation physique, jointe à quelque chaleur de cœur. Voilà précisément le fait de M. Dufêtre.

Il est ce qu'on appelle généralement un bel homme, à la taille élevée, aux proportions vigoureuses ; sa démarche et ses mouvements ont quelque chose de fier et qui sent l'empire : *amictus corporis, et risus dentium, et ingressus hominis enuntiant de illo* (1).

(1) Eccli. 19.

Disons plus. Lorsqu'il paraît en face de son auditoire, le sentiment qui règne au-dessous de lui, n'est pas cette hésitation ou cette froide terreur qui fait prévoir chez le prédicateur de fâcheux accidents de mémoire ou une immense capacité d'ennuyer; on se consolide, en quelque sorte, sur soi-même, pour tenir contre la tempête; on se prépare à mille coups violents et à d'infinis bouleversements de l'âme; on est tranquille sur celui qui vient, on n'a pas trop de prévoyance pour soi; et ceci est bien plus vrai encore, lorsque s'élève lentement cette magnifique voix, large, sonore, limpide, facile, impérieuse, mordante et tonnante, douce et terrible tour à tour, pleine de conviction, tout imprégnée de douleur, de saintes joies, de prière et d'amour.

N'allez pas croire que je conteste à M. Dufêtre toute espèce de talent réel ou de fond, pour réduire à de pures formes accidentelles son individualité brillante. En lui assignant une place mitoyenne parmi les illustrations actuelles de la chaire, j'ai assez indiqué que, s'il était inférieur aux uns, il se trouvait aussi supérieur à d'autres; et il y a des raisons de cette supériorité que je n'ai point encore dites.

M. Dufêtre connait parfaitement les hommes,

sous un certain rapport, et parfaitement l'Écriture sainte.

Il sait que nous sommes des enfants gâtés, ayant tous les défauts de cette mauvaise espèce d'êtres : rebelles, indélicats, égoïstes, sensibles pour le fouet qui déchire, non pour la mansuétude qui calme et dont nous abusons, plus hypocrites qu'habiles dans nos détours, plus lâches par nos cris et nos bravades qu'on ne l'est par le silence et la retraite. Il nous attaque tels que nous sommes, et en agit avec nous sans façon. Fondé de pouvoir de la vérité, il se fait elle, qu'on me passe l'expression; il prend son parti, se passionne, et se bat contre nous; le genre de guerre que nous faisons, il le fait : régulier, irrégulier, avec telle ou telle arme, n'importe, pourvu que la partie soit loyale; et je vous laisse à penser s'il s'occupe alors de *repasser vingt fois sur le métier son ouvrage*; les règles d'Aristote sont aux Calendes.

J'ajoute que son grand moyen de victoire est l'Écriture sainte; et c'est merveille de voir comme il en use.

Double mérite que ne possèdent pas au même degré quelques-uns des élèves de la Chartreuse de Lyon, émules et confrères de M. Dufêtre, ainsi que je l'ai dit en commençant.

Mes réserves, comme on voit, s'appuient sur les incorrections du style et le défaut d'agencement littéraire dans ses productions.

En effet, elles fourmillent d'expressions impropres, de phrases tordues ou inachevées. Les transitions sont la moindre chose dont s'occupe M. Dufêtre; d'un sujet à un autre, il va, il se perd et ne se retrouve plus, mais persiste imperturbablement dans sa digression. Ayant annoncé par un texte précis qu'il traitera un sujet bien défini, c'est là, souvent, le point qu'il a le moins traité, lorsqu'il termine; de plus, il s'est fourvoyé dans cinq ou six autres sujets à la fois. J'ai entendu, de lui, une *homélie sur la Passion* qui était vraiment un modèle en ce genre de pot-pourri. Il y fut question de l'empire romain et de sa décadence, de l'aveugle soumission des prêtres à l'évêque, de la nature de la royauté humaine, des lois universelles de la gravitation, et de Newton, que sais-je? de tout et de rien. Excepté deux ou trois tirades chaleureuses sur les souffrances du Sauveur du monde, la *Passion* se fit, je vous jure, fort peu sentir.

Ceci me rappelle une définition du style de Sénèque par Caligula, cité plus haut : « Ce style, disait-il, est un ciment sans chaux, *arenam sine calce. — Commissiones meras.* » (Suet. in Calig.

§ 68.) Il y a des esprits dont on peut porter le même jugement jusqu'à nouvel ordre. — Singulière chose vraiment que ce Caligula me tombe à tous propos sous la main. Il serait bien plus agréable encore que les Tourangeaux m'accusassent d'y mettre de l'allusion ; cela s'est vu. Passons plus loin.

Notez que je parle après coup, et d'une date de onze ans. Durant l'homélie, j'étais comme tout l'auditoire, transporté, électrisé, à cent lieues d'échafauder toutes ces pointilleries, qui vous ennuient beaucoup.

Son inconsistance d'idées tiendrait-elle à l'improvisation ? En ce cas, comme il me paraît de toute évidence que M. Dufêtre, tel qu'il est, produit beaucoup de bien, qu'il continue. Serait-ce quelque chose d'inhérent à sa nature particulière ? M. Dufêtre ferait fort bien encore, en ce dernier cas, de persévérer.

Je m'explique. Dieu n'a pas établi les dispensateurs de sa parole pour eux-mêmes, mais pour lui, bien que généralement on s'observe fort peu sur ce point. *Quid sum miser?* doit dire le prêtre, *omnia per ipsum et in ipso.* La loi suprême de la prédication comme des états, c'est le salut du peuple. La question de forme vient après. Un simple et bon curé de village, comme nous en avons tous connu, causant des choses du ciel et même de la terre avec ses paroissiens, sans autre langage que le leur, sans autres fleurs de rhétorique que la clarté, le naturel et les élans du cœur, peut avoir l'avantage sur M. Lacordaire, M. Bertaud et nos plus brillants orateurs : il touche plus invariablement au but; il sanctifie plus d'ames; on l'écoute et on lui obéit, lorsqu'on en juge d'autres pour les admirer. En sa présence, on pense à Dieu; je demande à quoi pensent, par exemple, les habitués des conférences de Notre-Dame de Paris, du moins pour la plupart. Et je conviens que ces réflexions ne sont pas neuves.

Ainsi donc, M. Dufêtre, quelles que soient nos critiques, reste un homme supérieur dans la prédication, par le fait de sa puissance à opérer le bien selon sa manière, ce qui toutefois ne prouve aucunement qu'il aurait tort de se perfectionner. Ici je trouve matière à une autre observation.

M. du Chilleau, archevêque de Tours, nomma M. Dufêtre son grand-vicaire, en 1824 ou 1825; c'est-à-dire que, vu son grand âge et ses infirmités, il lui abandonna presque toutes les charges de l'administration, ne conservant à peu près pour lui que le titre, régnant désormais et ne gouvernant plus, comme qui dirait un roi constitutionnel.

C'est l'histoire de Rouen pendant ces huit dernières années.

On dit que d'abord M. Dufêtre refusa; que, sur des prières réitérées, il refusa encore; et qu'il fallut les injonctions de ses supérieurs ecclésiastiques immédiats, ceux de Lyon, pour l'y déterminer. Je veux le croire. Mais en cela, M. Dufêtre avait bien fait; ses supérieurs se trompèrent peut-être. M. Dufêtre, se trouvant dans les termes du fameux adage de Lucien: γνῶθι σεαυτὸν, savait qu'à tous tant que nous sommes, Dieu n'a pas tout donné, et que c'est déjà beaucoup qu'on possède quelque chose. La nature de ses dispositions pour la chaire, à ses yeux comme aux nôtres, n'avait rien qui l'appelât à la direction d'un diocèse; au contraire. Tout de soudaineté et d'enthousiasme, vif, ardent, rapide, heurté, capricieux même (je parle de son intelligence et non de son caractère particulier ou social, qu'on veuille bien le comprendre), homme du moment et de la circonstance, rachetant un mot moins heureux par un élan magnifique, n'ayant de valeur que par suite d'un inexplicable prestige, fallait-il porter, dans une position comme celle qu'on voulait lui faire, toutes ces qualités relatives? disons-le sans crainte: elles devenaient des défauts. Un acte ne se répare pas comme une parole; l'esprit de suite allait devenir une nécessité; les boutades impérieuses, le dédain, la rude franchise, le trop de prévoyance même, étaient des motifs de récusation : c'était assurément la pensée de M. Dufêtre; il reculait; ses supérieurs, sauf le respect dû à leur décision, confondirent deux vocations essentiellement distinctes. La nomination fut ratifiée.

Qu'en est-il résulté? C'est que M. Dufêtre, prédicateur adoré en quelque lieu qu'il se présente, a été un vicaire-général fort peu environné d'amour. Il y avait dans le diocèse de Tours, comme partout, beaucoup de réformes à faire. Le clergé, si bon qu'il soit, ne se trouve pas sans mélange. Les difficultés viennent de là d'abord. Il faut reprendre, encourager, interdire quelquefois; mais user en tout cela d'une discrétion grande. Surgit une question capitale, celle des places à donner. Que d'ambitions! que de jalousies! que de mécontentements! que de flatteries! que de délations! que de protecteurs, mon Dieu! Qu'il est rude ce métier de maître!

En toutes ces épines et toutes ces ronces, M. Dufêtre s'est piqué et blessé. Non que ses intentions ne fussent excellentes, sa vie pure, et la raison de son côté; mais il lui manquait cette uniformité précieuse et rare de système, cette évangélique modération qui fait qu'on n'*éteint pas la mèche qui fume encore* (1), ces procédés futiles au fond, mais indispensables pourtant, qu'on possède si bien dans le haut monde où l'on ne sait que cela. Il lui manquait, et il lui manque bien des choses encore; et c'est bien fait à lui de n'avoir abandonné, ni du temps de M. du Chilleau, ni sous M. de Montblanc, cette chère prédication qui fait son bonheur, et qui seule peut-être sera sa gloire. Oui, répétons-le, c'est bien fait à lui!

Avec de la vertu, de la capacité, et une bonne conduite, dit Labruyère, on peut être insupportable. Les manières que l'on néglige comme de petites choses, sont souvent ce qui fait que les hommes décident de vous en bien ou en mal. Une légère attention à les avoir douces et polies prévient leur jugement; il ne faut presque rien pour être cru fier, incivil, méprisant, désobligeant; il faut encore moins pour être estimé tout le contraire.

Je recommande ces paroles du maître à la sagacité de M. le vicaire général, sans oublier les exceptions de droit pour quelques termes peu parlementaires; et je poursuis.

---

(1) Agir dans la colère, dit Dodslay, c'est s'embarquer pendant la tempête.

J'allais vous conduire à travers tous les pays qu'il a parcourus jusqu'à ce jour, dans ses missions apostoliques incessantes; j'aime mieux placer ces détails à leurs dates respectives et vous faire bien connaître d'abord, suivant ma méthode habituelle, toutes les particularités de sa vie.

M. Dufêtre est né à Lyon le 17 avril 1796. Il a neuf ans de plus que M. Cœur; chose importante à signaler, parce qu'on a fait erreur sur ce point dans une petite notice publiée dernièrement. C'est le 18 du même mois qu'il fut porté aux fonts baptismaux dans l'église métropolitaine, et appelé Dominique. Son père était un négociant d'une réputation parfaite, d'une honnête fortune, et surtout d'une fortune honnête.

La première éducation du jeune Dominique fut toute chrétienne, grâce aux soins de sa pieuse mère. Il faut bien dire un mot de son enfance qui fut vraiment précoce, celle-là! La révolution s'achevait alors sous les talons de bottes de Bonaparte. Ce que la jeunesse avait appris de la science chrétienne, durant les dix années précédentes, on l'eût exprimé comme parle M. Boyer, *par zéro* (1).

(1) Grande réponse au bel ouvrage de MM. Allignol, que j'aime à citer très souvent (l'ouvrage) et dont j'aurai à dire de bien curieuses choses dans une notice consacrée à ces deux excellents prêtres.

Eh bien! en 1801, Dominique, âgé de cinq ans, lisait et relisait devant une assemblée de jeunes garçons, la lettre du catéchisme, et travaillait ainsi à la restauration de l'église en France, mieux, mille fois mieux, et plus sincèrement surtout, que tous les faiseurs de concordats, y compris le Bienheureux Bonaparte.

J'ai besoin de m'interrompre, pour faire une observation.

Je verrais avec désespoir qu'on m'accusât de censurer la conduite du souverain Pontife en ces circonstances. Je sais à quelles violences il fut en butte; et je crois qu'abandonné à ses instincts propres, ce ne sont pas des concordats qu'il aurait faits pour la France. Nul n'a dit encore combien Bonaparte fut infâme; on le dira bientôt peut-être. « Le Pape n'eut pas plus tôt signé le concordat, écrit M. Artaud, qu'il s'en repentit. »

Je reviens à mon sujet.

Les dispositions de M. Dufêtre se développant avec les années, attirèrent les regards et excitèrent l'intérêt du cardinal Fesch, qui le prit en vive affection, et voulut lui donner la tonsure, afin de l'agréger de bonne heure à la milice sacrée.

Le jeune Dominique fut tonsuré le 24 mai 1807, à onze ans; et nous verrons qu'il pénétra dans toute leur profondeur les belles paroles de Pierre de Blois : *Non excedat à te quomodò in tonsurâ capitis, quandò electus es in sortem Domini, renunciâsti* IGNOMINIÆ LAÏCALI.

Ignominiæ laïcali! Nul ne fut jamais moins laïc que M. Dufêtre ; et, s'il fallait entendre par ces mots *ignominie laïque* le goût du luxe et des voyages d'agrément, les beaux laquais chamarrés, les éblouissants équipages, les petits boudoirs inondés de parfums, les mîtres ruisselantes de pierreries, que sais-je ? A coup sûr, ce n'est pas M. Dufêtre qui serait en cause. Qui serait-ce donc ? Je n'ose pas le dire.

Il fit ensuite ses études classiques, en partie à Lyon, en partie à l'Argentière ; puis il entra au grand séminaire de Saint-Irénée. A dix-neuf ans, son cours de théologie était terminé, et il avait obtenu, depuis 1822, à l'Académie de Lyon, son diplôme de bachelier es-lettres.

De ses succès, je n'ai rien à dire, sinon qu'il fût jugé digne, n'ayant encore reçu que les ordres mineurs, d'occuper une chaire de rhétorique, et de diriger l'école cléricale de Saint-Just et d'Ainay.

M. Dufêtre se gardait surtout des classifications barbares et abrutissantes où se fourvoie forcément cette malheureuse jeunesse des écoles. Trop sensé pour faire consister dans d'ineptes efforts de mémoire la capacité d'un sujet, et le juger en conséquence, il laissait le champ libre aux intelligences de toute nature, excitait l'apathie, défiait même les imaginations exagérées, songeant que l'âge en secouerait de lui-même la pousse luxuriante. En général, on procède trop légèrement à ces nominations de professeurs; et ceci s'adresse non moins à Messieurs de l'Université avec leur étalage scientifique, qu'aux Écoles ecclésiastiques secondaires.

M. Dufêtre avait alors la réputation d'un travailleur infatigable, d'un pieux ecclésiastique, et d'un homme d'excellent jugement; mais je n'appuie pas trop sur cette dernière qualité.

C'est pendant son professorat qu'il fut fait sous-diacre en 1817, par M. Dubourg, alors évêque de la Nouvelle-Orléans, depuis archevêque de Besançon; démarche terrible encore une fois, mais qu'il recommencerait si elle était à faire, et dont quelques autres se sont repentis comme d'un crime; démarche mille fois terrible, hélas! « Les deux mots les plus courts à prononcer, *oui et non*, sont ceux qui demandent le plus d'examen » dit Pythagore.

Les goûts de M. Dufêtre pour la prédication n'étaient déjà plus douteux. Il les sentait évidemment lui-même ; et ses bons supérieurs les avaient distingués, si bien que, cette année là même de 1817, ils lui accordèrent une dispense spéciale pour monter en chaire.

C'est ainsi qu'en 1818, après avoir reçu le sous-diaconat, il prêcha le carême à Saint-Just, et en même temps dans la paroisse de Vaize; début heureux s'il en fut jamais, et digne du plus intrépide apôtre que nous ayons eu peut-être depuis cinquante ans en France.

Les *Chartreux* étaient faits pour M. Dufêtre, comme il était fait pour les *Chartreux*. M. Bochard ne l'eût pas laissé passer. Il y fut admis en novembre 1818, et reçut la prêtrise en mars suivant.

A partir de cette époque solennelle et sainte, il se voua tout entier à l'œuvre des missions et des retraites.

Or, ici je ne puis me défendre d'une observation. Pourquoi certains diocèses sont-ils privilégiés à ce point qu'eux seuls produisent pour les diverses branches du ministère ecclésiastique des sujets capables? de Lyon, de beaucoup d'autres villes du midi nous arrivent de grands orateurs ; de Besançon et des alentours, une foule de théologiens solides ou brillants, tels que MM. Gousset, Blanc, Receveur, Pelier, etc. ; le nord n'est pas beaucoup en arrière sur ce point; la Bretagne a surabondamment fourni son contingent; Paris a le mérite du moins de compléter les intelligences qui se forment ailleurs? Et voilà qu'au milieu de cette activité universelle, quelques églises particulières restent stériles et indigentes: Tours(1), Angers, Blois, que je nommerais si ce n'étaient M. Morisset, et le plus distingué de ses prêtres, M. l'abbé Neveu, simple curé de campagne; Orléans surtout, Orléans, ce triste diocèse qui porte ses vieilles idées et sa vieille nullité comme fait un avare de son habit rapiécé; sol gluant, air béotien qui alourdit ceux qui le respirent, vie égoïste, horreur de ces mœurs sociales qui engendrent les bonnes institutions, je demande si avec de tels éléments, on se place au niveau des diocèses qui marchent depuis soixante ans; et cette ville en est là. Nous le verrons au reste dans la notice de son évêque actuel, sur laquelle j'anticipe depuis quelques semaines avec une intention particulière.

Mais jusque là, occupons-nous de M. Dufêtre.

Il donna d'abord le carême de 1819 dans l'église même des *Chartreux*, puis la retraite de Montbri-

---

(1) Ceci ne regarde pas M. Bodin, le savant traducteur et commentateur d'Isaïe. Bien entendu que dans chacune des villes indiquées ici se rencontrent des exceptions de ce genre.

son qui fut suivie de celle de Saint-Chamond en 1820 ; puis la mission de Bourg la même année, et celle de 1821 à Saint-Étienne, mission belle et féconde entre toutes, et dont le souvenir vivra longtemps !

Les plus douces choses sont celles qui passent le plus vite ici bas! Des discussions s'étant élevées au sein de l'administration diocésaine, les missionnaires des *Chartreux* furent dispersés en partie(1).

Ce fut un coup de foudre pour M. Dufêtre. Malheureusement ces sortes d'aventures ne sont pas rares dans le clergé, par la raison que la jalousie et bien d'autres petites passions y sont assez communes aussi.

J'ai dit dans la biographie de M. Donnet qu'il fut, en ces tristes conjonctures, appelé à desservir Irigny ; M. Dufêtre fut nommé vicaire à St-Polycarpe de Lyon. Je n'affirme pas qu'il accepta ce poste sans répugnance ; ses goûts étaient froissés, ses affections l'étaient également ; ce nouveau ministère ne pouvait suffire à son ardeur, il le pensait du moins ; et bien évidemment la vie concentrée d'une paroisse n'était pas son fait. Il hésita, mais pourtant

---

(1) J'emprunte quelques faits à une notice récemment publiée ; et je prie l'habile rédacteur de ce petit ouvrage de recevoir en échange tous mes remerciements.

il obéit. Il se créa des occupations par nécessité d'agir. Il dirigea l'association des Dames de la Providence, et son influence généreuse s'y fit remarquablement sentir. Il prêcha constamment à Lyon et dans les environs; il associa son nom à toutes les bonnes œuvres de la ville, et attendit ainsi l'heure du ciel. On ne pouvait mieux faire. *Ad pugnam provocatus, quùm et viribus corporis et animi virtute aliquantò esset superior, monere ingratum quàm vincere maluit.*

Cette heure sonna en effet après un an. On était au milieu de 1822. M. du Chilleau demanda aux vicaires-généraux capitulaires de Lyon, quelques missionnaires. M. Dufêtre fut désigné et nommé supérieur de cette mission nouvelle. Il s'adjoignit M. Donnet, qui en ressentit une vive joie, et quitta sa paroisse d'Irigny.

Hélas! cette joie sainte fut bientôt mélangée d'affliction : son vénérable père venait de mourir; M. Donnet, désigné comme supérieur en sa place, partit seul, laissant son ami auprès d'un cercueil.

M. Donnet a depuis conservé ce titre, et lorsque plus tard s'est rencontrée une occasion de rendre la pareille à M. Dufêtre, il l'a vite saisie en le nommant vicaire-général de Bordeaux.

A la fin de 1822, les deux missionnaires avaient

rencontré plusieurs autres ecclésiastiques, parmi lesquels se trouvait M. l'abbé Suchet, depuis curé de Saint-Saturnin à Tours, ensuite curé de Constantine, et aujourd'hui vicaire-général d'Alger. Ils se réunirent alors, et ils évangélisèrent Blois, Vendôme, Chinon, Bourgueil, Amboise, Loches, Montrésor, etc., etc.

Voyez la notice de M. Donnet, page 154, et lisez, durant qu'ils vont évangélisant, une note du *Contrat social*, que me rappelle cette réunion fortuite et bénie de quelques prêtres voyageurs par le monde : « Remarquez, dit Rousseau, que ce ne sont pas tant des assemblées formelles, comme celles de France, qui lient le clergé en un corps, que la communion des églises. La communion et l'excommunication sont le pacte social du clergé, pacte avec lequel il sera toujours le maître des peuples et des rois. Tous les prêtres qui communiquent ensemble sont concitoyens, fussent-ils des deux bouts du monde. Cette invention est un chef-d'œuvre en politique. Il n'y avait rien de semblable parmi les prêtres payens; aussi n'ont-ils jamais fait un corps de clergé. » (*Contrat social*, page 244, éd. de Londres.)

Nous apprendrons par la suite une triste chose que Rousseau ignorait peut-être, c'est qu'en certains diocèses de France, tout se passe autrement. Aux vieux maîtres qui leur avaient donné, avec la science de la théologie, celle du doux commandement : *Mes enfants, aimez-vous les uns les autres,* à ces prêtres savants et adorés ont succédé je ne sais quels êtres sans forme déterminée, porteurs de la guerre hypocrite et lâche, tentateurs de Dieu; et l'esprit d'union s'est dissipé, et j'ai eu le spectacle d'une population de prêtres se craignant, s'espionnant, se haïssant, rivalisant de délations et de servilité. Il n'y a plus là de ces concitoyens dont parle le Contrat Social. Les jeunes gens s'éloignent du sanctuaire désert en disant : *Quid Romæ faciam ? mentiri nescio.* (Sat. Juv. 3.) Ceci s'expliquera ; mais provisoirement, il était bon de le dire, à part la digression qu'on me pardonne.

La mission dura deux ans.

Ici est la date de la nomination de M. Dufêtre comme vicaire-général de Tours. La confiance de M. du Chilleau lui fut, comme je l'ai dit, continuée par M. de Montblanc, lors de l'arrivée de celui-ci dans le diocèse. M. de Montblanc peu capable, avec sa faible santé, d'un travail actif, avait aussi besoin d'un administrateur. On se demande pourquoi un titulaire qui ne peut agir n'abdique pas, et on n'a garde de se répondre. Le dirai-je? non, pas cette fois (1).

Selon mon habitude, j'ai encore des restrictions à faire. Si elles semblent contredire ce que j'ai avancé, rien d'étonnant à cela; l'homme est bâti d'inconséquences et de contradictions. Ainsi à côté des raisons qui m'eussent fait voter contre la nomination de M. Dufêtre à Tours, je place des actions qui tendraient à justifier *à posteriori* cette nomination. Le diocèse est plein de bonnes œuvres qu'il a fondées ou établies sur des bases meilleures; à son arrivée, rien de pareil n'existait. Et Dieu sait ce qu'il a fallu renverse d'obstacles pour ar-

---

(1) Les Tourangeaux appellent M. Dufêtre *l'archevêque noir*; et, de fait, il est bien l'archevêque de toute couleur, M. de Montblanc ne pouvant s'occuper de quoi que ce soit. — On a vu ce dernier demander ingénuement à son grand-vicaire, un 25 juillet, veille d'une retraite : qui prêchera la retraite, cette année ? — Une personne se présentant au palais pour consulter *Monseigneur* : Voilà M. Dufêtre, fit M. de Montblanc. — Toutefois le vieillard apprit comment on avait surnommé son premier ministre, le fit venir un jour et lui dit d'un ton passablement équivoque : Ah ça, mon cher monsieur, savez-vous qu'on vous appelle l'archevêque noir? ceci n'est pas trop flatteur pour moi. Ne pourriez-vous pas...» — « Assurément, monseigneur, répartit M. Dufêtre. Je vais vous remettre tous les papiers concernant l'administration; et, en faisant tout vous-même, vous leur prouverez bien qu'ils n'ont qu'un archevêque violet. — Oh non ! il ne faut pas pousser les choses jusqu'à l'excès, dit M. de Montblanc. Il n'insista pas, et tout fut fini.

arriver là ! Il a créé pareillement, ou réformé, ou dirigé plusieurs communautés (1), épuré

(1) Certes, nul plus que moi ne regrette les communautés détruites, et n'admire celles qui ont survécu à nos sottes colères ; mais voulant dire en tout et pour tout la vérité, je confesse qu'à moins d'une grande vigilance et d'une inexorable fermeté, les supérieurs ecclésiastiques doivent s'attendre à des déboires effroyables vis-à-vis des femmes qui les composent. Il y a là tous les défauts des petites réunions et des petites conspirations, de la suffisance en proportion de la régularité, de la malice en proportion des habitudes de vie intérieure avec les prêtres ; je sais des scandales qui s'en suivirent à des époques diverses.—Saint-Ignace de Loyola l'avait bien compris, lui qui défendit aux religieux de son institut d'être directeurs de religieuses. — L'anecdote suivante mérite d'être racontée :

« Isabelle Rozel étant venue à Rome, forma le dessein de se retirer du monde, et de vivre selon les conseils évangéliques sous l'obéissance de la compagnie. Elle se joignit avec deux dames romaines très vertueuses, et obtint du pape, pour elle et pour ses compagnes, la permission d'embrasser ce genre de vie. Quoique le père Ignace vit bien que ces sortes de directions ne convenaient guère à son institut, la reconnaissance qu'il avait pour sa bienfaitrice, et le petit nombre de ces nouvelles religieuses, le déterminèrent à prendre soin d'elles.

« Il s'en repentit bientôt, et il dit une fois que *le gouvernement de trois devotes lui donnait plus de peine que toute la compagnie* : car enfin ce n'était jamais fait avec elles, et il fallait à toute heure résoudre leurs questions, guérir leurs scrupules, écouter leurs plaintes et même terminer leurs différends. Cela l'obligea de représenter au pape combien une telle charge nuirait à la compagnie, et de quelle importance il était que Sa Sainteté l'en délivrât. » Voyez page 46, la lettre que P. Ignace écrivit à cette dame catalane pour *se défaire d'elle honestement*. (S. Ignat., vit. lib. 2, p. 203, *auct. J. P. Maffeio.* – celui qui obtint du pape la permission

autant que possible, sur quelques points, la masse du clergé, bien que l'ayant un peu troublée sur d'autres points en heurtant trop violemment les abus; il a ouvert à des prêtres étrangers, souvent plus malheureux que coupables, un asile de consolation et de repentir; et il n'a point abandonné, je le répète en son honneur, le ministère de la parole sacrée.

On a peine à croire à tant d'activité. Il était en 1828 à Bourges; le voici en 1832 à Clermont, et il y donne deux retraites pastorales, genre de ministère où il excelle. Il donne le carême à Orléans en 1830, et c'est là qu'il prêcha la Passion dont j'ai parlé; à Angers en 1832; à Nantes en 1833; à Bordeaux en 1834; à Saint-Roch de Paris en 1835, et M. Olivier ne lui fait pas un seul bon mot; à Toulouse en 1836; à Saint-Martin de Marseille en 1837; à Metz en 1838, et M. Ch. Raybois, ce critique mauvais coucheur, en dit quelque bien; à St-Ouen de Rouen, et en même temps à Louviers en

de dire son bréviaire en grec, pour ne pas gâter son goût avec le latin de la Vulgate.)

Attendons. — Mais que mon lecteur veuille bien me pardonner mes notes qui commencent à se multiplier outre mesure. Elles étaient nécessaires pour l'intelligence de certaines idées générales ou de certains faits généraux, en dehors du texte, dans cet ouvrage. Dorénavant, j'en serai plus sobre.

1839 ; à St-Thomas-d'Aquin et à Bonne-Nouvelle en 1840 ; à Saint-Niziers en 1841.

Paris l'a écouté avec M. de Ravignan. Certes, peu de gens se donnent autant de mouvement pour les intérêts de la terre ; et ce n'est pas peu dire. Quelle profondeur de foi ne suppose pas un dévouement pareil ! Que l'esprit du christianisme est admirable ! *Omnium divinorum divinissimum est,* dit saint Denis, *cooperari cum Christo in salutem animarum.* Il n'en fallait pas moins ; non, il n'en fallait pas moins ; et vous qui disiez tout à l'heure : le Solitaire n'aime pas M. Dufêtre, vous êtes coupable d'erreur ; j'aime beaucoup M. Dufêtre ; je suis des admirateurs de sa parole, de son ardente piété, du talent qu'il a, des conversions qu'il opère ; et je lui présente mes hommages sous le couvert de ma franchise, qu'il ne suspectera pas.

En dehors de ces travaux apostoliques et des sollicitudes de son administration diocésaine, M. Dufêtre, de 1829 à 1840, a trouvé moyen de visiter une bonne partie de l'Europe, *pour y étudier,* dit un biographe, *l'état du catholicisme.* La raison en est bonne, et je veux bien en croire l'auteur sur parole, car il a de l'esprit, du talent, et proportionnellement de la bonne foi.

Ainsi, c'est chose convenue, M. Dufêtre a visité l'italie et Rome en 1829; les cantons de l'Helvétie et ses chalets en 1831; la sombre, vaporeuse, métaphysique et protestante Allemagne en 1837; l'Espagne à triple visage, fidèle et infidèle maintenant, et qui renie Dieu comme ses *romanceros* pour un chiffon constitutionnel, en 1838; l'inconséquente et scrofuleuse Belgique en 1839; et finalement, en 1840, le charbon de terre, les religions pullulentes et les meetings d'outre-Manche; et il a fait tous ces voyages pour *étudier l'état du catholicisme !*

Ah! s'il est vrai qu'on le supplie de partir pour le Canada, et d'y prêcher une retraite pastorale avec une mission, qu'il aille, qu'il revienne, et qu'il nous dise encore, au nom de Dieu, ce qu'il aura vu, *en étudiant l'état du catholicisme.*

Au fait, j'ai appris que M. Cousin et compagnie voyageaient, il y a quelque dix ans, pour *étudier l'état de l'enseignement* du côté du nord. C'est du nord aujourd'hui que nous vient...... et c'est aussi une vérité sensible à la main, que l'enseignement depuis lors a fait merveille parmi nous : voyez le génie des instituteurs primaires et la morale publique; suave antécédent, gros d'espoir, pour qui voyage, aux mêmes lieux ou ailleurs, *en étudiant,* dans des cabinets d'auberge, ou au fond d'un coupé de diligence, *l'état du catholicisme.*

Eh bien, non, M. le biographe, j'aime mieux croire que vous vous êtes trompé une fois dans votre vie, et que, sans en chercher si long, M. Dufêtre voyageait tout bonnement pour son plaisir. Il l'avait du reste bien gagné (1) ; et M. Morlot n'en fait pas moins ; M. *de* Marguerie non plus.

(1) Bien gagné ! Je ne sais encore si madame de Flavigny partagera mon avis. Madame la comtesse de Flavigny est une jeune, jolie et spirituelle personne, pieuse surtout, fille aînée de M. le duc de Fézensac, et auteur du *Livre de l'Enfance chrétienne,* couronné par l'Académie. Désireuse de faire approuver son ouvrage par l'autorité ecclésiastique, elle le fit remettre à M. l'archevêque de Tours, c'est-à-dire M. Dufêtre, le priant de l'examiner aussi vite que possible. Après six mois, le *Livre de l'Enfance* était encore à revenir. C'est alors que madame de Flavigny, s'étant adressée à M. l'archevêque de Paris, obtint son approbation et fit savoir à M. Dufêtre qu'elle pouvait se passer d'une autre. M. Dufêtre, dispensé par là des préliminaires de l'apostille, eut le bon esprit d'envoyer la sienne sur le vu de celle de M. de Paris.— Je conseille à tous les petits enfants ce *Livre de l'Enfance.* « Un bon livre, dit Bernardin de Saint-Pierre, est un bon ami ; » alors même qu'il ne sortirait pas de la librairie Mame. Et, à propos de M. Mame, comme des méchants pourraient sourire d'une manière inconvenante, et insinuer par là que la négligence de M. Dufêtre au vis-à-vis de madame de Flavigny n'était point étrangère à des intérêts de librairie, j'ajoute un mot.

Car enfin, qui sait si M. Dufêtre n'a pas un peu pris ombrage des femmes auteurs, et s'il n'a pas voulu ainsi en manifester sa pensée ? Qui pourrait dire absolument qu'en cela il a tort ? A Rome, dans les premiers temps de la république, le vin était interdit aux femmes ; d'une plume ou du vin, quel est la chose la plus dangereuse ?

Comme il se trouvait à Rome, en 1829, avec M. de Montblanc et M. Donnet, M. Dufêtre eut l'honneur d'être admis à l'audience de Pie VIII, qui lui fit l'accueil le plus gracieux : « Je voudrais savoir ce que vous désirez, lui dit le souverain Pontife, pour vous l'accorder aussitôt, s'il m'était possible. »—« Très Saint Père, lui répondit M. Dufêtre, je supplie votre Sainteté de bénir toutes les retraites que je serai appelé à prêcher. — De tout mon cœur, » répartit le Pape; et il le bénit une première fois, puis une seconde fois avec effusion; et il lui accorda ensuite les indulgences les plus abondantes pour tous les exercices de retraite qu'il donnerait pendant au moins cinq jours (1). C'était demander peu et demander immensément.

A coup sûr, M. Dufêtre n'avait pas demandé de même l'évêché de Viviers qu'on semblait lui destiner dernièrement.

Quant à moi, j'aime mieux qu'on se donne le temps de réfléchir.

En résumé, que penserons-nous de M. Dufêtre? M. Dufêtre n'est point une nature faite ; tous les éléments qui doivent entrer dans cette constitution sont forts et vivaces; une parcelle de lui-même

---

(1) *Loco supradicto.*

formerait peut-être ailleurs une individualité de quelque valeur ; mais en lui, chaque fraction, lorsqu'elle tend à se rapprocher et à former un ensemble, ne donne provisoirement aucun résultat et présente la confusion. Il doit donc s'unifier, si j'ose ainsi parler, par un certain travail de fermentation douloureuse, et chercher en ce monde un point d'arrêt.

« L'art de conduire les hommes, disait le fameux cardinal de Retz, n'est autre que celui d'associer leurs idées. Et, comment le pourra faire celui qui n'en est pas encore au point d'associer les siennes? »

Ceci posé, lorsqu'on a mis M. Dufêtre à la tête d'une administration diocésaine, a-t-on bien fait? Tel n'est point mon avis. Car, en regard de ces sortes d'obligations, il ne faut pas des capacités de plusieurs pièces, mais d'une seule pièce ; l'immutabilité est le plus essentiel attribut de la puissance. *Justitia enim perpetua est et immortalis* (Sap.). Dans la suite, M. Dufêtre pourrait devenir le premier évêque de France ; aujourd'hui, c'est trop tôt. *Qui nucleum esse vult, necesse est ut frangat nucem.* Chaque homme a son temps comme chaque chose ; temps avant lequel ils ne sont rien, temps après lequel ils ne sont rien non plus.

Relativement à mes opinions sur M. Dufêtre comme prédicateur, si je suis contredit, je ne m'en étonnerai pas; mais c'est là ce que j'ai senti et ce qui me paraît être la vérité. Qu'on me donne des preuves et je me rends; qu'on me montre un discours écrit ou imprimé de M. Dufètre qui ne milite pas à l'appui de mon dire, et j'efface toutes les lignes qu'on vient de voir; mais surtout qu'on n'aille pas me faire dire ce que je n'ai point dit, car j'ai le silence à moi pour me moquer des mauvais vouloirs et des injustices; et qu'on me permette de m'appliquer ces paroles de J. J. Rousseau :

« J'avertis le lecteur que ce chapitre doit être lu posément, et que je ne sais pas l'art d'être clair pour qui ne veut pas être attentif (1). »

On dit qu'en son particulier, M. Dufêtre sait se distinguer par une affabilité charmante avec ses amis, et par une dignité un peu raide à l'égard des autres; qu'il cause bien et couramment; qu'il est simple surtout. Ah! je le remercie d'être simple à une époque où on l'est si peu, et d'user de gros souliers ferrés dans ses longues excursions, lorsqu'on est si peu éloigné de vouloir revenir à ces temps où,

(1) Contr. Soc., ch. 1, liv. 3.

pour peu que je m'en rapporte au témoignage de Camille Desmoulins, le troisième concile de Latran s'exprimait ainsi :

« Nous accordons, pour rouler, au doyen rural deux chevaux, à l'archidiacre sept, à l'évêque vingt, à l'archevêque vingt-cinq, au cardinal quarante. »

A l'heure qu'il est, M. Dufêtre achève une retraite pastorale dans la ville d'Agen, où l'a appelé M. de Vezins, ancien grand-vicaire de Bordeaux, et récemment promu à l'épiscopat. Je n'avais pas l'intention d'en parler beaucoup ; je ne savais rien de particulier sur ce fait ; et, comme on voit, ma notice ne devait pas aller plus loin. Mais voici qu'une lettre m'est communiquée, lettre parfaitement curieuse à tous égards, et par sa rédaction, et parce qu'elle confirme, sauf réserve, ma manière de voir ; je m'empresse de la produire.

« Nous sortons d'une retraite prêchée par M. Dufêtre, Monsieur, et nous avons eu un triple sujet d'édification : l'exemplaire assiduité de Monseigneur, le recueillement admirable du clergé, le talent et la piété du prédicateur. Je veux seulement ici vous parler du dernier.

« M. de Vezins nous en avait dit mille choses charmantes ; et c'est avec une impatience réelle qu'il était attendu.

« Quelques bruits venus de Tours, et relatifs à son administration, circulèrent par le diocèse ; on craignait l'influence d'un homme si redouté ailleurs, sur un prélat nouvellement nommé ; M. Jacoupy nous a accoutumés à beaucoup de bonté paternelle ; un régime contraire nous perdrait.

« Mais bientôt, ces bruits se calmèrent ; l'imagination fit place à la réflexion. M. Dufêtre d'ailleurs arriva.

« Son abord n'est pas du tout féroce. Il a une des figures les plus ouvertes que je connaisse ; il est fait comme beaucoup d'autres.

« Les exercices commencèrent. Du côté des poumons, ce fut merveille. Le style ne faillit pas non plus. Il y eut même de la théologie et des aperçus tant soit peu nouveaux ; le zèle surtout ne fit pas défaut. L'effet fut raisonnable.

« Mais une fois sortis du sermon, je vous avoue qu'il ne nous restait pas beaucoup à faire. — Entendons-nous.

« Se recueillir et méditer sur ce qu'on vient d'entendre, c'est fort bien.

« Toutefois est-il qu'on ne peut méditer que sur un fond solide de pensées, et qu'alors il n'y avait rien de pareil, sous l'écorce brillante et presque éblouissante de ce *style à effet*, quoique inégal.

« La théologie est une grande chose chez un orateur, surtout lorsqu'il parle exclusivement à des prêtres ; je veux dire la théologie exacte, serrée, réelle ; et non pas la théologie mystique et de convention, telle que l'ont faite des visionnaires de plus ou moins de vertu ; or, M. Dufêtre, suivant moi, ne s'en tient pas assez au sens rigoureux, absolu et dogmatique des termes ; il les allégorise trop.

« Certes, je n'entends point blâmer ici les auteurs ascétiques, tels que Rodriguez, le P. Grenade, Saint-Just, le P. Berthier et tant d'autres ; mais ce qui est excès est excès, comme ce qui est beau est beau.

« J'appelle un chat un chat.

« On a trop abusé d'un certain droit d'interpréter l'Écriture. Le dogme et la morale.., etc., etc. Benoît XIV lui-même s'en plaignait amèrement autrefois et je puis répéter les reproches de ce grand homme.

« Il m'a semblé que M. Dufêtre *nous prêchait trop comme des laïcs.* Les précautions oratoires dont il usait, même dans des sujets purement ecclésiastiques, ne nous allaient pas et se trouvaient être des hors-d'œuvres. Heureux encore, lorsqu'il ne sortait pas de son cadre spécial pour se jeter dans des *déclamations rebattues, même pour les simples fidèles.*

« Il manque, soit dit sans offenser personne, il manque à M. Dufêtre de completter ses études de cabinet, études indispensables, sans lesquelles ses études des *Chartreux,* si belles qu'elles aient été, n'aboutiraient qu'à faire de lui un sujet sans portée à venir. Aussi le supérieur de ce magnifique établissement, lorsqu'il envoyait ses prêtres aux Missions, ne manquait-il jamais de leur dire : « Travaillez toujours, Messieurs; lisez les Pères, la saine théologie, les auteurs profanes autant qu'il le faut faire; ne croyez jamais en savoir assez. »

« Ah ! qu'il aurait agi sagement, ce prédicateur, en refusant l'administration de Tours ! Que de temps de plus ! que de fatigues de moins ! et que nous aurions gagné à cela !

« Quoi qu'il en soit, ses paroles, j'en suis sûr, n'auront pas été sans fruit ; les prêtres sentiront que leur cœur a touché à son cœur, et que l'amour de Dieu s'y ravivait de la sorte, car M. Dufêtre est lui-même un saint prêtre, et c'est beaucoup..... »

Je laisse comme toujours au lecteur l'appréciation des mots soulignés.

Il y a dans cette lettre des jugements que je ne partage point; on le verra bien en la comparant avec ce que j'ai dit précédemment, mais j'avoue qu'en général je l'ai trouvée fort piquante et non moins sage. Mon bon correspondant parle sans recherche; il exprime ce qu'il sent comme il le sent; et c'est une ruse qui en vaut bien une autre. « La meilleur finesse, dit Le Noble, est souvent de n'en point avoir. » Quel joli mot! quelle découverte, par exemple, pour M. Henrion!

1er Novembre 1841.

Paris. — Imp. de A. APPERT, pass. du Caire, 54.

Biographie du Clergé Contemporain.

M. MORLOT.

Évêque d'Orléans.

A Appert Édit. Passage du Caire

M. MORLOT,

ÉVÊQUE D'ORLÉANS.

———

> Et je ne mâche point ce que j'ai sur le cœur.
> Molière.

> Vous me demandiez, il n'y a pas longtemps, ce qui m'empêchait de prêcher (d'accepter le sacerdoce); voici la raison et la vérité.
> Sionnet, *Vie de sainte Nonne et de son fils*, p. 78.

Si j'avais l'honneur d'être connu de M. Morlot, voici ce que je lui dirais en confidence :

Ce fut un jour terrible pour vous que le 18 août 1839. M. de Forbin-Janson vous sacrait alors (1), mais ne vous disait pas les secrets du diocèse où vous étiez appelé; il avait assez de ses préoccupations personnelles; et il s'en fût bien gardé d'ailleurs. Dois-je croire cependant que votre âme, durant l'auguste cérémonie, n'était pas exempte de certai-

(1) Assisté de M. Blanquart de Bailleul, évêque de Versailles, et de M. Lemercier, ancien évêque de Beauvais.

nes angoisses? Nul ne le sait peut-être, excepté vous ; bien qu'on sache parfaitement que vous aviez déjà lu d'étranges *Mémoires*.

Le 21 du même mois, les cloches sonnaient à grandes volées pour votre installation. Tous les corps constitués de la ville étaient sur pied. Le doyen du chapitre, premier vicaire-général, ce bon M. Roma vous déclamait avec une fierté naïve le compliment d'usage, sous le dais épiscopal. Les séminaristes vous investissaient de leurs adorations officielles. Vous retrouviez là, parmi les plus empressés, ceux qui étaient accourus à Paris, pour vous *avoir* les premiers : MM. Barnabé Boutillier, Gobion, Richard, etc., etc. (1), M. Méthivier même; *(Voir plus bas.)* d'autres se tenaient debout, à distance, livrés à des craintes et à des espérances ; d'autres n'y étaient point : il s'agit ici de ceux qui aiment mieux obéir à Dieu qu'aux hommes, et que les promesses, non plus que les prières, n'ont pu ébranler dans le procès de la vérité contre des abus despotiques. *Rex philosophi amicitiam emere voluit*, dit Valère Maxime, *philosophus regi suam vendere noluit*.

Or, suivant vous, quel sens pouvait avoir une

---

(1) M. G., curé de Saint-Paterne d'Orléans, M. B., de Puiseaux, M. R., secrétaire de l'évêché.

scène pareille?... Rien de naturel : des épanouissements fiévreux, une sombre défiance dans les regards et jusque dans les poses!... Je n'exagère point; je contiens ma plume.

C'est qu'en vous poussant à l'épiscopat, la famille de G....... n'avait pas remis à neuf le diocèse d'Orléans, si justement envié jadis et si fort à redouter depuis quelque temps. M. de Beauregard vous avait précédé; ceux qui vous voulaient du bien n'en tinrent compte, et ainsi vous firent du mal. Le vieillard avait mis dix-huit ans à vous préparer ces ruines, dès avant sa consécration jusqu'après sa démission presque forcée, sans relâche et sans pitié. On eût dit même une dérision sanglante ; car, jugeant ses vicaires-généraux incapables d'administrer durant une vacance de siège, et ayant obtenu en conséquence une permission du ministre pour résider indéfiniment et attendre son successeur, il s'éclipsa soudain lorsque vous arriviez *incognito*, à dix heures du soir ; et il réussit de la sorte à poursuivre le plus possible son œuvre de désorganisation, sans s'exposer au péril d'une rencontre avec vous.

Ceci demande explication. Nul doute que la mission d'un évêque, au moins en droit, ne soit exclusivement le *soin* d'une église que lui confie l'autorité compétente ; c'est-à-dire, pour résumer en quelques mots les diverses fonctions que ce terme implique, le gouvernement sage, ferme et paternel du clergé, des maisons ecclésiastiques, des simples fidèles. Tout est là. Qu'on se méprenne sur cette vérité ou qu'on la néglige, voici ce qui en résulte, et particulièrement ce qui en est résulté pour vous. Je fais de l'histoire.

Avant M. de Beauregard, Orléans avait possédé M. de Varicourt, pontife vénéré, homme de belles manières et d'un très grand cœur, qui fut pleuré du riche et du pauvre, des anciens du pays et, je le sais, des petits enfants. La paix la plus parfaite régnait autour de lui ; tous ses diocésains étaient des frères, unis par la confiance, la franchise, la sympathie des goûts et des désirs, la charité, la nature même. Les prêtres visitaient les prêtres, et se donnaient une assistance mutuelle dans les difficultés de leur ministère, formés par un maître qu'ils adoraient : vous avez nommé M. l'abbé Mérault. Chaque jour sortaient du grand séminaire des sujets distingués à tous égards. Mêmes succès dans les écoles secondaires ecclésiastiques ; le lycée ou collège de la ville n'osait soutenir la concurrence. Dirai-je qu'en dehors du sanctuaire, la population bénissait un pareil état de choses? On le conçoit de reste.

Vint M. de Beauregard (Jean Brumauld), ancien

curé de la cathédrale de Poitiers, où il était devenu proverbial par la singularité de ses habitudes et son exaltation de cerveau. Dès l'abord il prit une attitude de pourfendeur, et se mit à saper pièce à pièce l'édifice existant. Les actes, les idées, les projets, les hommes de M. de Varicourt furent éloignés et remplacés par des hommes, des projets, des idées ou des actes contraires. Les changements de curés se multiplièrent dans une effrayante proportion ; ce fut *un torrent d'interdits*, permettez-moi le mot.

M. Constant, secrétaire de l'évêché, fut à moitié, puis tout-à-fait supplanté par le nommé Richard, pauvre garçon sans intelligence, mais de beaucoup d'audace et d'une belle main, comme disent les commis aux écritures. On a dit autre chose.....

Je veux croire qu'au fond il ne se passe rien ;
Mais enfin on en parle, et cela n'est pas bien.

Bientôt le réformateur frappait un coup terrible. M. l'abbé Mérault reçut une lettre de lui, et cessa d'être supérieur d'un séminaire qui était son œuvre de prédilection, l'œuvre de toute son immense fortune et de toute son existence; et il répondit par une donation de trois maisons de campagne : la Pomme de Pin, Villevaude et Saint-Jean-de-

Braie (représentant une valeur de 150,000 fr.) (1).

A M. Mérault, succédèrent MM. Roma et Chaboux: M. Roma, pieux et ingenu, savant sans profit et habile peut-être sans caractère; M. Chaboux, qui avait la profondeur de se taire et l'esprit de regarder son monde en tapinois avec je ne sais quel sourire de mauvaise humeur. Ce ne pouvait être qu'un acheminement vers autre chose. Mais déjà le diocèse était divisé en deux camps, l'un pour, l'un contre le nouveau système de direction. La lutte se déclare. M. Mérault trouve des apostats comme toute puissance tombée. Attendons. Le gouvernement avait rendu à leur destination les anciens bâtiments du grand séminaire, sis rue de l'Évêché, et convertis en caserne depuis la révolution. MM. Roma et Chaboux surveillaient en propriétaires les travaux du lieu; ils y siégeaient en espérance; ils en tenaient les clefs, lorsqu'ils reçurent, eux aussi, une lettre; ils avaient cessé d'être directeurs. On s'était

(1) *La Pomme de Pin* était donnée à la condition qu'un catéchisme serait fait aux élèves de théologie tous les mercredis et dimanches; en cas de non exécution de cette clause, la maison devenait la propriété de l'hôpital. M. Mérault explique bien catégoriquement que, par catéchisme, il n'entend pas des explications d'Ecriture sainte, mais en réalité l'explication du *catéchisme*. On ne fait pas celle-ci, et on fait l'autre. — Et je tiens ce renseignement de la personne même qui a transcrit l'acte de donation.

servi d'eux, en effet, comme d'un pont de passage. Des Sulpiciens étaient là. Troisième scission ; d'où le désordre le plus funeste et toutes les espèces de maux.

Mais de quoi se composait en réalité le détachement de la compagnie ? Il y avait M. Bénech, sorti peu auparavant d'Avignon pour des causes qui ne sont pas nécessaires à notre édification, personnage dont le portrait se trouve au répertoire de Molière, tout sillonné au moral comme au physique d'illusions déçues, bilieux, défiant, dominateur et rusé en conséquence, ayant à lui seul le dernier mot de ses convictions, spirituel à force de connaître ses confrères et de s'en moquer nuitamment à son avantage, bon sergent-de-ville de réserve pour le service de Dieu, quand Dieu régnera moyennant un préfet de police. — M. Paysant l'avait ainsi compris. M. Roy, défini dans la notice de M. Lacordaire, et qui fait sourire ses jeunes élèves lorsqu'avec un accent solennel d'espérance, il articule ces paroles : *quia non cognovi litteraturam, introibo in potentias Domini.* — M. Chapt, cet intéressant jeune homme du Vivarais, que les plaintes de sa famille accompagnèrent à la *Solitude* et qu'elles environnent plus douloureusement encore depuis son retour au foyer natal. Jetons un voile sur de funèbres scènes : hélas ! et puisse-t-il éviter enfin cette *mort vivante* que connurent Gilbert et Eugène Hugo! — Il y avait aussi M. l'abbé Johanet, l'un des hommes les plus amusants de l'époque; essentiellement fertile en calembourgs de toutes sortes, comme étant professeur de morale ; ayant du reste cette suave inconsistance d'idées, quand il en a, et de jugement, quoiqu'il en ait peu, qui promettent la béatitude en cette vie comme en l'autre. — Sottises! dira M. Bénech.

Voilà quels furent les vrais successeurs de M. Mérault. Une révolution devait s'en suivre : elle eut lieu. On avait dit aux Sulpiciens : « Prenez garde; les Orléanais ne vous aiment pas, et ils ont mauvaise tête. » C'était se tromper sur le dernier chef. Bien qu'ils fussent animés de sentiments contraires, les *mauvaises têtes* du séminaire firent très vite des démonstrations de dévouement et d'enthousiasme. *Item* il faut vivre, dit le vulgaire. On eût rogné des queues de soutane, et affecté mille autres ridicules,

> Jusque-là qu'on se vint quelquefois accuser
> D'avoir pris une puce en faisant sa prière,
> Et de l'avoir tuée avec trop de colère ;

on eût fait pis, que nul ne s'en fût inquiété, au risque même de passer pour satanique en servant Dieu comme devant; mais là n'était point le mal. Une espèce d'agence occulte s'établit à l'effet d'épurer

la masse du clergé, sans qu'elle s'en doutât même.
Les séminaristes, sous un prétexte de charité fraternelle et avec des titres de *Moniteurs*, s'inspectèrent d'abord les uns les autres ; ce fut le début. Ils portèrent ensuite leur ministère et leur espionnage dans les paroisses, soit comme prêtres, soit à l'occasion des vacances, rédigeant, suivant avis et à point nommé, leurs comptes-rendus. Ce qui arrivait alors, vous le devinez bien. Le curé s'effrayait de son vicaire, et le tenait à distance ; les sujets d'autrefois reniaient les nouveaux ; nul n'osait former des élèves pour le sacerdoce qui en réclame ; que dis-je ? ce qui était, c'est ce qui existe encore ! et ce n'est pas tout. « Souvent un évêché, disent MM. Allignol, compose une petite cour où, comme auprès de tout pouvoir, s'agitent, à l'insu du prélat sans doute, l'ambition et l'intrigue. La religion du chef doit souvent être surprise ; et ce ne sera pas manquer de respect à l'autorité qui nomme, de supposer que la brigue, la faveur, le servilisme, l'hypocrisie peut-être, doivent pousser plusieurs sujets, même très médiocres, jusqu'aux dignités les plus élevées, tandis que des prêtres distingués restent confondus dans la foule ; car le vrai mérite ne cherche pas à se produire ; il attend à l'écart. » Si MM. Allignol ne connaissaient ni M. de Beauregard, ni son diocèse,

ni son évêché, ni les Sulpiciens, ils les avaientprodigieusement devinés.

Voici M. de La Mennais. Dans Orléans, qui s'en fût douté? ses opinions trouvèrent des partisans zélés (lui-même eut peine à le croire); et là, comme partout ailleurs, elles causèrent une agitation fort utile. Les études se ravivèrent; la curiosité engendrait l'émulation et le courage; plus que jamais les capacités se dessinèrent sur le fond commun; quelle admirable occasion d'être utile à l'église! Non, au lieu de seconder le mouvement, M. de Beauregard et ses agents le comprimèrent en toutes manières. Je n'ose dire les moyens qui furent employés; mais, à défaut du reste, lisez ses *Mandements* dont voici un échantillon :

« M. *Lammenais* doué d'un talent d'un ordre supérieur, *mais d'une imagination forte et étendue,* s'est fait connaitre par un ouvrage *étonnant* qui a fait à son auteur une immense réputation..... Cependant les places manquèrent à *ce* talent; et *celle* âme si active se déversa sur d'autres sujets..... Il combat avec des armes rouillées. Sans mission, *que* son voyage de Rome ne lui fit pas obtenir, il va remuant des questions *presque* fondamentales; il attaque les concordats; il voudrait voir renaître *des guerres* qui furent jadis des *causes de troubles!* Voilà pourtant l'homme qui séduit les belles âmes des jeunes ecclésiastiques! Tous les évêques, MOINS UN, repoussent ces témérités; et le réformateur est parti ASSEZ SUBITEMENT pour Rome. *Les ecclésiastiques que ces nouveautés ont préoccupés ne doivent point redouter mes censures;* je n'ouvrirai point avec eux une polémique inutile, car je sais qu'une âme prévenue ne revient guère de ses préjugés ou religieux ou politiques. Je regrette que l'union ne règne pas..... *Cependant je déclare à mon clergé que je n'admettrai point dans mon séminaire des sujets imbus de ces nouvelles doctrines*..... Peu d'élèves se sont présentés cette année ; la Sixième manque presque totalement ; je ne suis pas sans inquiétude sur la conservation du sacerdoce dans le diocèse ; *l'époque où il doit s'éteindre a été trop judicieusement calculée* (1). »

Assurément ces lignes méritent quelque attention. Je vous laisse le soin de les commenter ; et, si vous n'avez des raisons de vous taire, vous avouerez que d'une telle débauche de jugement et de caprices devaient sortir de bien tristes misères, ou, en d'autres termes, celles que vous avez trouvées dans Orléans.

Il est des positions où l'ignorance est un vice et l'étourderie quelque chose de plus. La vocation de M. de Beauregard n'était ni l'épiscopat ni un

(1) Lettre confidentielle de M. de Beauregard, 26 novembre 1831. D'un autre côté M. de Beauregard, à l'époque où il publiait cette lettre, disait à un jeune sous-diacre, en l'examinant sur les doctrines embrassées par M. de La Mennais : « Vous êtes de son avis, Monsieur ? Fort bien ! c'est-à-dire que vous êtes catholique. » — Les contradictions en ce monde ne sont pas nouvelles. Ainsi M. Affre a jugé M. de Genoude indigne d'occuper la chaire ; et voilà que M. de Cosnac vient de le faire prêcher le jour de la Toussaint dernière dans la cathédrale de Sens. Au vis-à-vis de l'unité catholique et du Souverain Pontife, qui a raison, M. de Cosnac ou M. Affre ? — Il est du reste bien clair que j'ai parlé ici des opinions théologiques que professait M. de La Mennais, avant l'*Encyclique* ; car pour le reste, et depuis cette sentence suprême, toutes les pensées ont dû se réunir dans la paix et le silence de la soumission. En ce qui me regarde, je repousse comme une calomnie tout soupçon de persistance.

état quelconque d'homme livré à lui-même, mais la vie de communauté; il avait pour cela toute la vivacité de foi et tout le manque de personnalité nécessaires; car, s'il se raidissait et affichait du caractère quelquefois, c'était par l'effet d'une impulsion reçue en cachette; et alors il était encore courageux par faiblesse. Possédé en outre d'une aveugle ambition dont il n'avait pas un instant la conscience, ou qu'il croyait sainte, il recula si loin les bornes de son autorité, comme dit Barthélemy, que, cessant de les apercevoir lui-même, il crut qu'elles avaient cessé d'exister; grande cause de ses colères : *Indè iræ !* En somme, son cœur valait mieux que son esprit et ses actions; on l'a vu pleurant sur lui-même à ses heures lucides; et je cite, sans le garantir, un mot qu'on lui prête depuis sa démission : « Je n'ai plus qu'à prier Dieu pour qu'il me pardonne d'avoir *perdu* un diocèse. » Soit dit en dépit des malins qui trouvent de l'amphibologie dans le mot souligné.

Vous êtes auprès du pauvre vieillard; si ces paroles tombent encore de ses lèvres, ne les oubliez pas; elles sont souveraines.

Et, dans cette entrevue qui peut être pour vous si précieuse, quelles questions agiterez-vous? Sonderez-vous le passé au profit de l'avenir? Attendez-vous, avec des aveux, l'indication des plaies et des remèdes? Dirons-nous, au retour, que vous êtes désormais un homme nouveau? Aurez-vous vous-même une volonté? N'allez-vous plus trembler devant toute manifestation, comme devant un coup-d'état? Saurez-vous que mes réflexions ne sont hostiles ni à vous, ni à M. de Beauregard, ni même aux personnes que j'ai nommées avec un semblant d'amertume, mais en réalité pour leur bien et pour celui des autres? Hélas! vous m'accuserez, car on l'a dit un peu énergiquement :

C'est être libertin que d'avoir de bons yeux.

Quand un prêtre, digne de ce nom, loyal et hardi comme la vérité, vous soumettra ses observations sur un abus, l'écouterez-vous? Méditerez-vous sur cette note de mes biographies que vous lisez (page 45), et qui m'a suscité de la part de plusieurs évêques des demandes en information? Soupçonnerez-vous donc qu'il existe, dans quelque angle de votre diocèse, un prêtre dont les talents et les vertus ne sont un secret pour personne, si ce n'est pour lui et vous, je veux dire M. Méthivier, curé de Bellegarde, celui-là même qui assistait au sacre, le 18 août 1839, non pas comme courtisan, mais avec le désir de voir l'homme dont il attendait une régénération nécessaire? Resterez-vous exilé du curé de

Saint-Marc, M. l'abbé Lejeune, dont le conseil serait pour vous d'un si grand prix et les lumières si puissantes pour la conduite de ses frères dans le sacerdoce? Aurez-vous encore peur d'une conspiration burlesque, lorsqu'il s'agira du poste où vous avez placé M. l'abbé Chesnard? Institution charmante et admirable dont l'idée vous est due, œuvre *fénélonienne*, si je puis ainsi m'exprimer, éminemment digne de votre sollicitude, comme elle l'est du mérite et de la rare sagacité qui distinguent votre fondé de pouvoir ! Je les ai vus, ces petits enfants et ces jeunes hommes ; je me sentais édifié de leur recueillement durant les offices. Comme ils écoutent leur cher conférencier, immobiles, l'œil fixé sur ses lèvres, fiers quelquefois de comprendre une citation latine qui survient d'elle-même, toujours à l'aise au milieu des considérations les plus élevées sur leurs habitudes journalières ! Non, cette institution ne périra pas ; non, vous n'abdiquerez pas l'une de vos plus belles prérogatives, et le salut de la jeune génération prévaudra contre une misérable jalousie de curés (1) ; et, du voyage que

(1) Toutes les pensions se réunissent le dimanche à Saint-Pierre-Ensentelé pour entendre les offices et une instruction *spéciale*. MM. les curés ont protesté; c'est que le prix des chaises décroîtra d'autant dans leurs paroisses respectives, mais le prix des ames, qu'ils l'apprennent donc, vaut bi... le prix des chaises.

vous faites dans le Poitou, vous rapporterez encore plusieurs enseignements :

En considérant ces hommes que j'ai désignés, vous comprendrez qu'il n'était pas indispensable de recourir à M. Mathieu pour avoir un grand-vicaire, et qu'Orléans possédait quelque chose de mieux que le jeune Dupont, au regard du moins de l'expérience et du savoir ; vous même, à une autre époque, vous aviez protesté fort efficacement contre des importations de ce genre ; (au moins fallait-il nommer M. Rigollot). Vous vous indignerez, j'en ai la conviction, contre ces fabriciens de la cathédrale, chanoines et laïcs, qui, se trouvant propriétaires de la magnifique église de Saint-Euverte, la donnent en location pour des usages immondes ; scandale inouï ! Si, dans son château de retraite, M. de Beauregard vous a parlé sans colère des officialités établies par vous, posé toujours qu'il soit revenu de ses vieilles préoccupations, il vous aura fait observer toute l'imperfection de vos statuts y relatifs, en date du 2 décembre 1840, etc... Il me revient en mémoire que Dieu a dit : *Videte quid faciatis ; non enim hominis exercetis judicium, sed Domini ; et quodcumque judicaveritis in vos redundabit* (1). Avez-vous abordé le sujet du ca-

(1) II Paralip. IX, 6.

téchisme qui se fait par votre ordre ? Quand vous décliniez les noms de MM. Pelletier jeune, Desbrosses, etc., etc., chargés de la refonte, M. de Beauregard n'a-t-il pas dit d'abord : « Je nie la compétence de tous ceux-là, quelles que soient du reste leurs qualités ; » et ensuite : la chose ne va qu'à M. Desbrosses, car lui donner un catéchisme à composer, c'est une manière de le forcer à l'apprendre ? » ce qui n'avait pas besoin de commentaire. Et sur les études théologiques ou classiques, quel est maintenant votre avis ? Sur les unes, nous savons où nous en sommes ; les autres sont abandonnées, avec une double somme de 800 francs et l'entretien, à la *préfecture* de MM. Dupré et Poirée : le premier qui est en plus aumônier de 600 fr. aux Carmélites, chanoine de 1,200 francs, et d'une science prodigieusement stagnante ; le second, qui n'est rien du tout........ — Mais je sens que le temps vous manquait pour discuter une pareille foule de questions capitales ; au moins est-il que, sous l'inspiration des amendements de M. de Beauregard et celle de votre bon génie, vous avez ressenti toutes ces prédispositions et mesuré d'un coup-d'œil vos immenses devoirs. Vous connaissez les hommes, les difficultés des lieux et des circonstances ; que faut-il encore ? Il s'agit uniquement, à l'heure qu'il est, de chasser la peur, et de pouvoir dire à votre prédécesseur la belle parole de Julien : J'aime mieux faire le bien à mes risques et périls, que d'être coupable avec impunité.

La peur! c'est elle qui vous saisit au premier pas dans votre carrière épiscopale; depuis lors, elle ne vous a point quitté; elle s'augmente de jour en jour. Telle était votre envie de vous défaire des Sulpiciens, qu'en passant à Paris, vous en fîtes part à plusieurs personnes; vous disiez à l'un de nos prédicateurs, M. ......, votre ami: « Si ces gens-là n'y étaient pas, je te nommerais professeur au grand séminaire. » Vous ajoutiez : « Il y a là un homme qui s'est emparé de l'autorité sous la précédente administration, et qu'on déteste; je serai fort embarrassé de lui. » Mais une fois sur les lieux, l'envie se passa; votre ami fut contremandé et nommé, en guise de consolation, chanoine honoraire; on vous avait fait peur!

Plus tard, des raisons de convenances ne permirent plus à M. Richard de partager la calèche épiscopale, ni d'avoir près de vous son domicile civil, ni de vous assister comme secrétaire intime; les mêmes convenances voulaient peut-être qu'il rentrât tout-à-fait dans la vie privée, au risque de s'y maintenir sain et sauf comme Sylla (sans comparaison). Le clergé tout entier, ou à très peu près, invoquait cette mesure. Mais on vous avait fait peur.

M. l'abbé Coulombeau vous avait prévenu pourtant; ce pieux et savant prêtre dont la perte n'est pas réparable, cœur généreux, âme aussi pure qu'elle était belle et grande, objet un jour d'une accusation sale, et dont il conçut un chagrin qui l'a épuisé bientôt; Eh bien, ce même M. Coulombeau, que vous avez vu sur son lit funèbre, était digne de croyance à tous les titres. Examinez les pièces qu'il vous fit passer à Dijon, et même, si je ne me trompe, à Paris. Je sais du reste qu'elles vous causèrent quelques perplexités : « Mais pour y donner suite, disiez-vous, il eût fallu connaître les personnages qui les avaient signées ». Cela n'était point nécessaire. Quand même elles eussent été anonymes, peu importait un nom ou un paraphe, pourvu que le fond fût réel; et M. Coulombeau voulait obtenir de vous, non pas une détermination immédiate, mais qu'après avoir connu les faits et les hommes *à priori*, vous en vinssiez plus facilement à constater la vérité des rapports, à vous prémunir contre les angoisses qui vous attendaient, à opérer le renouvellement d'un pauvre diocèse saccagé. J'ai sous les yeux, en partie, la copie autographe de ces pièces. Encore une fois, vous n'aviez plus qu'un pas faire; mais on vous avait fait peur.

La peur n'est pas la prudence, bien que peut-être vous ayez ici confondu ces deux choses par un sentiment qui se conçoit. Il y a des paroles remarquables de J. J. Rousseau sur ce sujet ; sa position vraisemblablement n'était pas non plus facile lorsqu'il les prononça : « Jamais je n'eus si grand besoin de prudence, dit-il, et jamais la peur d'en manquer ne nuisit tant au peu que j'en ai. » La prudence émane de la force, la peur de la faiblesse, et la peur à son tour engendre presque habituellement une inaction pernicieuse, ou, permettez-moi de le dire, la maladresse, qui est pire encore. Habitué à fléchir devant tout obstacle, si un évêque peureux sent par intervalles ce qu'il vaut, et qu'il use d'énergie, il frappe toujours ou presque toujours à faux ; l'effort insolite qu'il fait sur lui-même en est cause ; son élan le jette trop loin ; il ne sait pas parler, il pousse un cri de détresse ; et, s'il trouve un pauvre prêtre qui en appelle de quelques misères à son cœur d'évêque, il travestira une admirable réponse de saint François de Salles, en s'écriant : *Mais, Monsieur le curé, sachez qu'un évêque a le cœur dans la tête.* Puis il retombera de tout son poids dans son état ordinaire de dépendance. Vienne un curé qui lui demande de se prononcer sur une chose grave et urgente : « M. Bénech n'est pas ici, *je dois vous dire* qu'il serait bon d'attendre son retour...» Telles sont trop souvent vos solutions; je le répète : *vos solutions !* car il faut couper court aux propos indirects ; vous avez bien deviné qu'il s'agissait ici de vous-même.

Dès le 10 mars 1839, date de l'ordonnance royale qui vous appelait à la succession de M. de Beauregard, vous aviez donc une route tracée : des deux espèces d'hommes qui vivaient en désaccord dans votre diocèse, les uns se fussent pressés infailliblement autour de vous, si vous aviez attaqué les abus qu'ils combattaient ; c'était le plus ardent désir de leur cœur ; mais il y avait cette condition. En tout état de cause, la soumission des autres vous était assurée, parce qu'ils appartiennent toujours, comme une chose, à celui qui peut le plus. Eh bien, non : considérant le nombre çà et là, vous avez reculé devant une majorité prétendue et les prétendues indignations que vous susciteraient quelques rigueurs nécessaires ; et tout est resté provisoirement au sens de la vieille administration.

Que dis-je? Ici encore s'est montrée cette inconséquence où vous jette nécessairement une position si fausse. Ayant à choisir un grand-vicaire, lorsque M. Roma fut mort, *je vous demande si vous n'auriez pas pu trouver un prêtre digne de ces fonctions dans le diocèse; et s'il n'est pas à regretter que l'administration de ce diocèse soit confiée à un étranger qui ne peut avoir les connaissances locales* NI SURTOUT INSPIRER LA CONFIANCE GÉNÉRALE ; je vous demande ce que demandait en votre nom M. Picot, dans l'*Ami de la religion* du 12 mars 1833, à propos de MM. Bonnet et Roux et d'une très malheureuse affaire où vos intérêts furent engagés. (*V.* p. 123.) Mais vous avez eu peur.

Telle est la pure vérité des faits. Me contesterez-vous encore l'exactitude ? car vous avez dit ceci de mes notices : « J'ai cherché dans Paris à connaître le Solitaire, mais inutilement ; *l'ouvrage est....... mais il y a certaines petites choses qui ne sont point exactes.* » Si je récuse absolument cette dernière insinuation, à plus forte raison celle du même genre qui porterait sur les lignes que je viens d'écrire. M'accuserez-vous d'avoir voulu envenimer vos intentions ? Oh ! que vous m'auriez mal compris ! En décrivant les combats et les épouvantements où vous êtes en proie, j'ai signalé dans votre âme une petite brèche extrêmement dangereuse, en ce qu'elle tend de sa nature à s'agrandir indéfiniment; mais ce grief lui-même supposait de hautes qualités pour le reste, comme une tache, de quelque nature qu'elle soit, grande ou petite, suppose une surface pure. Déplorer l'inertie où vous abîme un entourage hypocrite et ambitieux, c'est reconnaître que, livré à vous-même, vos inclinations vous porteraient vers des régions meilleures. Et alors même que ces vérités vous sembleraient cacher quelque aiguillon, il vous souviendra que vous en avez dit jadis à M. Rey qui n'étaient ni plus sincères ni plus douces. C'est qu'ainsi que l'observe Massillon, il est des conjonctures où la raison permet de dissimuler l'amour que nous avons pour nos frères ; il n'en est point où il nous soit permis de leur dissimuler la vérité.

Voilà ce que je dirais en confidence à M. Morlot, si j'avais l'honneur d'être connu de lui. A coup sûr, les gens qui l'accaparent, s'ils écoutaient aux portes, suivant l'habitude, me dénonceraient comme un frénétique et se mettraient en quête d'un écrivain malicieux comme M. l'abbé Pelletier et compagnie, pour faire ma propre biographie bien noire et très anonyme.

La vérité veut autre chose. — A son début dans l'épiscopat, M. Morlot voyait beaucoup ce qu'on appelle *la société*, *la société légitimiste* surtout, bien qu'il fût également dans l'étroite intimité de M. le préfet. On le trouvait aimable et gracieux ; il a en effet la souplesse nécessaire en pareille circonstance. On n'était pas indifférent à l'élégance de sa mise ; et, comme on attribuait fort justement à la modestie son excessive sobriété de paroles, le peu qu'il disait semblait toujours susceptible d'un sens profond. Bientôt on le regardait çà et là comme un ami de famille; on s'y habitua, et si bien qu'il fallut s'en déshabituer; car la place lui devint impossible à tenir. La chronique du pays raconte que ces grandes dames et demoiselles de la *société*, si prudes d'ailleurs et si confites en Dieu, se débraillèrent finalement, selon l'usage, de telle sorte même que, pour éviter tant de belles horreurs, le pieux évêque dut à l'avenir rester dans son boudoir. Et puis, l'aristocratie orléanaise, tout aussi avisée, sinon plus encore, que les autres, se disait ingénieusement à l'oreille en articulant son nom : « *François - Nicolas - Madeleine Morlot, mais point du tout* DE *Morlot, comme plusieurs prononcent; ce n'est pas né, cela!* » Au fait, qui tiendrait contre une malice si fine, si fine et si distinguée ?

Avouons-le sans détour. M. Morlot vint au jour le 28 décembre 1795, dans la ville de Langres, au diocèse de M. de la Luzerne, mais aussi de M. Parisis; et son berceau fut une boutique. Qu'il ait un frère qui, après avoir parcouru les deux et presque les trois mondes, s'est fixé enfin sur le sol de France, puis proclamé aubergiste à Gray; qu'il ait une sœur au couvent des Visitandines de sa ville natale, car pour moi M. Morlot est né, c'est ce qu'il importe peu de constater. Son père et sa mère ne vivent plus. Sur ses études premières, je ne sais rien. Il suivit comme externe les classes du collège de Langres jusqu'à la philosophie; et, comme il n'y avait pas de grand séminaire à Langres, il fit son cours de théologie à Dijon sans dépasser d'un cheveu les capacités ordinaires, mais sans leur être inférieur; détails mille fois ressassés et fastidieux. Son enfance, sa jeunesse, ses ordinations, les divers petits emplois qu'il peut avoir occupés jusqu'à une certaine époque, toutes ces choses sont restées dans la catégorie des évènements communs. Je dis seulement, pour mémoire, qu'ayant terminé ses études avant l'âge de la prêtrise, il fut précepteur des enfants de M. de Saint-Seine, et qu'il se fit aimer dans cette famille, dont les hautes recommandations n'ont pas peu contribué à son avancement. Il est aussi à propos de constater qu'il fréquentait le beau monde de Dijon avec autant de succès, et surtout avec des succès plus durables, que celui d'Orléans; mais nous sommes envahis par la grande affaire que nous avons plusieurs fois côtoyée légèrement : les troubles de Dijon après le départ de M. Raillon.

J'avais promis des détails circonstanciés sur le

schisme de Flavigny, dont il a été dit un mot dans la notice de M. Du Pont. Comme cette affaire a eu d'infinies complications, et demanderait plusieurs pages d'impression, je m'abstiens; mais en m'étonnant toutefois du soin que met M. Morlot à me contester une exactitude qui m'est chère. Ainsi M. Morlot a dit, en lisant la note à laquelle je fais allusion (p. 374 2ᵉ v.): « Ce n'est pas positivement ainsi que les choses se sont passées. » En présence de la personne qui me rapporta le mot de M. Morlot, j'ouvris l'*Ami de la Religion*, et ce témoignage même était en ma faveur. Je lus un recueil des œuvres de M. DuPont, où se trouve traitée cette question sous le titre: *Histoire du schisme de Flavigny;* nouvelle preuve irrécusable de mes assertions. Je citai de plus des autorités vénérables; et le jeune ecclésiastique, ami de M. Morlot, fut forcé de lâcher prise. C'est assez.

M. Rey, grand vicaire capitulaire à Aix, fut nommé pour remplacer M. Raillon quelque temps après la révolution de Juillet. C'était, avec M. d'Humières, archevêque d'Avignon, le premier choix de Louis-Philippe. Donc, de violentes oppositions se manifestèrent sur tous points; les plaintes retentirent jusqu'à Rome. Mais le Souverain Pontife n'y eut point d'égard, et il envoya les bulles d'institution canonique.

On sait que M. d'Humières et M. Rey furent sacrés par un prélat espagnol, à défaut d'évêques français. qui se récusèrent. M. Rey, contre l'usage, prit possession du siège par procureur. Arrivé à Dijon, il demeura trois mois sans composer le personnel de son administration. Il avait de zélés partisans et de rudes adversaires ; il jugea utile de garder autant que possible la neutralité. Mais les adversaires qu'il nomme *des prêtres intrigants*, lui imposaient comme grand-vicaire celui-là même qui avait été le mobile de toutes les démarches hostiles faites contre lui, M. l'abbé Morlot. Par cette dernière considération, et parce que l'opinion publique, quand le jeune prêtre avait passé de l'emploi de simple vicaire au poste éminent de vicaire-général, *n'avait pas sanctionné* cette nomination, M. Rey ne se laissa pas fléchir. De plus, M. Lacoste, ancien grand-vicaire, lui aussi, n'avait-il pas écrit au nouvel évêque : « M. Morlot manque de caractère, de capacité, d'esprit sacerdotal, en tant que membre d'un chapitre *rétif* et *incohérent* ? » Que sais-je ? Il l'avait même conjuré d'amener avec lui des hommes plus dignes de sa confiance ; —sauf à crier dans la suite plus haut que personne. Les grands-vicaires en définitive furent M. Roux, supérieur du séminaire, et M. Bonnet, déjà grand-vicaire d'Avignon.

L'Ami de la Religion et de M. Morlot fit explosion. On sut tout de suite ce qui remuait la bile du journal légitimiste. M. Guillon vous en dira quelque chose. Accepter du gouvernement révolutionnaire un titre ecclésiastique, c'était, en ce temps-là, un crime irrémissible. On s'est adouci depuis, et considérablement, sur ce point; M. Morlot s'est exécuté comme les autres. Eh bien, M. Picot, au nom de M. Morlot, reprochait à M. Rey des innovations dans les cérémonies de l'Église cathédrale, la prétention d'introduire *motu proprio* un nouvel habit de chœur, puis un changement réel de costume pour les chanoines honoraires nouvellement nommés, sans que ces mesures fussent concertées avec le chapitre : derniers mots que je dénonce à M. Affre. Il louait la vertu, le mérite et la *prudence* de M. Morlot, et déplorait sa disgrace si brusque, si impitoyable et si peu méritée; il accusait M. Roux de recueillir la dépouille de M. Morlot, qui l'avait appelé à Dijon, et M. Bonnet, d'avoir été interdit à Paris, puis chassé d'Avignon ; il nommait l'un et l'autre (page 370, ligne 37, vol. 75), de mauvais prêtres; il s'indignait de voir auprès de M. Rey un homme noté dans l'opinion en matière fâcheuse.

« Il ne manque à ces paroles, répondait M. Roux, que la signature de leur auteur. M. de Pins m'a prêté au diocèse, sur les instances de M. Raillon. Je suis arrivé à Dijon sans connaître M. Morlot et sans être connu de lui. Comment aurais-je recueilli sa dépouille?.... Je n'ai pu partager les idées du *respectable* (souligné) M. Morlot; je me suis lié par la conscience à la cause d'un prélat reconnu par le Souverain Pontife, et j'ai accepté la place vacante dans le grand-vicariat. » — Les autres prirent en pitié ces injures extrêmes et se turent. — M. Rey ordonna quelques changements dans les succursales et les cures de canton, ce qui fit crier à la tyrannie. Autre chose: il offrit à M. Morlot la jolie cure de Saint-Jean de Lône, seule vacante alors, avec promesse de lui donner la première cure de Dijon, qui viendrait à vaquer. M. Morlot refusa. Son évêque ayant insisté, il résista encore; disons-le bien bas pour que le clergé orléanais n'en sache rien. Les journaux se mirent de la partie : l'opposition trouva des protecteurs puissants et un appui au ministère. Plusieurs nominations furent improuvées à Paris et rejetées. Enfin, cédant aux sollicitations d'un magistrat qu'il désirait obliger, comptant aussi sur la promesse la plus positive, la plus expresse, et les humbles supplications de l'ex-grand-vicaire qui s'engageait à user de tout son crédit pour rétablir la paix, le prélat le nomma chanoine, en 1833. Mais bientôt ce fut un adversaire d'autant plus redoutable, dit M. Rey, que son poste était plus solide. M. Rey fit plus, il changea ses deux grands-vicaires ; mais il écrivit aux curés de canton pour les charger d'une surveillance spéciale dont il déterminait l'objet et les motifs ; et ceux-ci se coalisèrent par arrondissement, puis ils publièrent dans les journaux une remontrance qui ressemblait considérablement à une censure ; cette pièce était signée par M. Morlot et d'autres. On y demandait surtout le renvoi en masse des étrangers et des personnes attachées *tant à l'évêché qu'au séminaire ;* de plus, le rappel des prêtres interdits, et la réintégration dans leurs offices de ceux que M. Rey en avait éloignés, surtout de M. l'abbé Foisset, chanoine et supérieur du petit séminaire de Plombières. On appuyait sur ce point-ci : Le prélat se laisse mener par des hommes indignes de sa confiance.....

Mais c'en est assez sur cette affaire. Remarquez bien qu'ici j'expose bonnement les faits, sans embrasser un parti. Je les puise d'ailleurs, en les dépouillant de toute interprétation, dans une petite brochure ayant pour titre : *Réflexions historiques et critiques sur les affaires ecclésiastiques du diocèse de Dijon, depuis la nomination de*

M. Rey à l'évêché de cette ville, en 1831, *jusqu'en* 1836. J'ai ouï dire que M. Rey lui-même était l'auteur de ce manifeste, qu'il en avait de sa main corrigé les épreuves et payé l'impression à M. Baudoin, rue Mignon, 2, lorsqu'il venait de se démettre et de fixer sa résidence, rue de la Jussienne, à Paris. Son secrétaire, M. Gay, maintenant chanoine de Saint-Denis, lui prêtait assistance ; nous aurons occasion d'approfondir la nature de ses rapports avec son vénérable protecteur. M. Morlot fut certainement animé en toutes ces circonstances, de beaucoup d'intentions louables ; son apparente obstination n'était que du zèle pour la discipline ; ses attaques un sacrifice fait au devoir. Paisible et irrésolu comme il l'est par nature, quelle force était nécessaire pour produire en lui cet élan momentané! Que penser des hommes et des choses qu'il battait en brèche?... S'agissait-il d'abus réels et de fonctionnaires indignes?.. N'ayant nulle raison d'affliger les partisans de M. Rey, ni M. Rey lui-même, je ne réponds pas affirmativement. Je sais du reste que la question n'est pas plus claire pour d'autres que pour moi. Mais, en toute hypothèse, je le répète, les intentions de M. Morlot ne pouvaient manquer d'être pures ; et Dieu ne demandait pas autre chose, à moins qu'il eût pu s'éclairer davantage, sans l'avoir fait ; ce qui est délicat. Mais la difficulté était de ne pas suivre en devenant évêque les mêmes errements, c'est-à-dire de ne pas se placer directement sur le même terrain que M. Rey ; c'est-à-dire encore de ne pas accepter soi-même la mitre des mains de Louis-Philippe ; ou, l'acceptation faite, de repousser de son diocèse les hommes antipathiques au clergé, de ne pas appeler surtout d'étrangers pour leur donner les places, en dépit de leur âge, de leur inexpérience, de leur nullité même ; d'éviter les tergiversations et les obsessions fâcheuses, de tenir compte en un mot des plaintes et des observations indépendantes ; et telles étaient évidemment les dispositions de M. Morlot, à sa sortie de Dijon, hormis la première condition que je ne discute point, et la croix de la Légion-d'Honneur, qu'il a reçue au baptême du comte de Paris, mais qu'il ne porte en aucune manière.

Je dis pour la cinquième fois que M. l'évêque d'Orléans eut toujours les meilleures intentions du monde, etc. ; ceci m'amène à parler de ses travaux.

Le propre de son esprit n'est pas l'étude active et patiente du cabinet ; il lit peu, et l'on ne trouve communément sur sa table que cinq ou six volumes peu scientifiques. Je ne juge pas ce que le journal l'*Orléanais* appelle *grand assortiment d'Heures-Morlot* (mercredi 20 décembre 1841). Ecoutons l'*Ami de la Religion*.

« M. l'abbé Morlot ne s'est pas borné à la direction des consciences et aux soins de l'administration. On sait à Dijon qu'il a travaillé à des éditions d'ouvrages d'instruction et de piété. Il a revu la seconde édition de l'*Explication de la doctrine chrétienne en forme de lectures*, 2 gros vol. in-12. Cette *Explication* est tirée du *Catéchisme dogmatique et moral* de Couturier, ancien curé de Léry ; c'est le *Catéchisme* de Couturier sous une forme nouvelle ; on a fait disparaître les demandes et les réponses. Le *Catéchisme du diocèse de Dijon*, expliqué par des sous-demandes et des récapitulations extraites de Couturier, est aussi de M. Morlot. L'ouvrage forme un gros vol. in-18. Les *Heures choisies*, ou Recueil de prières pour tous les besoins de la vie, avec des instructions pratiques pour toutes les fêtes, ouvrage de feue la marquise d'Andelarre, ont été revues par M. Morlot ; elles sont revêtues d'une approbation de M. de Boisville, évêque de Dijon, sous la date du 5 août 1825. L'édition que nous avons sous les yeux est dédiée à Madame la Dauphine. Tous ces ouvrages, ajoute M. Picot, se trouvent chez Victor Lagier, à Dijon, et à Paris, au bureau de ce journal. »

M. Morlot écrit sa correspondance et ses mandements, rien de plus. Les lettres et mandements qu'il publie sont très courts et d'une grande simplicité ; il les date des différentes localités qu'il parcourt dans ses visites pastorales (1).

Arrêtons-nous aux visites. — Ses tournées sont complètes ; il y crève ses chevaux et ses gens ; car M. Morlot a des gens, et il a des chevaux, qui tous ensemble lui furent vendus par son prédécesseur. Plût à Dieu que M. de Beauregard n'eût pas laissé autre chose ! Les curés de campagne se plaignent de la froideur de M. Morlot à leur égard ; je les soupçonne de s'abuser sur la nature de cette morgue apparente ; ils prennent pour une chose voulue et combinée de sa part ce qui n'est que l'effet d'une organisation tempérée et quelque peu somnolente. On ajoute qu'il descend alors, non pas au presbytère où l'attendait un modeste dîner, mais chez les chatelains, quels qu'ils soient, s'il y en a ; croyons, ô lecteur, que M. Morlot n'agit pas ainsi sans

(1) J'ai oublié de nommer madame de Fenoyl dont M. Morlot fut aussi le collaborateur très-actif, et de citer, avec une *approbation épiscopale* annexée par lui à l'édition 1841 des œuvres de cette dame, les lettres qu'il écrivit à M. Du Pont, évêque de Saint-Diez, dans l'affaire de Flavigny.

motifs, et rentrons avec lui dans Orléans, où se continuent ses travaux. — Je me dispense des transitions.

Il fait ouvrir une retraite pastorale le mardi 7 août 1841, et la fait prêcher agréablement par M. de Bussy. Le 2 du mois de février 1840, il avait fondé *l'OEuvre de la Propagation de la foi*, avec un conseil d'administration composé de M. Pelletier, mon biographe présumé, et de deux laïcs ; *la Société de Saint-François Regis*, sur le modèle de celle qui existe à Paris, et qui a pour objet la réhabilitation des mariages civils : toujours avec le concours du jeune Pelletier ; la caisse diocésaine enfin où M. Pelletier n'a aucun titre, le bureau étant formé comme il suit : MM. Egraz, vicaire-général archidiacre de Gien, Proust, curé et archidiacre de Pithiviers, Huet, curé de Saint-Paul, à Orléans, Methivier, Lejeune, et un autre Lejeune. Nous lisons dans les journaux que voulant placer deux grosses cloches dans les tours de Sainte-Croix, M. Morlot ouvrit à cet effet une souscription de 3 francs par tête, et plus. Il s'est courageusement occupé de tableaux et d'ornements de toutes sortes pour l'intérieur de cette église. Il a prêté ou donné trois cents francs à un pauvre bottier menacé de faillite, et libéré à son arrivée deux prisonniers pour dettes.

On range parmi ses travaux le silence actuel du *Journal du Loiret* à l'égard de ses actes ; et au fait, on a remarqué que, depuis deux ans, ce journal démocratique fait toujours la guerre au clergé du second ordre, et laisse l'autre dans un calme florissant ; ce qui est fort conséquent du reste. M. Morlot a obtenu deux mille francs de supplément du conseil municipal, et s'est maintenu avec toutes les autorités dans une précieuse harmonie de relations. J'appuierai fort peu sur ses prédications et ses rares visites aux paroisses de la ville : *je dois vous dire* que l'opinion sur ce point se montre unanime. Il va rétablir au mois d'avril prochain les conférences ecclésiastiques, et faire bâtir au mois de mars un petit séminaire avec une somme obtenue du gouvernement. — Parlons maintenant un peu de tout.

N'oublions pas d'abord sa manière d'officier pontificalement, et la question d'élégance. Nouvelles intentions : Il a manifestement celle de bien *figurer*. Le malheur a voulu qu'il n'eût pas une taille au-dessus de la commune ; mais il compense par d'autres avantages ce qui lui manque en ce point. Le burnous qu'il porte en hiver est d'une fantaisie ravissante. Qu'il porte bien aussi ce chapeau rond à larges bords, dont il va faire incessamment une coiffure d'ordonnance pour tout le diocèse ! car il a changé d'avis avec l'âge, et ne pense plus maintenant que ce soit un grand crime à un évêque qu'une innovation de ce genre ; ainsi encore la mozette à liserets rouges deviendra désormais commune à tous les chanoines, titulaires et autres, d'Orléans. Qu'on cherche ici une contradiction, ce n'est point mon affaire ; nous traitons d'un costume et non de M. Rey. Je doute qu'un seul évêque possède une mitre plus magnifique et plus incendiée de pierreries: c'est un présent des dames de Dijon, qu'on évalue à 30,000 fr., grand Dieu ! Ses aubes et ses rochets sont également d'un fort grand prix. Il se tient droit et marche dignement, quoiqu'un peu vite peut-être. Sa figure est pâle, légèrement allongée, sans une expression bien positive ; ses yeux ne manquent pas d'une certaine douceur ; il a la main d'un grand seigneur ; et l'on remarque son joli pied, lorsqu'il se fait chausser et déchausser à l'autel. — Ce n'est pas le lieu d'ajouter qu'il donne merveilleusement à dîner, et qu'il se mouche toujours avec un magnifique foulard. — Causons toujours.

M. Morlot possède à un degré suréminent l'instinct du bien-vivre. J'ai parlé de son boudoir ; entrons-y, s'il se peut. Suivons le valet qui nous annonce. Là, vous voyez ses riches fauteuils, son tapis d'Aubusson, son ravissant prie-Dieu recouvert de velours à franges d'or ; ici, sont disposées dans un ordre symétrique et presque savant les plus charmantes choses du monde. La Chaussée-d'Antin n'a rien de mieux ; ma cellule non plus. Le reste de l'évêché est à l'avenant. La chapelle a pris un nouvel aspect ; et c'était une idée d'artiste que celle de lui donner, par le haut seulement, un jour plus mystérieux ; et j'en fais honneur à M. Morlot, car il avait trouvé cet édifice dans un état pitoyable. — « Soyez simples », disait-il aux décorateurs. Les braves gens blanchirent tout uniment le plafond de son boudoir. « Oh ! pas tant ! » reprenait le jeune évêque. Les ouvriers ajoutaient aux décors, durant qu'il leur disait toujours : « Encore un tant soit peu ; » degrés timides et insensibles par lesquels a passé le palais intérieur pour arriver à ce qu'il est. C'est qu'en matière de luxe, M. Morlot aime à surprendre son monde : et j'en apporte un second exemple. Lorsque Joseph lui vint faire hommage à Paris de cette équipage que lui vendait M. de Beauregard, M. Morlot tint à peu près ce langage au cocher: «*Je dois vous dire que je désire que tout soit arrangé très simplement chez moi.*» *Je dois*, etc., tête d'exorde qu'il affectionne. » Nous avons, disait Joseph à son retour, un homme dénué pour évêque. » Il entendait par là *un homme à vivre* dans une pièce composée de quatre murs tout nus, meublée d'un lit en bois de noyer, d'une table de sapin, d'une énorme bibliothèque de bouquins et de quelques chaises en paille. Il exagérait, certes!—Quel fut son étonnement à la vue des myriades de malles qui furent expédiées quelques jours après, et dont la grande cour de l'évêché se trouva pleine! Oh! comme il se sentait agité, le pauvre Joseph, au moment où sortirent de leurs enveloppes tous ces bijoux et toutes ces magnificences, trop peu initié au mystère des choses pour ne pas croire qu'il n'y avait rien de simple en cela, et que Monseigneur avait voulu rire à Paris! Point du tout, Joseph; Monseigneur voulait parler d'une simplicité de bon goût, d'une simplicité riche, d'une élégante simplicité.

M. Morlot a des habitudes paisibles de vie domestique ; il jouait tous les soirs sa partie de tric-trac avec M. de Nieul; et depuis la mort de ce marquis, il la continue avec M. Dupont, qu'il loge dans l'ancienne chambre de mademoiselle de Curzon, nièce de M. de Beauregard. Il est particulièrement réglé pour l'emploi de son temps, se lève à six heures, reçoit les prêtres de midi à deux heures, et tour à tour; sauf les gens du monde, qui passent toujours les premiers: M. Benech le permet. — Et je coupe court à mes propos interrompus.

M. Bénech permettra-t-il aussi que cette notice soit lue et méditée? S'il n'est pas encore parti pour l'Italie, où la santé l'attend et où l'envoient tous les vœux des Orléanais, c'est à lui que je m'adresse. Son influence sur les affaires du diocèse a été fatale du temps de M. de Beauregard ; il s'en faut qu'elle soit meilleure aujourd'hui. Avec de l'amour-propre et des flatteurs, on peut s'abuser quelques jours, mais non dix ou quinze ans sur une position comme la sienne ; et, l'erreur de bonne foi n'étant pas possible, on devient très coupable. Les hommes qui se laissent jouer comme des aveugles, verront clair tôt ou tard et agiront en conséquence ; et puis, indépendamment des hommes, il y a un Dieu qui sonde les reins et les cœurs, et qui jugera les justices. Que M. Bénech, puisque telle est sa puissance, fasse droit à de trop légitimes réclamations ; qu'il se porte bien, et, pour se bien porter, qu'il reste en Italie ou ailleurs, mais jamais à Orléans !

« Si, ce qu'à Dieu ne plaise, disait l'organe de M. Morlot (1), au supérieur du séminaire de Dijon, dans les débats qui nous ont occupés ; si des avertissements devenus trop nécessaires étaient sans résultats ; si l'on ne parvenait point à ouvrir les yeux du prélat, que resterait-il à attendre, sinon la ruine définitive d'un malheureux diocèse, quand, à mesure que la mort éclaircira les rangs du clergé, les places les plus importantes seraient livrées à des hommes comme ceux qui ont surpris jusqu'ici la bienveillance épiscopale. »

(1) M. Picot, qui vient de mourir.

15 Novembre 1841.

Paris. — Imp. de A. APPERT, pass. du Caire, 54.

Biographie du Clergé Contemporain

M. DE CHEVERUS.

A. Appert Edit. Passage du Caire, 54.

M. DE CHEVERUS.

> ...favor æquus
> Prodigit, et medio credit sua dona labori.
> JUVENAL, Sat. 96.
>
> Omnem ostendentes mansuetudinem
> ad omnes homines.
> Tit. 3-2.

Jean-Louis-Anne-Madeleine Lefebvre de Cheverus naquit à Mayenne, le 28 janvier 1768, d'une famille alliée depuis peu à la magistrature.

A Mayenne même, et à cette même époque 1768, son père, Jean-Vincent-Marie Lefebvre de Cheverus était juge-général de police et de police ; l'un de ses oncles, M. de Cheverus, était chef de l'administration communale ; l'autre, M. René de Cheverus, curé de N[otre]-D[ame].

29ᵉ livr.

A. Appert Edit. Passage du Caire 54

M. DE CHEVERUS.

> Hunc favor æquus
> Provehit, et pulchro reddit sua dona labori.
> JUVÉNAL, *Sat.* 26.
>
> Omnem ostendentes mansuetudinem
> ad omnes homines.
> TIT. 3-2.

Jean-Louis-Anne-Madeleine Lefebvre de Cheverus naquit à Mayenne, le 28 janvier 1768, d'une famille ancienne dans la magistrature.

A Mayenne même, et à cette même époque de 1768, son père, Jean-Vincent-Marie Lefebvre de Cheverus était juge-général civil et lieutenant de police; l'un de ses oncles, M. de Champorain, chef de l'administration communale; l'autre, M. Louis-René de Cheverus, curé de la grande paroisse.

Je dois vous avouer que M. Marguerie ni moi n'avons point d'ascendance pareille ; et si nous sommes entêtés, ce n'est point de cette chose. Au reste, dit Voltaire, nous avons vu que jamais une naissance obscure ne fut regardée comme un obstacle au pontificat.

La mère de M. de Cheverus se nommait Anne Lemarchand des Noyers; c'est à elle que peuvent s'appliquer les paroles de la Genèse, si sublimes dans leur simplicité : *Et fuit cum eo*. Elle fut avec lui; « elle obéit à l'ange qui lui disait : tenez-le par la main, parce que je le rendrai chef d'un grand peuple. En même temps, Dieu lui ouvrit les yeux; et ayant aperçu un puits plein d'eau, elle s'y en alla, y remplit son vaisseau, en donna à boire à l'enfant. Dieu assista cet enfant, qui crut, et.... (1) » ce qui signifie qu'elle sut lui inspirer de bonne heure les principes d'une piété douce et solide, et l'initier, en quelque sorte, à ses grandes destinées. Où elle puisait son savoir et ses leçons, malheur à la femme qui l'ignore !

Quand il eut sept ou huit ans, et que sa première et décisive éducation fut faite, on l'envoya au collège, mais non comme pensionnaire. Il ren-

(1) Trad. de Le Maistre de Sacy.

trait après chaque classe dans la maison maternelle. Madame de Cheverus avait évidemment pour but de lui conserver ainsi son innocence le plus longtemps possible. Elle pensait bien. C'est une vérité pénible à dire, mais c'est une vérité, que toujours ces établissements, organisés pour la plupart sur des motifs de cupidité et de rapacité, présentent comme un aspect de *lieux de perdition*. Je n'accuse pas tel maître ou tel autre ; le mal est plutôt encore dans les lois, et dans les mœurs qui font les lois. L'instruction religieuse, et la pureté de vie surtout, sont les objets dont on s'occupe le moins, quoi qu'il en semble quelquefois, dans l'examen des instituteurs ; et l'espèce de probité sociale sur laquelle portent les exigences n'est, aux yeux de tout homme un peu clairvoyant, qu'une hypocrite comédie plus dangereuse mille fois que l'indifférence totale. Il s'en suit de là qu'un tableau statistique des abus, que dis-je ? des monstruosités qui se produisent chaque année dans le corps enseignant, serait presque impossible à force d'être repoussant et abominable. — Hors-d'œuvre ou non, j'ai mis au jour ma pensée ; j'en avais besoin, je ne m'en repens pas, et je retourne à mon sujet capital.

Le jeune de Cheverus était doué naturellement

d'une grande facilité pour l'étude. Joignant à cette disposition précieuse un amour du travail assez rare chez ceux de son âge, docile, attentif, réfléchi, silencieux, il eut bientôt fait des progrès remarquables, puis surpassé tous ses confrères. Il aimait cependant à répéter, jusque dans les derniers temps de sa vie, qu'un rival redoutable, le jeune de Chapedelaine, l'avait incessamment tenu en haleine, aussi capable que lui peut-être, mais moins patient contre les obstacles (1). Nous saurons, en le suivant dans des positions plus importantes encore, quelle était l'influence d'une supériorité quelconque sur son caractère et ses habitudes. Assistons à sa première communion.

Il avait onze ans, lorsqu'on le jugea digne de la faire. Je laisse à penser s'il était parfaitement préparé, et si ce fut un jour bien doux à son cœur que ce jour-là. J'évite des développements superflus, quelque édifiants qu'ils fussent d'ailleurs; mes lecteurs y suppléeront d'eux-mêmes.

A douze ans, le jeune de Cheverus fut tonsuré à Mayenne, dans l'église du Calvaire, par M. de Hercé, évêque de Dol, et, je le pense du moins, oncle de

(1) M. Chapedelaine entra plus tard dans l'état ecclésiastique, et mourut au moment où il achevait sa théologie au séminaire de Saint-Sulpice.

M. l'évêque actuel de Nantes. Ses goûts pour l'état ecclésiastique s'étaient manifestés presque au sortir du berceau, et constamment maintenus; ils se prononcèrent de plus en plus. Je vous fais grâce encore des lieux communs, et je remets à une autre notice la question très générale d'exactitude aux offices, de grâce et de ponctualité dans les cérémonies, et d'autres qualités pareilles. Rien ne m'oblige à grossir ce cahier; les particularités ne manquent pas.

C'est en l'année 1780 que M. de Gonsans, évêque du Mans, vint à Mayenne et le remarqua; ou plutôt, le lieutenant de police présenta son fils au prélat, qui en fut enchanté, et qui lui offrit une bourse au collège Louis-le-Grand (1). M. de Cheverus dut accepter avec toute la reconnaissance possible; et il fut convenu qu'il enverrait le jeune abbé à Paris l'année suivante.

Il l'y conduisit effectivement, après sa quatrième; mais ici, certes, nous avons affaire à M. Gerbier! Quelque temps auparavant, il avait lui-même séjourné à Mayenne, et pris en affection le protégé de M. de Gonsans, jusque-là qu'il promit de solliciter pour lui un des bénéfices qui étaient à la no-

(1) Le diocèse avait plusieurs bourses de ce genre à sa disposition.

mination de *Monsieur;* car M. Gerbier n'était pas toujours en colère. *Monsieur* nomma l'abbé de Cheverus prieur de Torbechet et son aumônier extraordinaire, avec huit cents livres de rente, etc.

Que dirai-je du procès qui lui fut fait à ce propos? Sûr de sa cause, qu'il jugeait excellente et pour son client et pour lui, l'avocat se voyait à la veille d'un triomphe; lorsque tout-à-coup M. de Cheverus termina l'affaire en sacrifiant ses droits, par la raison, disait-il, qu'il n'eût pas gagné son procès sans ruiner sa partie adverse. Un biographe rapporte que, même quarante ans après, le vieil avocat n'avait pas oublié cette mystification d'un genre nouveau, d'autant qu'au Palais le désintéressement n'est pas chose journalière et sur laquelle on soit à même de se blaser.

Arrivé à Paris, M. de Cheverus fut présenté à *Monsieur* par M. Gerbier, et il en reçut l'accueil le plus flatteur.

Le collège Louis-le-Grand n'était plus comme autrefois le modèle de tous les autres. Les études s'affaiblissaient en raison du développement qu'avaient pris les idées de scepticisme et d'insubordination. J'en ai dit quelque chose dans mes précédentes notices (1).

(1) Vie de M. Guillon.

Or, observons que le jeune abbé ne partagea point ses travers; il se maintint comme par miracle dans sa pureté native; bien plus, il sut rendre ses vertus aimables; il fut chéri autant qu'admiré de tous ses condisciples, parmi lesquels se trouvaient M. l'abbé Legris-Duval, etc., etc.

Aux plus brillantes qualités du cœur, il joignait celles de l'esprit. Doué d'une mémoire précieuse, d'une grande pénétration et d'un goût parfait, il ne pouvait manquer d'obtenir des succès en tous genres d'étude; et il remporta constamment des prix, comme vous et moi: c'est pourquoi nous passons à autre chose, et franchissant d'un bond la quatrième et les humanités, nous argumentons avec lui sur les bancs de la philosophie. Tâche épineuse pourtant, car il raisonne si bien, d'une manière si ravissante et si fine, que le professeur lui-même s'en excuse et ne demande de lui qu'une chose, à savoir qu'il le supplée au besoin; voilà M. de Cheverus professeur à son tour; le voici à la Sorbonne.

M. Augé, depuis vicaire-général de Paris, venait de finir sa licence, et voulait obtenir le grade de docteur. Or, il lui fallait, selon l'usage, présenter un jeune homme, formé *ou non*, par lui, pour soutenir sa thèse, et prouver par sa capacité celle du candidat ; il jeta les yeux sur le jeune de Cheverus qui s'acquitta de cet officieux exercice, le 21 juillet 1786, aux applaudissements des examinateurs et du public.

C'était une excellente recommandation pour le concours qui s'ouvrit peu après au séminaire Saint-Magloire de Paris. Il obtint la première des places vacantes ; et quel bonheur ce fut pour lui que de quitter son collège pour entrer dans un établissement dirigé par les bons Pères de l'Oratoire. Il y connut assez particulièrement M. Mérault, dont il a été souvent question dans cet ouvrage ; il conserva toute sa vie, pour cet incomparable prêtre, une affection filiale ; et rien n'égale la douce effusion de sentiment avec laquelle il parlait de tous ses maîtres. « Années fortunées de mon séminaire, disait-il, les plus belles de ma vie ! » (1)

Une fois séminariste, M. de Cheverus se livra exclusivement aux sciences ecclésiastiques, c'est-

---

(1) *Vitæ argumentum est amicitia*, dit saint Epiphane ; et le bon sens populaire a traduit ces paroles par un proverbe énergique : « Dis-moi qui tu hantes, je te dirai qui tu es. » Nul n'eut de meilleurs amis et de plus vilains ennemis que M. de Cheverus. Nous citerons parmi les premiers MM. de Trelissac, Grivel, Hamon ; et des autres, nous ne dirons que ce qu'ils ont fait, sans daigner les nommer.

Adspice quid faciant commercia ?
Juv., sat. 2, v. 66.

à-dire à l'étude de l'Écriture-Sainte, de l'histoire de l'Église, des Pères grecs et latins qu'il lisait dans l'original, de la langue hébraïque et de la théologie (1); il fréquentait assidûment et, l'on peut le dire, religieusement, les cours de Sorbonne, où tous les séminaires de la capitale envoyaient leurs élèves.

M. Emery, supérieur-général de Saint-Sulpice, l'ayant remarqué, lui offrit une place gratuite au séminaire de Paris. M. de Cheverus aima mieux rester avec les directeurs de Saint-Magloire; et je n'ose l'en blâmer.

Il fut fait diacre à sa seconde année de licence, le 7 octobre 1790. M. de Gonsans qui prévoyait, sans être positivement un prophète, la révolution et ses suites, jugea utile à l'Église de lui assurer un prêtre comme M. de Cheverus. Il fit donc venir de Rome les dispenses nécessaires à cet effet, et les lui envoya. M. de Cheverus fut promu au sacerdoce le 18 décembre de la même année, à la dernière ordination publique qui ait eu lieu à Paris (2); puis il partit pour Mayenne, où il dit sa première messe

---

(1) Je note que son théologien de prédilection fut Melchior Canus : *De locis theologicis*.

(2) Avant la révolution, bien entendu.

dans la nuit de Noël, et officia à la grand'messe du jour.

Nommé vicaire de son oncle, M. Lefebvre de Cheverus, curé de la principale paroisse, il lui fut d'un très grand secours, et le remplaça d'ailleurs absolument, car le vieillard était depuis quelque temps en paralysie. Il reçut presque immédiatement et sans quitter son oncle, un titre de chanoine.

Mais lorsque survint la Constitution civile, faute de souscrire à cet indigne *factum*, force lui fut de laisser sa place à un prêtre jureur (1). Il n'abandonnait point pour cela son ministère, prêchant, confessant même, faisant le catéchisme, et faisant bien cette œuvre difficile, disant la messe dans les maisons particulières. Le 15 août 1791, il y eut une nouvelle loi : le serment fut exigé alors, sous peine d'interdiction de toutes fonctions ecclésiastiques autres que la célébration de la messe. M. de Cheverus obéit en silence, mais continua de même ses fonctions; il offrait le Saint Sacrifice dans une chambre de la maison de son père, dont on avait fait une chapelle. Ainsi les choses se passèrent jusqu'en 1792, au mois de janvier. M. le curé de

(1.) Son oncle en fit autant.

Mayenne mourut alors. M. de Gonsans, qui était aux États-Généraux, chargea M. Décolle, son secrétaire, de remettre à M. l'abbé de Cheverus son titre et ses provisions comme successeur de son oncle, et ses pouvoirs de vicaire-général.

Bien qu'il eût déjà la confiance du clergé et de la bonne population, cette dernière qualité lui donnait une influence plus considérable encore. Les agitateurs du pays en furent effrayés ; ils imaginèrent mille moyens toujours inutiles de s'en défaire ; et enfin voici celui qui leur réussit. M. de Cheverus reçut une lettre. « Si vous ne partez aujourd'hui même, était-il dit, la maison de votre père sera incendiée la nuit suivante. » Il partit en effet avec M. l'abbé Sougé, son ami, et tous deux se réfugièrent dans une maison de campagne distante de trois quarts de lieue. Le lendemain, ils se dirigèrent vers Laval, où ils restèrent deux mois et demi. A Laval étaient rassemblés tous les prêtres non-assermentés du département, et on les soumettait à la plus rigoureuse surveillance. Astreint d'abord à se présenter chaque jour aux autorités, M. de Cheverus fut enfermé, au mois de juin, dans l'ancien couvent des Cordeliers, avec M. de Hercé, l'évêque de Dol, et plusieurs autres. Il songea à s'enfuir ; et ce fut une bonne idée, car il s'agissait de sauver sa vie, et un martyre inutile n'était pas dans son goût.

Ayant donc obtenu, sous prétexte d'une légère indisposition, de passer quelques jours dans sa famille, il disposa toutes choses pour un voyage en Angleterre, et se rendit à Paris, le 25 juin, muni d'un passeport de marchand. Il y fut presque aussitôt reconnu et dénoncé ; mais enfin il réussit à se cacher dans une petite maison bien retirée près l'église Saint-Eustache. C'est là que le surprit la loi du 26 août, condamnant à la déportation les prêtres non-assermentés. Il profita de cette loi, d'autant que sa position, depuis quelques semaines, était effroyable. Sa maîtresse-d'hôtel l'avait vu prier et lire un livre qu'elle reconnut pour le bréviaire. Le 2 septembre il se trouvait par hazard auprès des Carmes; et c'est à peine si son jeune frère, étudiant en droit, avait pu le soustraire au massacre, en le cachant durant plusieurs jours dans sa chambre.

Son frère s'occupa aussi de faciliter son prochain départ.

Il fit viser pour Calais le passeport dont nous avons parlé, puis, en vertu de la loi du 26 août, obtint un passeport spécial de déportation. Pour se présenter devant les autorités, il avait pris le titre de curé de Mayenne. M. de Cheverus quitta Paris.

Le 11 septembre 1792 il arrivait à Calais; et il s'embarqua le lendemain pour l'Angleterre. On sait que les Français trouvèrent sur cette terre hérétique des Henri VIII et des Wiclef, une hospitalité généreuse. On offrit à M. de Cheverus les secours d'usage; il refusa : « J'ai 300 francs, disait-il, j'apprendrai la langue du pays, et, ne fût-ce qu'en travaillant de mes mains, je gagnerai de quoi vivre. »

Il se livra en effet à l'étude de l'anglais, et, après trois mois, fut en état de donner quelques répétitions de français et de mathématiques dans un pensionnat. Il y était nourri et logé gratuitement, recevait de plus une petite somme mensuelle, et ainsi pouvait encore soulager ses compagnons d'exil.

Une année lui suffit pour parler correctement l'anglais. Il songea dès lors à rentrer dans le ministère ecclésiastique. Il se présenta donc à M. Douglas, évêque catholique de Londres, se fit examiner par lui et obtint en effet de remplir les fonctions saintes de son état dans son district.

Il se mit immédiatement à l'œuvre. Plusieurs familles catholiques du voisinage étaient sans églises ni prêtres, il leur proposa de se réunir les dimanches et fêtes et de l'accepter pour aumônier, ce qui fut fait. Le dimanche suivant, l'aumônier prêcha en anglais, et si bien, qu'ayant demandé ensuite à un homme du peuple ce qu'il pensait de son discours, celui-ci répondit : « A la bonne heure ! ce ne sont pas de grands mots de dictionnaire comme tous les autres, cela du moins se comprend tout seul. »

Mais le lieu de réunion n'était qu'une petite chambre bien modeste et qui ne suffisait plus à la foule. M. de Cheverus, moyennant une cotisation de ses *fidèles*, parvint à bâtir une jolie chapelle que bénit M. Douglas. Cela fait, il sortit de son pensionnat, aux grands regrets du chef qui avait appris à estimer les prêtres de France dans sa personne, et il se fixa dans un logement contigu à la chapelle, pour se livrer exclusivement au salut des ames. Je n'oublie pas qu'il invita plusieurs ecclésiastiques à le partager avec lui, et qu'il consentit à se charger, sur ces entrefaites mêmes, d'un jeune seigneur anglais, pour lui enseigner la géométrie et l'algèbre; occupation qui n'était pas assez considérable pour le distraire de sa pensée principale; mais je me sens poussé par les événements. Marchons.

« J'étais trop bien pour un prêtre », disait depuis M. de Cheverus. Il fut trouver encore M. l'évêque de Londres. « L'Angleterre a beaucoup de prêtres; il est des pays qui n'en ont point. Ici je suis de trop; ailleurs je puis faire, avec l'aide de Dieu, quelque bien. Je désire aller en Amérique. » A ces paroles, M. Douglas répondit : « Il y a ici surabondance de prêtres, sans doute ; mais pénurie de prêtres comme vous. » Ce qui était un peu exclusif, soit dit sans infirmer cet éloge bien mérité de M. de Cheverus, mais pour rendre aussi à M. l'abbé Barruel, etc., etc., l'hommage qui leur est dû.

Deux occasions survinrent qui auraient pu priver l'Église de toutes les immenses choses que nous allons voir, en arrêtant M. de Cheverus à l'entrée de sa carrière : On lui proposa d'une part de se mettre à la tête d'un collège récemment ouvert à Cayenne ; et en se récusant il échappa au massacre qui eut lieu comme on sait, et aux atteintes presque certaines de la fièvre jaune. D'autre part, M. de Hercé voulait rejoindre l'expédition de Quiberon, plein de l'espoir qui trompait alors bien du monde, et prévoyant qu'un pareil coup-de-main devait infailliblement lui rendre son cher diocèse. M. de Cheverus, qu'il avait fait son grand-vicaire, lui demanda de l'accompagner. « Non, répondit le prélat, je suis vieux et puis risquer le peu de jours qui me restent, mais vous pouvez rendre à l'Église de longs et utiles services, je me croirais coupable de vous exposer. » Et, comme M. de Cheverus insistait et disait : « Vous êtes mon père, un fils doit suivre son père jusqu'à la mort ; je dois et je veux vous accompagner. » — « Si vous venez, reprit M. de Hercé, vous cessez par le fait d'être mon grand-vicaire. » M. de Cheverus obéit. Hélas! il ne devait plus revoir son vénérable père que dans le ciel et parmi les martyrs!

Il reçut, en cette année de 1795, une lettre de M. l'abbé Matignon, docteur et ancien professeur de Sorbonne, qui se trouvait à Boston, chargé par M. Carroll, évêque de Baltimore, de toute la Nouvelle-Angleterre et des tribus sauvages de Penobscot et de Passamaquody. Le pieux ecclésiastique conjurait M. de Cheverus de devenir son coopérateur, et pour l'y décider, il lui traçait un fidèle tableau des difficultés immenses qui s'offriraient à lui, des travaux et des souffrances qui l'attendaient; c'était adroitement raisonner.

M. de Cheverus fut séduit en effet du premier coup; il prit conseil de M. de Gonsans, qui loua son zèle, mais lui témoigna la crainte de le perdre pour toujours, sans lui dire positivement quel était en définitive son avis. Il comprit la délicatesse d'un procédé pareil et crut pouvoir prendre un parti, fit passer par acte dûment formulé tous ses biens présents et à venir sur la tête de son frère et de ses sœurs, et, bien assuré d'être désormais pauvre comme le sauveur des hommes, libre et heureux en conséquence, il s'embarqua pour Boston, où il arriva le 3 octobre 1796. M. de Matignon le reçut avec des transports de joie ; et il fut immédiatement pourvu par M. Carroll des pouvoirs nécessaires.

Presque aussitôt la mission commença, mission laborieuse s'il en fut jamais, mission immense qui embrassait, pour la Nouvelle-Angleterre, plus de cent lieues sur un territoire où les catholiques étaient dispersés à de vastes distances, sans églises, et d'ailleurs dans la presque impossibilité de se réunir ; pour les peuplades de Penobscot et de Passamaquody, des forêts impénétrables avec une étendue plus considérable encore. Ajoutons à ces obstacles matériels d'autres difficultés plus grandes. Cette contrée participait naturellement aux misères intellectuelles de la métropole. Les sectes y fourmillaient, toujours obstinées, toujours en guerre, mais s'accordant sur un point : la haine et le mépris contre l'Église romaine. Aux yeux de ceux-là, le pape n'était rien de moins que tous les monstres de l'apocalypse en un seul homme, et les papistes passaient nécessairement pour quelque chose d'analogue.

MM. de Cheverus et Matignon ne furent pas découragés ; ils travaillèrent d'abord à détruire quelques-uns de ces préjugés, et, pour y parvenir, usèrent de douceur et de circonspection ; manière infaillible de procéder en matière religieuse, manière trop peu connue sans doute, même chez les sauvages de France! Lisez dans l'ouvrage de M. Hamon, deux ou trois pages sur ce sujet et sur la touchante intimité qui ne cessa de régner entre les deux apôtres. Si l'auteur n'avait pas une aussi belle âme que les personnages dont il parle, je doute qu'il en eût pu dire de si merveilleuses choses, avec une si ravissante onction. L'académie a couronné dans sa personne, l'un des hommes les plus vertueux, et l'un des plus délicieux écrivains que nous possédions. Il est du reste Sulpicien.

Il était impossible qu'une révolution ne se fît pas dans les esprits. MM. de Cheverus et Matignon furent bientôt aimés et estimés à ce point qu'un ministre protestant regretta de voir dans une autre religion que la sienne des prêtres si savants et si purs, et partant, se mit en tête de provoquer de leur part une conférence pour les convertir. La conférence eut lieu, et le brave homme s'avoua vaincu moins encore par les insurmontables raisonnements de ses interlocuteurs que par l'admiration dont il les avait saisis sous tous les rapports. Les journaux des diverses sectes se prononçaient plus explicitement encore. C'en était assez pour décider M. de Cheverus à commencer des prédications publiques qui réussirent incontinent aussi bien que ses catéchismes. La foule se portait à sa rencontre, sans distinction de croyances. « Il semble, disait un journal protestant, qu'un séraphin ait touché ses lèvres avec un charbon de l'autel du Très-Haut. » M. Matignon s'épanouissait, pour ainsi parler, de joie et de bonheur en voyant les triomphes de son pieux confrère. On me croira difficilement dans le clergé français, tant la chose est commune !

Ainsi tombèrent toutes les préventions anciennes contre les catholiques, je le répète; ainsi l'on vit se rétablir la paix et l'union la plus parfaite entre eux et les protestants; les conversions allaient se multipliant tous les jours. M. de Cheverus était devenu comme le confident universel des peines et des espérances de chacun dans les intérêts spirituels ou temporels; je parle des protestants comme des autres. Sur le dernier point, des veuves, des orphelins, etc., etc., lui confiaient leur argent qu'il plaçait sur l'état, sauf à toucher lui-même la rente et à la remettre à chaque échéance entre leurs mains. Plusieurs, craignant qu'après leur mort leur succession n'occasionnât parmi les héritiers des dissensions pénibles, l'établissaient leur légataire universel; à d'autres personnes il indiquait la manière de bien diriger leur fortune; à d'autres encore de parvenir à une position aisée; et les mères disaient à leurs enfants : « Voilà le guide que je vous donne pour toutes les circonstances de votre vie. » C'était une espèce de royauté sacerdotale et paternelle, comme l'ont rêvée quelques hommes de génie et de cœur qu'on a bravement nommés des espris-creux. Il est d'usage en ce monde, quand s'élève une question d'établissement salutaire pour les masses, mais qui gêne certains appetits individuels quelque peu puissants, de prétexter l'impossibilité. *Quid est veritas?* disait Ponce-Pilate.

Ces occupations nombreuses ne l'empêchaient pas de vaquer à des études accessoires infiniment utiles dans les circonstances où il se trouvait. La supériorité de l'esprit peut aider souverainement l'action des qualités inhérentes au cœur. De plus, les préjugés dont il a été si souvent question, portaient aussi sur l'intelligence des prêtres catholiques qu'on supposait, non sans raison, généralement peu cultivée, affligée même d'une ignorance déplorable. Il lut tous les auteurs, prosateurs et poètes, revint sur ses premières études de littérature française, grecque et latine ; « il semblait, dit le journal cité plus haut, passer des affaires de l'autel aux bosquets de l'Académie, et, après avoir bu aux fontaines des muses, et cueilli des fleurs au Parnasse, il retournait à ses fonctions avec une nouvelle ardeur. » Sa réputation s'étendit, les savants de Boston l'appelèrent au sein de leurs sociétés, où il déploya beaucoup d'activité ; et lui-même fonda, conjointement avec M. Thaw, l'Athénée, qu'il enrichit d'un grand nombre de bons livres.

M. Carroll ne pouvait négliger un homme pareil. Il lui offrit la cure de Sainte-Marie de Philadelphie qu'il n'accepta pas, de peur de quitter son digne ami, M. Matignon.

Après ce refus, subordonné du reste à l'agrément de M. Carroll, qui en apprécia les motifs, M. de Cheverus reprit ses travaux plus ardemment encore, s'il est possible de le dire. Pour ne rien omettre, dans les limites de cette feuille, je me contente d'une rapide nomenclature.

Il fait élever à New-Castle, capitale de l'état du Maine, une belle église, consacrée à saint Patrice, patron des Irlandais, et y place M. Romagné, prêtre des environs, son compatriote. Il prend pour professeur une vieille sauvagesse de Penobscot qui lui décline autant que possible les noms de sa langue natale, et lui en conjugue les verbes en un mauvais patois anglais. A force d'écrire sous la dictée de cette femme, et grâce à son excellente mémoire, il en vient au point de converser sans trop de peine avec elle, et la convertit, tout en observant qu'il existe entre la langue qu'elle parle et la langue hébraïque de très frappantes analogies. Puis il s'avance dans des routes inextricables, à travers les bourbiers et les broussailles, vivant d'un morceau de pain qu'il ménage, couchant à terre sur des feuilles, quand il en trouve, et au bel air, mais toujours auprès d'un feu magnifique, sauvegarde nécessaire contre les serpents et autres animaux dangereux. — Un jour qu'il avait fait plus de chemin qu'à l'ordinaire son oreille fut frappée d'un bruit sourd, cadencé, mais encore lointain ; il écoute un instant, il s'avance ; quelle est sa surprise et son bonheur, lorsqu'il distingue la messe royale de Dumont, sublime tradition religieusement conservée, bien que depuis cinquante ans, ce peuple sauvage n'eût pas aperçu un prêtre ! Oh ! si M. Olivier s'était trouvé là, lui et M. le curé de Saint-Eustache, et même, puisque cela est, M. de Rolleau, comme ils auraient rendu justice au plain-chant qu'ils négligent ! et comme ils chasseraient de leurs églises ces impurs ramages d'opéra qu'ils ont la faiblesse, sinon le mauvais goût, de payer fort cher et de choyer !

M. de Cheverus joignit bientôt la pieuse assemblée, à Indian old Town, dans une île formée par la rivière de Penobscot. Il y fut reçu avec des acclamations et des transports de joie ; ces bons sauvages le firent asseoir sur la peau d'ours, c'est-à-dire sur le siège du prince des tribus; il partagea leur repas où il but du bouillon bien infect, puis mangea d'une viande verte et rudement succulente dans un morceau d'écorce d'arbre, non sans d'horribles tentations de nausées, mais avec un visage impassible et joyeux. M. de Châteaubriand n'a pas vu de si belles choses.

Figurez-vous une confession et mille confessions de sauvages, cette hideuse malpropreté, et l'odeur infecte qui en résulte, et ces dégoûtants insectes qui les dévorent et envahissent tout ce qui les approche : seul casuel, disait M. de Cheverus, qu'il retirât de son ministère! Voilà de quoi consoler les prêtres vulgairement dits *administrateurs,* que j'ai entendu nommer aussi les *hommes de peine* des paroisses de Paris.

M. de Cheverus nous a dit quels étaient ses émoluments; il n'osait trop parler de son pain de chaque jour, car c'était chose commune pour lui que d'en manquer. « Les Jésuites l'ont bien fait ! » disait-il encore. Il avait raison. Les Jésuites furent des héros aussi bien que des saints, et je demande ici quel était leur secret pour implanter la religion dans des cœurs de sauvages, jusqu'à ce point qu'elle s'y conservât presque pure et intacte durant cinquante ans, après la disparution des prêtres dans leurs forêts. Il y a dans les *Lettres édifiantes* plus d'un passage que je voudrais rappeler à ce propos, et qui vous peindrait fidèlement l'affection de ces sauvages pour leur saint missionnaire ; ils l'accompagnaient et le dirigeaient dans toutes ses excursions, traversaient avec lui les fleuves les plus profonds et même de larges bras de mer sur une nacelle d'écorce de bouleau, sûrs de ne pas périr avec celui qu'ils appelaient leur père, capables de tenter sur son ordre les plus terribles hasards.

Aussi sa douleur fut-elle grande lorsqu'il fallut après trois mois se séparer d'eux. Il leur promit de les visiter une fois au moins chaque année, et il revint à Boston, où sévissait la fièvre jaune. Le lecteur me dispense de lui prouver qu'en cette circonstance M. de Cheverus fit preuve encore d'un dévouement admirable, et qu'il était le seul qui ne s'en doutât aucunement. La vénération pour sa personne était telle que John Adams, président des États-Unis, y étant venu, les deux premières places furent pour M. de Cheverus et pour lui, dans le repas que donnèrent en son honneur les autorités de la ville.

Toujours habile à user de son crédit pour le bien de l'Église, il eut l'idée d'ouvrir une souscription pour bâtir, là aussi, une église catholique. Jusque là, on n'avait célébré les offices que dans des maisons particulières, fort étroites et fort mal commodes ; les protestants, qui aimaient tant à l'entendre, secondèrent ses vues, non moins que les fidèles dont la foule s'accroissait tous les jours; et John Adams s'inscrivit en tête de la liste ; et l'édifice s'éleva : il peut passer pour l'un des plus remarquables de l'Amérique.

C'était à la date du concordat de Bonaparte avec le pape Pie VII ; la famille de M. de Cheverus lui écrivit pour hâter son retour. Mais, après des réflexions mûres et de longs déchirements de cœur, il se résigna courageusement au sacrifice de ses affections et prit le parti de rester où il était. M. Carroll, qui savait tout, lui avait écrit d'ailleurs pour assurer cette détermination ; et je voudrais dire en quels termes affectueux il remercia M. de Cheverus lorsque, sur l'invitation de ce dernier, le 29 septembre 1803, il vint bénir l'église nouvelle, qu'on appela Sainte-Croix.

Aucun genre de ministère ecclésiastique ne devait lui rester étranger. Il eut aussi l'occasion de se montrer sublime, comme MM. les abbés Monteil de Paris, et Perrin de Lyon, le sont aujourd'hui. Deux jeunes gens, condamnés à mort, le firent demander, se confessèrent, et leurs derniers moments furent ceux des saints. Il donna en cette occasion plus d'une preuve de fermeté, remarquons-le bien. Ici, des ministres presbytériens voulaient, selon je ne sais quel usage, faire un discours sur l'échafaud; il s'y opposa énergiquement. Là, voyant que les femmes s'étaient portées en foule au lieu du supplice, comme elles font en France, il les qualifia si bien qu'elles disparurent une à une jusqu'à la dernière. La femme, cet animal si beau et si séduisant quelquefois par les formes extérieures, est née féroce; et c'est un prodige de l'éducation sociale de l'avoir apprivoisée jusqu'à ce point qu'elle imite les mœurs de l'homme : quand je dis l'éducation sociale, j'entends parler de l'éducation chrétienne.

Fâcheuse transition du reste pour arriver à l'histoire de madame Seton, et à l'établissement d'une maison de Sœurs de la charité, ces prodiges vivants de la terre! Madame Seton était une protestante de naissance illustre qui, désirant s'instruire plus à fond de la religion véritable, et ayant ouï parler de M. de Cheverus, conçut la pensée de lui demander quelques entretiens. Mais elle ne pouvait aller à Boston; c'est pourquoi elle le pria de venir à elle. Il l'eût fait, à coup-sûr, s'il n'avait craint de blesser la délicatesse au vis-à-vis des prêtres de Philadelphie; mais il lui proposa de traiter les questions par lettres, ce qui fut accepté. Cette excellente dame lui fit part de ses doutes et lui mit sous les yeux ses difficultés avec toute la franchise possible; il répondit de même, et en peu de temps, il put ajouter une conversion à tant d'autres qu'il avait faites. Madame Seton ne se contenta pas de croire; elle songea sérieusement à embrasser un état de vie plus parfait que la vie commune des bons chrétiens; elle demanda sur ce sujet l'avis de M. de Cheverus, qui lui conseilla de se faire sœur de charité. Cet Ordre n'existait pas en Amérique; il s'agissait donc de l'établir; elle prit l'habit à Emmirstburg, dans le Maryland, et en fut la première fondatrice.—Il y a un livre à faire sur ces sublimes sœurs de la Charité; le *Solitaire* s'en occupe actuellement; oh! puisse-t-il aussi bien parler d'elles qu'il sait les admirer!

J'éviterai donc ici tous les détails qui se présentent sur les écoles de pauvres enfants, les aumônes faites abondamment et comme par miracle, les hôpitaux, ou plutôt pour employer l'une des plus magnifiques expressions de la parole humaine, les *Hôtel-Dieu* que firent naître en quelque sorte sous leurs pas la nouvelle catholique et ses pieuses sœurs, et les prodiges de dévoûment qu'elles opérèrent, etc.;

nous arrivons à une grande époque de la vie de M. de Cheverus.

M. Carroll, jugeant qu'il serait bon de créer à Boston un siège épiscopal, l'avait offert à M. Matignon, curé de la ville. Le saint prêtre, sans considérer ses titres de science, d'âge et de position, refusa formellement et proposa M. de Cheverus, son vicaire. M. Carroll écrivit à Rome en ce sens. Le 8 avril 1808 parut un bref de Pie VII, qui érigeait Baltimore en métropole avec quatre évêchés suffragants, Boston, Philadelphie, New-Yorck et Bardstown, dans le Kentucki. M. de Cheverus fut nommé le même jour au premier siège, et cette nouvelle lui causa une surprise douloureuse ; on sent bien pourquoi.

Les bulles arrivèrent, et le jour de la Toussaint 1810, il fut sacré, dans la cathédrale de Baltimore, par M. Carroll, assisté de MM. Neal, son coadjuteur, et Egan, évêque de Philadelphie.

Il arrive trop souvent qu'en devenant évêque on se croit obligé au luxe par forme de représentation. Cette ridicule allégation de nécessité ne trompe plus personne aujourd'hui, et c'est fort heureux. Qu'on me dise si M. de Cheverus, dans l'état de simplicité presque indigente où nous allons le voir, n'était pas assez imposant pour son peuple. On rougit en vérité de traiter cette question qui n'en devrait pas être une; et que sera-ce donc si, pour l'avoir soulevée aussi modérément que possible, on m'accusait d'impiété!

M. de Cheverus n'avait qu'une toute petite chambre, deux fois grande comme la cellule d'un séminariste, et qu'il osait bien appeler son palais épiscopal. Son lit se composait d'un matelas posé sur quelques planches; ses fauteuils étaient des chaises communes; sa table, plus ou moins nourrie des aumônes des fidèles, offrait assez régulièrement l'aspect des repas champêtres dont parle Virgile aux livres des Georgiques. « Je suis *pasteur,* » disait-il à ses conviés, qu'il réjouissait par sa douce sérénité et son amabilité charmante. Il fendait lui-même son bois à brûler, portait un vêtement convenable à sa dignité, pour ne pas laisser croire aux protestants que les catholiques le laissaient manquer du nécessaire; ses souliers étaient solides et unis comme ceux d'un curé de campagne, et il les mettait tout seul!

Il prêchait. Étant évêque il se crut obligé plus que jamais à prêcher, qu'on l'entende bien. Il prêchait même dans les temples protestants, mais avec un à-propos et une modération qui réussissait toujours; les ministres eux-mêmes l'en avaient rié. Il y produisit des grands effets de conversion, parmi ces derniers surtout. Il gardait les malades au besoin, tellement qu'un brave marin qui lui avait recommandé en s'embarquant sa pauvre femme malade, le trouva, lors de son retour, qui montait du bois dans la chambre de cette malheureuse pour lui faire du feu et préparer des remèdes. Que devenait donc la *représentation?* — Il accueillait avec empressement et secourait les Français que les désastres de nos colonies avaient jetés dans son diocèse; il les visitait souvent. Il formait des écoles pour le sanctuaire; il fondait des maisons d'éducation, des couvents d'Ursulines, etc.; il recueillait des trapistes exilés. Il courait après la brebis égarée, et presque toujours la ramenait à force de douceur. Il remplaçait de temps en temps à New-York le dernier évêque qui venait de mourir; il entretenait avec les évêques d'Irlande une active correspondance sur les maux de l'Église, les souffrances de Pie VII et les brutalités de Bonaparte; il chantait le *Te Deum* pour la chute de ce despote et saluait dans un magnifique discours, l'aurore de la liberté universelle; pieuse erreur d'une belle âme!

Mais une perte douloureuse le menaçait: M. Carroll mourut alors, laissant pour son successeur M. Neal. Ce vieillard vénérable, mais infirme et presque mourant lui-même, demanda au Saint-Siège de lui donner l'évêque de Boston pour coadjuteur ; M. de Cheverus fit accepter à M. Neal son refus et lui proposa M. Maréchal, prêtre d'Orléans, qui fut agréé par le Saint-Siège. Il avait aussi proposé plusieurs pères jésuites qui se défendirent de cet honneur ; M. de Cheverus devait aimer les jésuites.

Le 19 septembre 1818, il eut à pleurer une mort qui lui fut plus sensible encore que celle de M. Carroll. Il vit mourir entre ses bras son saint ami, M. Matignon, et il en conçut une peine profonde qui altéra sa santé. Les médecins lui déclarèrent que le seul moyen de sauver sa vie était de passer sous un ciel plus doux. Il n'y consentit pas immédiatement. Mais étant tombé dans un état de langueur qui le rendait incapable d'agir désormais, il eut la pensée de se faire remplacer à Boston et d'aller au sein de sa famille. C'est au moment où il y réfléchissait devant Dieu, que lui arriva, le 7 février 1823, une lettre de M. de Croï, grand aumônier, qui l'appelait à l'évêché de Montauban ; il refusa encore une fois, et les habitants de Boston joignirent à sa lettre de refus des réclamations pressantes pour le garder au milieu d'eux. Le roi insista ; il fallut obéir. M. de Cheverus donna au diocèse tout ce qu'il possédait ; sa belle église, la maison épiscopale, le couvent des Ursulines, sa chère bibliothèque, etc. ; et il revint avec sa malle seulement, la même qu'il avait apportée vingt-sept ans auparavant.

« O mon Dieu, lui écrivait M. Maréchal, alors archevêque de Baltimore, que va devenir l'Église d'Amérique ! Quoique placé à une grande distance de moi, vous étiez, après Dieu, mon plus ferme appui ; me sera-t-il possible de gouverner la province après votre départ ? » (1)

« Plus de trois cents voitures, dit le biographe déjà cité, se réunirent pour lui faire cortège, et l'accompagnèrent plusieurs lieues sur la route de New-York, où il devait s'embarquer. »

Il s'embarqua le 1er octobre, avec M. Morainville, prêtre français, et il fut pendant sa seconde traversée ce qu'il avait été durant la première. Hâtons-nous d'arriver. Les évènements vont se multiplier, sans parler même d'un naufrage qu'il essuya sur les côtes de France, et où *le bon Dieu*, selon son expression, *le sauva d'une manière miraculeuse*.

Son passage à travers les départements du nord de la France fut vraiment triomphal. Le roi l'accueillit comme un ami. Tout le monde, à Paris,

---

(1) Je publierai bientôt la notice de M. Maréchal

voulait le voir et l'entendre. Il y resta quelque temps ; et c'est alors que mourut sa sœur, madame George. Il se rendit ensuite à Mayenne, toujours entouré de l'admiration universelle, pleura sur la tombe de M. Sougé, son ami d'enfance, reprit les travaux du saint ministère avec une ferveur toute nouvelle, et convertit un médecin célèbre !

Sur ces entrefaites, le Pontife suprême fit droit aux réclamations des évêques d'Amérique, et engagea M. de Cheverus à retourner dans son diocèse de Boston. Mais il exposa simplement ses raisons de santé, demandant, non pas l'évêché de Montauban, mais que sa démission de l'ancien fût acceptée ; la cour de France appuya sa lettre. Les bulles furent expédiées pour Montauban, et enregistrées après quelques difficultés, car je ne sais qui prétendait qu'étant naturalisé Américain depuis trente ans, il avait perdu sa qualité de Français. Ce fut l'affaire d'un instant.—Il se rendit aussitôt dans sa ville épiscopale, choisit pour grand-vicaire M. de Trélissac, qui fut depuis son successeur, mit à la tête de son séminaire des prêtres lazaristes, organisa son chapitre, annonca qu'il prêcherait tous les dimanches ; que dirai-je ? il établit ou rétablit partout la paix et l'union, reçut dans ses visites pastorales des témoignages d'amour et de vénération, etc.

Il faut bien abréger, et j'en suis désolé. M. de Clermont-Tonnerre, désirant devenir son ami, le vient voir et lui fait promettre de prêcher à Toulouse, pour l'érection d'un Calvaire. Dans l'hiver de 1826, le Tarn, s'étant débordé, avait submergé les deux principaux faubourgs de Montauban ; il court, fait préparer des barques, presse et encourage ceux qui les conduisent, sauve tous les malheureux, et transforme son palais en un hôpital pour ceux qui sont malades ou n'ont point de pain, c'est-à-dire pour plus de trois cents pauvres. Une femme n'osait entrer, parce qu'elle était protestante. « Venez, lui dit le bon évêque, nous sommes tous frères. » Charles X le félicite et lui envoie 5,000 francs qu'il distribue aux indigents avec les aumônes recueillies par souscriptions dans son diocèse. Il ramène au devoir plusieurs prêtres constitutionnels à l'épreuve de mille autres tentatives ; il donne une retraite aux soldats de la garnison de Montauban, et leur fait faire le jubilé. Il est partout à la fois ; et M. de Trélissac peut vous dire en quel état son saint prédécesseur lui laissa le diocèse, en devenant archevêque de Bordeaux.

Nous avons vu la désolation de ces bons sauvages de Penobscot et de Passamaquody, et les douloureuses protestations des habitants de Boston, lors de son retour en France ; les mêmes scènes se répétèrent le 30 juillet 1826, époque de l'ordonnance qui l'appelait au siège de M. d'Aviau du Bois de Sanzai. Il réclama lui-même comme autrefois, mais tout fut inutile.

Il partit la nuit pour Paris, où Charles X le nomma pair de France.

Proclamé à Rome, le 2 octobre, il eut ses bulles six semaines après, il se rendit à Mayenne et y passa quelques jours, puis au Mans, où il reçut le *Pallium*. Il arriva le 13 décembre à Bordeaux.

Hélas ! nous tombons encore dans les scandales, puisqu'il faut, suivant la parole même du Sauveur des hommes, qu'il y en ait toujours. Certes, la postérité croira difficilement, et c'est avec une amère douleur que les contemporains apprendront toutes les infâmes vexations dont M. de Cheverus a été la victime ; chose si réelle pourtant qu'elle fut vraisemblablement la cause de sa mort. Le Clergé a ses défauts et même ses vices, pourquoi le cacher ? dont il se corrigerait aisément, moyennant ses vertus plus grandes encore ; mais ce qui est malheureusement incorrigible chez lui, c'est qu'il ne veut pas qu'on lui dise la vérité.

J'ai bien senti, en commençant, quelle témérité c'était à moi de vouloir écrire en trente-six pages une vie comme celle de M. de Cheverus. Au point où nous en sommes, j'ai atteint les limites de mon cahier. Que faire? une chose dont je suis bien avare d'ordinaire, mais évidemment indispensable en pareil cas : couper ma notice en deux parts, et après avoir accompagné cette fois l'admirable pontife depuis sa naissance jusqu'à sa sortie de Montauban, consacrer une seconde partie au récit de ses actes, depuis sa prise de possession de Bordeaux jusqu'à sa mort. C'est là, je pense, un fort heureux inconvénient (1).

(1) La deuxième division paraitra dans le cours du troisième volume, après celle de M. Duguerry, qui m'est impatiemment réclamée, et celle de M. de Salinis, qu'on dit nommé à l'évêché d'Angers. — Au fait, pourquoi ne pas vous informer de certains autres bruits. Le siège de M. de Villèle à Bourges serait occupé par M. Morlot, bien disposé à user de ses bonnes idées premières. A M. Morlot succéderait M. Fayet, curé de Saint-Roch, pour le plus grand bien du diocèse d'Orléans; et en attendant un évêché, M. Cœur serait nommé curé de Saint-Roch. Voilà des prévisions du public! — Ce qu'il y a de certain, c'est que M. Giraud quitte Rodez pour gouverner l'église désormais métropolitaine de Cambrai, et qu'on lui assigne universellement pour successeur M. l'abbé Gerbet ; nouveau choix qui répondrait, comme les autres, à bien des vœux.

1er Décembre 1841.

Paris. — Imp. de A. APPERT, pass. du Caire, 54.

Biographie du Clergé Contemporain

M. DE CHEVERUS.

A. Appert Edit. Passage du Caire.

M. DE CHEV[...]

(Suite [...])

> [...]sembl[...] [...]
> sione d'Vostra [...]
> di si degno sogget[...]
> [...]nquera di decor[...]
> [...]raccu la spada [...]
> Francia, [...] sa [...]
> accolto la domanda, a ci [...]
> mandarla a effetto nel p[...]
> tario.
> *S. S. Gregoire* XVI [...]
> Concordia [...]
> lestitex [...]

Nous avons laissé M. de Cheverus à Paris, [...]
[...] évêque. Là, il reçut une lettre des [...]
vicaires de Bordeaux, qui lui propo[...]
mer auprès du gouvernement [...]
[...] (1). Il rep[...]

---

(1) [...] puisque [...]Ma[...], archevêque de
Bordeaux, [...] plus qu'à loger [...], lorsqu'ils
[...].

A. Appert Edit. Passage du Caire, 54.

M. DE CHEVERUS.

(Suite et fin).

—

> Essendo eguale alla nostra la persuasione di Vostra Maestà, che la promozione di si degno soggetto al cardinalato risulterà di decoro al sacro collegio ed accrescerà lo splendore del clero di Francia, ben volontieri ne abbiamo accolto la domanda, e ci proponiamo di mandarla ad effetto nel primo concistorio.
>
> *S.S. Grégoire XVI à Louis-Philippe.*
>
> Consolatus est eos, et blandè ac leniter locutus est. *Gen.* I. 21.

Nous avons laissé M. de Cheverus à Paris, si je ne me trompe. Là, il reçut une lettre des grands-vicaires de Bordeaux, qui lui proposaient de réclamer auprès du gouvernement l'ancien palais de leurs archevêques (1). Il rejeta cette proposition.

(1) Bâti par le prince de Rohan-Mériadec, archevêque de Bordeaux. Il ne servait plus qu'à loger les princes, lorsqu'ils passaient dans cette ville.

« L'humble asile de mon prédécesseur sera trop bon pour moi, répondit-il. » C'était dire : je veux continuer M. d'Aviau. Sainte ambition! sublime promesse qu'il a remplie comme font les saints !

Le 13 décembre, jour de son arrivée à Bordeaux, il fut reçu à l'entrée de la ville par le clergé, et conduit processionnellement à l'église métropolitaine, au milieu d'une foule avide de le contempler. On criait ce jour-là : vive monseigneur! comme on ne crie jamais : vive le roi ! Les cœurs tout seuls étaient de la fête. M. Barrès, dont il a été parlé dans la notice de M. Donnet, le complimenta. Il répondit en commentant, avec sa vivacité d'esprit et son onction ordinaires, ces paroles du quatrième concile de Carthage : « *Episcopus in ecclesiâ sublimior sedeat ; intrà domum verò collegam se presbyterorum esse cognoscat.* » Il ne l'oublia jamais, et je n'oserais dire la même chose de tous les évêques et archevêques du monde. Telle avait été du moins l'histoire de M. d'Aviau.

M. d'Aviau était, aux yeux de M. de Cheverus, le modèle le plus accompli du pontife; nous l'avons vu. Qui ne connaît la modestie, la douceur, l'esprit de pauvreté, l'héroïque dévouement, la piété franche, solide, charitable et profonde, les manières gracieuses, l'aimable austérité, toutes les vertus et toutes les qualités de cet homme admirable? un mot flatteur d'un enfant l'eût fait rougir de pudeur et d'embarras. S'il eut quelques rares ennemis, hélas! il faut que le bien soit haï sur cette terre, et J.-C. l'a été lui-même! c'est parmi les gens qui ne l'avaient jamais vu ni entendu; un de ses regards les eût subjugués. Combien les pauvres l'aimaient! car il s'était fait l'un d'eux; il jeûnait pour les nourrir, couchait sur la dure pour leur donner des lits, se couvrait presque de haillons pour les vêtir. Le voyez-vous? Vous souvient-il de cette soutane jaunie de vétusté, rapiécée à grand'peine, et dont la population se partageait les lambeaux comme autant de reliques précieuses, le jour de sa mort? Ses gros souliers bien solides et négligemment noués avec des courroies, avaient aussi leur beauté, bien autrement réelle que les pantoufles pailletées et dorées qui sont d'usage. Mais je n'ai point à faire ici un panégyrique; je m'arrête pour laisser parler M. de Cheverus qui s'en est chargé. Qu'on me permette pourtant une réflexion.

Quelque évidente et parfaite que fût sa ressemblance avec son prédécesseur, M. de Cheverus, convaincu de son infériorité, ne pouvait supporter qu'on établît entre eux deux aucune comparaison; si bien qu'un jeune orateur s'étant avisé d'en glisser une dans un discours de distribution de prix, il l'interrompit vivement : « c'est m'outrager, dit-il, car c'est faire ressortir mon insuffisance; je ne souffrirai pas qu'on me parle ainsi en public; et je saurai faire respecter ma dignité. » Depuis lors, on savait universellement, pour ne pas lui déplaire, éviter cette sorte de compliment, et les autres.

C'est le 11 juillet 1837, qu'il prononça l'oraison funèbre de M. d'Aviau. On rapporte même qu'il l'improvisa. En toute hypothèse, elle fut éminemment remarquable. Pour son premier point, il montrait ce qu'avait été M. d'Aviau envers Dieu, pour le second, ce qu'il avait été envers le prochain; division tirée de son texte même : « *Dilectus Deo et hominibus, cujus memoria in benedictione est; similem illum fecit in resurrectione sanctorum.* J'aurai occasion de montrer plus tard que M. de Cheverus était un excellent orateur.

Tout en imitant M. d'Aviau et en maintenant, autant que possible, ce qui avait été fait sous son administration paternelle, il était loin de se vouer à l'inaction ou de suivre, les yeux fermés, la voie qui s'ouvrait à lui. Il réfléchit d'abord et observa beaucoup; puis, pour bien étudier à fond les choses et l'état des esprits, il visita son diocèse : Bordeaux avec toutes ses églises et ses établissements religieux, Blaye, Libourne, Bazas, Lesparre, La Réole, toutes les paroisses des campagnes. Il n'avait garde de descendre ailleurs que chez les curés ou desservants. Il prêchait et répétait sa grande maxime : « *Mes enfants, aimez-vous les uns les autres.* » Et ce n'était point là de vaines paroles ; ce qu'il enseignait, il le pratiquait le premier ; chose peu commune. Voici un trait entre mille :

Ayant appris qu'un curé vivait en désaccord avec ses paroissiens, il se transporta sur les lieux. Ce curé, connu d'ailleurs pour sa conduite irréprochable et son zèle ardent, n'était pas souvent maître de son caractère ; ce qui avait causé la division. Est-ce à dire qu'il avait tort ? Je ne le pense pas. Quand le devoir a parlé, les transactions sont des crimes ; on l'oublie trop communément : *Est, est, non, non,* disait l'éternel modèle des prêtres ; et il n'ajoutait rien pour les délicatesses sociales. Le curé dont il est question connaissait l'évangile ; il était de la famille des Gousset et des Pelier ; il s'était dit : « La discipline ecclésiastique a souffert quelque peu des équipées gallicanes ; Dieu sait si avec les suppressions et additions que nos assemblées, plus ou moins schismatiques, se sont ingéniées à lui faire, elle est devenue méconnaissable et ridicule. L'usage, en pareil cas, ne peut former prescription.

Rome ne s'est pas rétractée. »Conséquemment à ces principes, lorsque l'occasion se présentait de ménager des susceptibilités quelconques au détriment de la règle, rien n'était capable de le fléchir. C'est ainsi qu'il refusa d'admettre comme marraine une personne qui n'avait pas fait ses pâques. Les parents s'obstinaient et déclaraient que, si la marraine n'était pas admise, leur enfant ne serait pas baptisé. Le curé jugeait, suivant sa conscience et la raison, ces impudentes conditions posées à Dieu par le caprice de quelques *butors;* il maintenait très naturellement ses droits, lorsque M. de Cheverus vint le prier de céder, et sur un nouveau refus de sa part, fit baptiser l'enfant par un prêtre de sa suite. Blessé au vif, et on le conçoit de reste, l'inférieur s'emporta plus fort que jamais; il adressa même au prélat des observations qui sentaient un peu le blâme et le reproche. On s'attend à voir M. de Cheverus paisible, calme et doux selon sa coutume; et en effet, il fut digne de lui-même sous ce rapport. Il ne s'en tint pas là : il monta en chaire; il parla de la paix et de l'union chrétiennes, dans des termes ravissants et sublimes; il fit un pompeux éloge du curé; mais, à mon avis, les concessions furent trop larges. « Vous n'avez qu'une plainte à porter contre votre vénérable pasteur. Il a, dites-vous, un caractère violent et emporté? Hé, mes frères, qui n'a pas de défauts? Si j'étais vingt-quatre heures au milieu de vous, peut-être en découvririez-vous tant en moi que vous ne pourriez me souffrir. Vous n'en trouvez qu'un dans votre curé, grâce donc pour ce défaut, en considération de toutes ses vertus. Aucune société ne peut subsister que par le support mutuel des défauts. » Ce qui manque à ces expressions, ce n'est certes pas la modestie; mais, où je me trompe étrangement, ou mon lecteur conviendra qu'à tout bien prendre, ces restrictions condamnaient plus capitalement le curé que n'eussent fait les plus directes improbations. Quoi qu'il en soit, lorsque M. de Cheverus fut rentré à la sacristie, il l'embrassa comme un frère. « Mon cher curé, lui dit-il, je vous aime; je suis tout à vous. Par où voulez-vous que nous commencions la cérémonie? » Moyen d'éviter les explications irritantes. Après la cérémonie, il visita les paroissiens les plus entêtés, et fit si bien qu'en se retirant, il laissa tous les cœurs unis, tous les esprits pacifiés et consolés.

N'oublions pas que cet épisode, un peu long sans doute, mais utile et intéressant, se rattache à ses visites pastorales. Il y fut témoin des accidents ordinaires; notez toutefois entre lui et plusieurs autres la différence que les trouvant *il ne passa pas outre*. Là, de pauvres prêtres, victimes de leur dévouement et de leur charité, malades et sans moyens de subvenir à leurs nécessités les plus rigoureuses. Ici, des églises en ruines, moins élégantes que des *toits à vaches*, des sacristies et presbytères en même état. Ici encore, l'absence d'offices publics et de pasteurs, etc. C'est pour remédier, de son mieux, à ces misères, qu'il établit une caisse de retraite pour les vétérans du sanctuaire ou ceux que leurs infirmités réduiraient à l'inaction; et cette idée, il faut le proclamer à la gloire du clergé bordelais, fut accueillie avec empressement. Il ouvrit une soucription, à la tête de laquelle il s'inscrivit pour une somme annuelle de mille francs, rente constituée à perpétuité sur l'état, au capital de vingt mille, indépendamment des trois mille qui furent versés en son nom, d'après une clause testamentaire ainsi formulée : « S'il me reste quelque chose à ma mort, je le donne à la caisse de retraite ecclésiastique. » M. de Cheverus est le véritable fondateur de cette œuvre en France.

A côté des misères qu'on vient de voir, il en avait remarqué d'autres d'un genre différent, mais non moins déplorables. Il régnait dans les diverses parties du diocèse une grande dissidence de pratiques et d'usages, par la raison que plusieurs curés ne pouvaient se procurer ni les Statuts ni le Rituel du diocèse (1), ou que les prescriptions contenues dans ces ouvrages n'étaient plus en harmonie avec les mœurs et les circonstances actuelles. Il donna donc un nouveau Rituel, véritable monument de sagesse et de prudence, tant il sut discerner habilement et choisir parmi les éléments de l'ancien ceux qui pouvaient entrer dans le nouveau, tant les règlements qu'il institua de lui-même furent appropriés aux individus et aux besoins, conformes à la discipline générale de l'église, d'une application facile et puissante !

Le prêtre, dépositaire de la doctrine, et qui devrait être supérieur au pontife des Hébreux comme la religion chrétienne l'est au judaïsme, se trouve trop souvent au-dessous de son caractère et de sa mission; M. de Cheverus le savait bien; il le voyait avec douleur; et c'était là pour lui un continuel objet de sollicitude. Il s'occupait donc très particulièrement de ses séminaires; il les visitait plusieurs fois l'année, quoique l'un d'eux fût placé à douze lieues de Bordeaux (2); il y venait comme

(1) Les éditions étaient épuisées.
(2) A cette époque.

un père au milieu de ses enfants. Bel exemple à suivre, et trop peu suivi !

Mais l'éducation des séminaires ne porte des fruits qu'autant qu'elle est préparée par une éducation première. Or, suivant M. de Cheverus, celle-ci est éminemment le fait des hommes admirables qu'on appelle *les frères des écoles chrétiennes* et dont l'héroïsme n'est égalé peut-être que par les sœurs consacrées au soin des malades et des pauvres. Il les visitait aussi, bénissait les petits enfants, les encourageait, les récompensait ; et enchanté de la belle tenue des classes, frappé de l'évidente influence de ces bons instituteurs sur les mœurs de la jeune génération et même de la population tout entière, il aimait à s'entretenir sur ce sujet dans l'intimité ; son admiration pour eux n'avait point de bornes. « Si Bordeaux venait à les perdre, disait-il, ce serait un malheur irréparable. »

Il faut bien mentionner rapidement ce qu'il fit pour l'*OEuvre des bons livres*, commencée par un saint prêtre, M. Barraut (1), comblée des éloges du Saint Siège, et qu'il a enrichie de six cents volumes ; son dévouement de tous les jours à la *Maison de retraite et de miséricorde* où s'étaient réfugiées plus

---

(1) M. de Cheverus l'a fait chanoine titulaire de la métropole.

de trois cents pénitentes, sous la direction de madame de Lamouroux, cette Sainte digne des premiers temps de l'Église (1) ; et enfin le tendre intérêt qu'il portait aux sublimes filles de saint Vincent-de-Paul dont le nom seul égale tous les éloges.

Comme pair de France, M. de Cheverus était obligé de venir à Paris chaque année pour assister aux séances de la chambre. Cette séparation momentanée de son troupeau fut toujours douloureuse pour lui, bien qu'au milieu de ses importantes fonctions politiques, il ne perdît pas un instant de vue les affaires ecclésiastiques de Bordeaux. Tous les détails de l'administration lui passaient sous les yeux ; il rendait à ses diocésains tous les services possibles, soit en sollicitant auprès des divers ministères, soit par lui-même, ou par d'autres moyens; sa sollicitude en ce point s'étendait même sur des personnes qui lui étaient étrangères. On le priait fort souvent de prêcher et il ne refusa presque jamais. M. Hamon remarque qu'il fit un jour jusqu'à dix-sept discours pour la bénédiction de dix-sept statues des pères grecs et latins, dans la maison du séminaire Saint-Nicolas, à Conflans. Il prêcha même devant l'école polytechnique, ce qui était difficile, comme nous l'allons voir.

(1) C'est ainsi que l'appelait M. de Cheverus.

L'année précédente, un prélat remarquable par sa naissance illustre et surtout par ses talents, s'était imaginé qu'un auditoire de cette sorte pourrait bien faire accueil à la parole de Dieu ; mais à peine avait-il mis le pied dans la chaire, que le tumulte et les plus grossières insolences le forcèrent à en descendre. M. de Cheverus fut plus heureux. Ayant pris pour texte ces mots de saint Paul : *Non judicavi me scire aliquid inter vos, nisi Jesum-Christum, et hunc crucifixum*, il débuta par un exorde bien insinuant..... Les élèves daignèrent l'écouter avec une certaine attention.

Il prêcha encore au séminaire des Irlandais, qui s'étonnèrent de la facilité avec laquelle il maniait la langue anglaise ; puis pour une œuvre de charité, en présence des dames de la cour : il s'agissait, dans cette dernière occasion, de secourir les malheureuses familles de la Vendée, réduites à l'indigence par une longue suite de guerres. Là, se montrait la nature humaine tout entière. Sous quel régime fallait-il tendre ainsi la main pour arracher de la pitié publique quelques misérables deniers, et en acheter de quoi nourrir des royalistes ? Sous le régime de ceux-là même, que les magnanimes paysans avaient replacés sur un trône. Cruelle ingratitude ! il faut le dire. Bonaparte que je n'aime pas, les eût honorés comme il les admirait, s'ils avaient voulu accepter ses dons. La restauration n'a pas fait pour eux ce qu'aurait fait un ennemi!

M. de Cheverus dut prendre les choses comme elles étaient. Il implora la générosité des Grands d'alors. « *Posside filios mortificatorum*, disait-il. » Au même instant, Madame la Dauphine et Madame, duchesse de Berry, étaient annoncées. Nécessité donc de glisser un compliment dans le discours; absurde, ridicule et stupide nécessité! nécessité impie! dans le temple de Dieu, il n'est ni roi ni princesses; je ne connais là que des chrétiens, tous égaux, tous plus ou moins pécheurs, tous heureux d'obtenir leur pardon, les genoux en terre et le front baissé; *unus est Deus*. Mêler aux choses sacrées les sottes grimaces de l'étiquette, c'est les profaner; je le répète, ce serait un sacrilège, si ce n'était avant tout une niaiserie. Un prédicateur qui, en tête de son sermon, place le mot: *Madame*, parce qu'une personne, qui était reine dehors, vient de se ranger parmi les assistants, cesse d'être l'homme de Dieu; il perd ce titre, le plus beau qui soit, pour celui de valet; et je ne vois pas que l'échange lui profite beaucoup.

M. de Cheverus était sans doute de cet avis, car il se tint dans les limites préalablement tracées de son allocution, sans aucune excursion courtisanesque. Cependant Charles X le complimenta peu après. « Madame la Dauphine vous a entendu l'autre jour, dit-il, et elle était ravie. » Il aimait du reste à s'entretenir avec le bon archevêque; il le questionnait sur l'état des choses dans les États-Unis; à ce sujet, il faisait des réflexions bien sérieuses, vu la difficulté des circonstances; il comparait la liberté, bien entendue jusqu'à un certain point, dans cette partie de l'Amérique, avec les idées du *Constitutionnel* qui devaient triompher en 1830; et il se sentait ému; et il admirait la sagesse des observations qui lui étaient faites par M. de Cheverus. Il songea dès-lors à solliciter pour lui le chapeau de cardinal. Hélas! une révolution devait suspendre l'effet de cette bonne pensée. « Je regrette, écrivait en 1836 un ancien ministre de Charles X, je regrette que, pour ceux qui ont et auront toujours nos affections, vous ne soyez pas cardinal depuis sept ans; je veux au moins que vous sachiez que c'était la pensée du prince qui m'a honoré de sa confiance, et je n'ai pas besoin d'ajouter que c'était aussi celle de ses ministres. »

Or, cette séduction que M. de Cheverus exerçait sur les esprits était générale. Chacun dans Paris aimait sa conversation et recherchait sa société. Les pairs, ses collègues, se disputaient le bonheur de le posséder.

Telles étaient les douceurs de sa vie ; mais elles n'étaient pas sans mélange.

Une chose qui l'affligea, c'est le choix qui fut fait de lui pour présider le collége électoral de Mayenne. Le roi comptait beaucoup sur le crédit et l'estime dont il jouissait dans ces contrées, pour obtenir un député comme il en voulait un. M. de Cheverus, qui connaissait l'esprit de la population, était sûr de ne pas réussir ; motif de sa répugnance. Il obéit toutefois ; et, ainsi qu'il l'avait prévu, le député élu fut s'asseoir sur les bancs de l'opposition.

C'était le début de beaucoup d'autres peines. Parurent les *exploits* de M. Feutrier. Les Jésuites furent sacrifiés, le nombre des petits séminaires singulièrement restreint. Ici mes autres notices ne me laissent plus rien à dire. M. de Cheverus, comme tous les honnêtes gens, fut consterné ; mais il ne joignit pas ses réclamations (1) à celles de la majorité des évêques. Il jugea que, puisque c'était dans l'idée du gouvernement un parti pris, à force de trop vouloir on pouvait tout perdre, et par conséquent

---

(1) M. Brault, ancien évêque de Bayeux, fit comme M. de Cheverus.

qu'il valait mieux céder momentanément; conduite qui fut blâmée par plusieurs, et que je ne suis pas forcé d'expliquer, mais dont les motifs du moins ne sont pas sans force. Un homme aussi saint et aussi éclairé que l'était M. de Cheverus, ne pouvait évidemment ni détester les jésuites ni souhaiter la ruine des petits séminaires; il pensait probablement comme M. Fayet, et du reste il rendait compte lui-même de sa manière de voir dans la lettre suivante, adressée à l'un de ses grands-vicaires :

« J'ai consulté, sur toute cette affaire, Dieu, ma conscience, des personnes égales en dignité, en savoir, en piété, à qui que ce soit... Dans le cours de ma vie, on m'a tant loué sans raison, que je ne dois pas me plaindre si on me blâme maintenant. Si je dois être humilié, j'en bénirai le Seigneur, et je rentrerais avec joie dans ma pauvreté obscure dont je ne suis sorti que malgré moi, Dieu le sait... J'embrasse tous mes amis; assurez-les que, quand même quelques-uns changeraient à mon égard, je les aimerai toujours. »

Notons ces dernières paroles. M. de Cheverus n'imposait à personne sa manière de voir; il n'appelait point orgueilleux et infâmes ceux qui le contredisaient; il les aimait et promettait de les aimer toujours, même malgré eux. Quelqu'un lui fit, sur le sujet dont il est question, de violents reproches, dépassant toutes les bornes de la politesse et de l'humanité. M. de Cheverus écouta sans répondre d'abord; puis, lorsque l'impertinent eut fini: « Je remercie Dieu, lui dit-il, de ce qu'il m'a fait la grâce de ne pas vous répondre sur le ton dont vous m'avez parlé. »

Les jésuites comprirent mieux M. de Cheverus, et je ne m'en étonne point. Ils proclamèrent eux-mêmes par l'organe du P. Varlet, supérieur du petit séminaire, les marques d'estime et d'affection qu'ils avaient reçues de lui et la douleur que leur causait une séparation nécessaire; témoignage singulièrement précieux qu'il payait d'un juste retour. Voulant conserver au moins quelques-uns de ces bons pères, il leur offrit une maison voisine de l'archevêché, fit à ceux qui restèrent un don de six mille francs par année; et, pour leur assurer le petit séminaire au cas où les circonstances viendraient à changer, il y transporta tous les élèves de la maison ecclésiastique de Bazas. « Ce déplacement coûte beaucoup, disait-il, et est très fâcheux pour les jeunes gens; il n'y a qu'un seul avantage, c'est de prouver que j'aime les jésuites. »

Ces tracasseries ne lui faisaient pas oublier un instant les autres besoins de son diocèse. Par son ordre, de pieux ecclésiastiques se répandirent dans les campagnes, prêchant l'évangile et peuplant le royaume de Dieu. Lui-même, il partit, durant l'hiver rigoureux de 1829, pour visiter ses paroisses les plus reculées; et rien ne pouvait l'arrêter ou l'intimider : ni la neige amoncelée sur les routes, ni un vent de glace sur les côtes de la mer et dans les landes. « Quelle merveille, s'écriait une pauvre vieille, de voir un homme comme ça dans un pays comme ça, par un temps comme ça ! » Pas la moindre plainte ; pas le moindre signe de tristesse et de souffrance ; au contraire, quand on le plaignait, il répondait, ou par une plaisanterie, ou en reportant la pensée de ses compagnons sur les pauvres mal vêtus, mal nourris et sans feu ! Oh ! non, je ne sais pas de plus grand courage que celui de supporter un grand froid ! et je confesse qu'en voyant M. de Cheverus avec une température de seize degrés causer comme un mortel joyeux et bien portant, je me trouve pitoyable de grelotter comme je fais près du petit foyer de ma cellule.

Il visitait à Bordeaux, ainsi qu'on l'a vu, les communautés et les familles, se présentait aux mourants incrédules et réfractaires, allait causer avec ses prêtres malades, et s'il en était besoin, leur faisait passer secrètement des secours avec sa délicatesse habituelle..... Ce n'était pas, remarque toujours M. Hamon, à une seule visite que se bornait sa charité. »

Dans son palais, il donnait conseil à tous ceux qui se présentaient, pour des affaires plus ou moins importantes et délicates; calmait les peines des âmes timorées, achevait des conversions commencées à l'église, levant les doutes et applanissant les obstacles; conférait souvent avec les *Dames de la Mission* (1) qu'il estimait très particulièrement, ou avec d'autres personnes vouées également aux bonnes œuvres; et prenait l'avis de ses conseillers capitulaires sur le gouvernement de son église.

M. l'abbé George, maintenant évêque de Périgueux, et neveu de M. de Cheverus, venait de recevoir le sacerdoce à Saint-Sulpice de Paris. C'était un nouveau collaborateur. L'archevêque de Bordeaux le nomma vicaire de paroisse, et fit bien. Qu'il n'ait pas cru à propos de dispenser M. George des obligations communes, la chose est certaine, mais qu'il y ait là de quoi le féliciter beaucoup, je ne le pense pas; il faisait son devoir. Il eût été coupable d'agir autrement. On dit que le clergé de la

(1) Association formée à Bordeaux en 1817, à l'époque de la mission.

métropole vint en corps demander que M. George fût nommé au moins chanoine honoraire ; je demande au clergé de la métropole ce qu'il aurait fait, si M. George n'eût pas été le neveu de M. de Cheverus. La démarche fut inutile ; j'en suis content, mais observons que ceci ne préjudiciait en rien au mérite du jeune prêtre ; telle n'est pas la question. A coup sûr le P. Maccarthy, lorsqu'il vint prêcher l'avent à Bordeaux, ne blâma point son vieil ami de ce refus ; il fut fait mention d'autre chose, dans leurs entretiens si touchants, si pleins de souvenirs, de franchise et d'amabilité, dans ces entretiens d'où chacun d'eux tira sans doute plus d'un avantage pour le diocèse de Bordeaux et pour la gloire de l'Église.

Tous ceux qui approchaient de M. de Cheverus disaient comme les disciples du sauveur des hommes : « Une vertu sort de lui. » Sa présence portait bonheur. Charles X, dont nous avons remarqué la prédilection pour l'archevêque de Bordeaux, eût voulu se l'attacher d'une manière plus particulière. Il lui proposa plusieurs fois, mais en vain, le portefeuille des affaires ecclésiastiques. Il l'avait déjà nommé, en 1828, conseiller-d'état, autorisé à prendre part aux délibérations du conseil et aux travaux des comités ; en 1830, il le nomma commandeur de l'ordre du Saint-Esprit, en même temps que M. de Quélen. « Le cordon bleu, disait M. de Peyronnet à M. de Cheverus, n'ajoutera rien à vos vertus ni à votre mérite, mais il prouvera que le roi les connaît..... » Belles paroles, que je suis heureux de consigner ici !

C'était la veille de la révolution de juillet. Le lendemain, un homme occupait la place d'un autre en France ; et, pour cela, la Seine avait changé ses eaux en sang ! ce n'était pas la peine. On jugea convenable de faire mille et mille cabrioles dans les diverses localités des départements. Les *Études* foisonnaient de Brutus à soixante francs par mois, avec le déjeuner. Que de ménétriers de villages, barbouillés à la Collot-d'Herbois ! Ces terreurs au très petit pied furent infiniment trop honorées de l'importance qu'on leur donna ; ceux qui s'en moquèrent furent les plus sages. M. de Cheverus n'eut qu'à laisser passer le tumulte autour de son diocèse. Les nouvelles autorités, partageant la vénération et l'affectueuse admiration qu'il inspirait à tous, prirent ses conseils et lui déclarèrent qu'il ne serait jamais rien décidé sans avis préalable de sa part. Quelques légères dissidences s'élevèrent et disparurent bientôt. En 1831, l'union était parfaite ; et le clergé de Bordeaux n'a pas manqué un seul jour peut-être de recevoir les honneurs et respects *de droit*. Plusieurs mesures insolites furent projetées vis-à-vis des prêtres, les unes à leur détriment, les autres, il faut l'avouer, à leur avantage (car il y a toujours quelque chose de bon dans les révolutions); comme chacune de ces mesures avait été soumise à son examen, les dernières seulement furent menées à fin.

Une plus grande difficulté s'éleva, la plus grande qui soit possible, matériellement parlant, pour l'Église. Le Gouvernement voulut exiger des ministres du culte le serment de fidélité à Louis-Philippe. M. de Cheverus vit bien que cette idée était malheureuse ; c'était ressusciter les tempêtes de la Constitution civile. « Je réponds de mon clergé, écrivait-il, si on ne demande pas le serment ; sinon, je ne réponds de rien. » Louis-Philippe lui-même vit sa protestation, et changea d'avis. Ce fut une bonne action.

Il eut de plus une bonne idée : ce fut de réintégrer M. de Cheverus dans sa dignité de pair de France ; car la révolution dernière l'avait exclus de cette chambre, avec tous les personnages ecclésiastiques. Les députés de la Gironde étaient même en instance pour le pousser au pouvoir ; il le sut et crut devoir faire annoncer dans les journaux qu'il n'accepterait aucune place dans l'État, désirant vivre et mourir auprès de son troupeau.

Voici sa déclaration :

«Sans approuver l'exclusion prononcée contre les pairs nommés par Charles X, je me suis réjoui de me trouver hors de la carrière politique, et j'ai pris la ferme résolution de ne pas y rentrer, et de n'accepter aucune place ni aucune fonction. Je désire rester au milieu de mon troupeau et continuer à y exercer un ministère de charité, de paix et d'union. Je prêcherai la soumission au gouvernement, j'en donnerai l'exemple; et nous ne cesserons, mon clergé et moi, de prier, avec nos ouailles, pour la prospérité de notre chère patrie.

«Je me sens de plus en plus attaché aux habitants de Bordeaux; je les remercie de l'amitié qu'ils me témoignent. Le vœu de mon cœur est de vivre au milieu d'eux, mais sans autres titres que ceux de leur archevêque et de leur ami.

Bordeaux, le 10 août 1830. »

† JEAN,
Archevêque de Bordeaux. »

Cette déclaration déplut à plusieurs personnes et particulièrement aux autorités de Bordeaux, qui vinrent s'en plaindre à lui-même. Mais il n'eut pas de peine à leur persuader qu'il n'avait été mu en tout cela par d'autres considérations que par celles de la concorde et du bonheur de son peuple.

Au reste, cette preuve d'énergie n'était pas la seule qu'il eût donnée. Plus d'une fois il protesta publiquement de son affection pour le bon roi Charles X. « Je ne serais pas digne de votre estime, disait-il aux corps constitués de sa ville épiscopale, si je vous cachais mes affections pour la famille déchue ; et vous devriez me mépriser comme un ingrat, puisque Charles X m'a comblé de bienfaits. » D'autre part, lorsque Madame, duchesse de Berry était captive dans la citadelle de Blaye, il demanda la permission de se présenter à cette héroïque princesse, pour lui porter les consolations de son ministère. Je consigne ces deux faits entre beaucoup d'autres.

Il y avait tant de noblesse et de sincérité dans ces manifestations indépendantes, que tous les partis étaient bien forcés de se réunir pour l'admirer.

L'homme de Dieu et du peuple effaçait l'homme politique, si jamais il y eut un homme politique dans M. de Cheverus.

On peut toutefois penser qu'après les vingt-sept années qu'il avait passées en Amérique sous un gouvernement républicain, années qu'il proclamait heureuses sous tous les rapports, ses prédilections inclinaient vers les institutions démocratiques ; il blâmait les idées de liberté que nous avons en France, comme étant mesquines ou bâtardes, c'est-à-dire équivoques, mais je ne sache pas que pour ce motif il méconnût la possibilité d'une pure et franche organisation libérale. Au reste, nous n'avons rien à voir en cette matière.

Disons mieux : sa grande politique fut d'établir sa maison sur un tel pied que les pauvres et tout le monde s'y trouvassent bien. Il ne garda qu'un domestique, retrancha de sa table tout ce qui n'était pas d'absolue nécessité ; et, combien d'évêques auront peine à le croire ? il n'eut pas peur de marcher à pied, dans la boue, par toutes les saisons possibles.

Sublime ambition que celle d'être l'ami et, qu'on me permette de le dire, le nourrisseur des pauvres, lorsque, tous tant que nous sommes, gens d'église ou d'autres lieux, nous sommes si ardents à la poursuite des prétendus Grands, qui se moquent de nous, comme ils devraient se moquer d'eux-mêmes, et croyons d'autant plus valoir qu'ils nous ont mieux déshonorés de leur impudente protection !

Entre ceux que recherchait particulièrement M. de Cheverus, on remarquait les nobles mais pauvres victimes des évènements de juillet, personnages décorés de leur adversité ; et Louis-Philippe, en homme habile, eut la bonté de n'en pas savoir mauvais gré au saint prélat.

Au contraire, ce fut une des choses qu'il aima souvent à se faire dire sur les vertus du clergé, lorsqu'il conçut la pensée de le rapprocher de son trône et de justifier diplomatiquement ses efforts par la raison de ces vertus mêmes. Sans les affaires d'Ancône, qui troublèrent les rapports du souverain Pontife avec le gouvernement français, M. de Cheverus eût reçu la barette à l'époque dont nous parlons. Une fois la paix conclue, Louis-Philippe songea d'abord à sa nomination ; mais il ne faut rien négliger des particularités qui ont rempli cette belle existence.

M. de Cheverus laissait les autres l'admirer, sans qu'il s'en occupât, sans qu'il s'en doutât même, et il continuait ses travaux.

Ici, en face des énormités universitaires, il s'efforçait d'introduire dans le collège royal de Bordeaux des améliorations importantes ; et pour en venir à ses fins, plaçait à la tête de cet établissement M. l'abbé George, auquel il se joignait lui-même de temps en temps. Là, il faisait lui-même le catéchisme aux élèves de l'école normale, et, chose remarquable, pour déplacer un ministre protestant qui s'était introduit chez eux sous le titre de professeur de morale religieuse, il s'institua lui-même professeur de morale religieuse audit lieu ; d'où la rivalité, d'où l'exclusion nécessaire de l'un des deux : on devine bien lequel.

Le choléra, durant ce temps-là, commençait ses ravages; il occupait le monde entier. M. de Cheverus, s'il n'eût fait qu'imiter le reste du clergé, eût été admirable et sublime tout simplement; il fut quelque chose de plus. Que dirai-je que mes lecteurs ne sachent aussi bien que moi ? Son palais devint un hôpital; et il fit écrire au-dessus de la porte ces simples mots : *Maison de secours*. Dieu a voulu que l'horrible maladie fît moins de mal Bordeaux qu'à beaucoup d'autres villes.....

Cependant, là comme ailleurs, une sourde rumeur traversa la population : il y fut aussi question d'empoisonneurs publics. Les magistrats craignirent une révolte; ils s'adressèrent alors à M. de Cheverus; ce fut assez : le Saint publia aussitôt une lettre à ses diocésains. « Les filles de Saint-Vincent de Paul vous empoisonner! disait-il; ah! plutôt, elles suceraient elles-mêmes le poison qui serait dans vos plaies, si cela était nécessaire pour vous sauver. » Puis, dans l'église Sainte-Eulalie, il réfuia toutes ces misérables calomnies; et, après quelques jours, on ne parlait plus d'empoisonnement.

Il prévint des révoltes probables ; il apaisa des révoltes toutes faites, au dépôt de mendicité, au fort du Hâ. Il fit mieux encore, en dominant la sensibilité de son cœur, lorsqu'il apprit qu'on voulait séparer de lui son excellent ami et grand-vicaire, M. de Trélissac, pour le placer sur le siège de Montauban ; il le sacra lui-même, en présence de presque tous les évêques de la province et des évêques nouveaux de St-Flour et de Tarbes, MM. Cadalen et Double ; il présida ensuite à son installation ; et les Montabanais lui firent encore une fois un accueil triomphal.

Hélas ! à peine était-il de retour dans sa chère ville de Bordeaux, qu'il vit mourir subitement, le jour de Pâques 1834, M. l'abbé Carle (1). Perte cruelle qui le terrassa; il fut frappé d'apoplexie; et depuis cet épouvantable accident, sa santé ne s'est plus rétablie ; mais sa charité ne se rallentit point.

L'œuvre des petits Savoyards, fondée à Paris par les abbés de Fénélon et Legris Duval, existait à

---

(1) Son ami et grand-vicaire (comme M. de Trélissac), dont M. George fut le successeur.

Bordeaux depuis M. de d'Aviau de Sanzai. M. de Cheverus lui fait prendre un accroissement notable. J'aurai occasion d'en parler dans la notice de l'évêque d'Alger, M. Dupuch. Il ouvre des salles d'asile qu'il place sous la direction du même M. Dupuch; il accueille les dames de la Présentation (1), destinées à instruire les enfants, et même à former des institutrices pour les paroisses. Il fonde deux succursales pour ces établissements devenus insuffisants: l'*association des enfants riches, protecteurs des enfants pauvres*, et celle des *jeunes économes de la providence*. Il n'y a pas d'aussi belles expressions dans les poèmes d'Homère! — Or, un jour qu'il traversait la rue Bouhaut (2), il vit comment des commis de magasin entendent l'héroïsme et le courage. Un de ces messieurs, en ricanant d'un air délicieux et superbe, l'apostropha par ce croassement imitatif du corbeau qui était si fort en usage sous la restauration, ce qui fut remarqué comme le voulait le drôle, mais non jugé de même sorte; car les témoins de cette ignoble scène, de quelque religion qu'ils fussent, se jetèrent sur lui et le poursuivirent. L'agresseur prit la fuite;

(1) Institution fondée depuis trente ans au Bourg St-André par l'abbé Vernet, supérieur du séminaire de Viviers.
(2) Une des rues de Bordeaux.

c'était naturel, mais il fut mis en prison. Le soir même, son maître vint trouver M. de Cheverus, qui l'ayant à peine aperçu, lui dit : « qu'on le fasse sortir. — De grace, reprit le brave homme, si ce n'est pour vous, que ce soit pour moi, il faut l'y laisser, mon commerce serait perdu, monseigneur. »

Bien heureusement c'était un excès à part. Toute la population, loin de le partager, en fut révoltée; et voici un mot prononcé par M. Grivel, que je crois d'une exactitude infinie. *Jamais homme ne fut vénéré et honoré sur la terre comme M. de Cheverus.*

« Que le gouvernement nomme pour cardinal un illustre Cheverus, avait dit le 8 juin 1835 M. Charles Dupin, un tel choix honorerait à la fois la France et la chrétienté. » (1)

Tout le monde se trouvait de cet avis, hormis M. de Cheverus lui-même. Dès qu'il sut que le choix était arrêté, il écrivit à M. de Latour-Maubourg, ambassadeur de France à Rome. « La retraite me sied mieux maintenant, disait-il, que de nouvelles dignités. Mes vieilles épaules s'affaiblissent, et la tête qui les surmonte s'appesantit. De plus, je n'ai

(1) A la Chambre des Pairs.

aucune ressource personnelle pour soutenir les dépenses nécessaires au cardinalat..... tachez de m'éviter ce fardeau. » Louis-Philippe écrivit de son côté au souverain Pontife qui fit attendre sa réponse pour des raisons étrangères à la personne de M. de Cheverus, mais annonça presque immédiatement à un grand-vicaire de Bordeaux que M. de Cheverus serait proclamé dans le prochain consistoire. « Indépendamment de la demande du gouvernement français, ajoutait le S. Père : « inde- « pendemente a questa circostanza, molto mi pia- « ce il nominarlo, a ragione delle sue virtu, del « suo zelo in Bostone, Montauban et Bordeaux. » Le 21 décembre 1835, Grégoire XVI répondit à Louis-Philippe qu'il accueillait sa demande ; il fut donc proclamé à la date du premier février 1836, avec M...... della Genga, neveu de Léon XII. Appelé à Paris, il reçut de l'ablégat les lettres apostoliques ; et le mercredi, 9 mars, il reçut la Barette aux Tuileries. Lorsqu'il se revêtit de la soutane rouge, il se tourna vers M. l'abbé Grivel qui l'avait accompagné durant toute la cérémonie, et il lui dit : « mon cher ami, je crains bien que cette robe ne me brûle. » Paroles terribles, car elles étaient, sous quelque rapport, une prophétie.

Il quitta bientôt Paris pour se rendre dans son

diocèse, où il fut reçu en triomphateur; et bientôt aussi fit un voyage dans le canton de sainte Foy, par une chaleur de trente-trois degrés, pour visiter cette partie de son clergé. Lorsqu'il en revint, le 2 juillet, il était épuisé; le 7, se manifestèrent tous les symptômes d'une maladie mortelle. Le 13, à cinq heures du matin, il eut une attaque d'apoplexie et de paralysie qui lui ôta immédiatement toute connaissance. M. l'abbé Dupuch assistait le malade, il ne le quitta point un instant. Le 19, jour de Saint Vincent-de-Paul, au moment de l'élévation (1), il expira.

Sa mort fut véritablement une calamité publique. Rien ne pourrait exprimer la désolation de son diocèse. J'abandonne le lecteur à ses propres émotions.

Après avoir exposé son corps durant sept jours dans une chapelle ardente, le 26 Juillet, il fut porté à la cathédrale au milieu d'une immense foule. M. de Cheverus avait expressément recommandé qu'on l'enterrât dans le cimetière de la paroisse où

---

(1) On avait dressé un autel dans sa chambre, et sur cet autel avait été déposé le rocher que portait saint Charles au moment où une tentative d'assassinat fut commise sur lui; précieuse relique rapportée d'Italie par le cardinal de Sourdis.

il mourrait; on ne crut pas devoir se conformer sur ce point à son désir. On déposa son cerceuil dans le caveau principal de l'Église.

Et maintenant, il me reste à faire une restitution. Partageant l'opinion générale sur l'excellente *Vie de M. de Cheverus* par M. Huen-Dubourg (pseudonyme qui signifie dit-on, M. Hamon, supérieur du séminaire de Bordeaux, et Sulpicien) je n'ai pas cru mal faire en m'en servant comme d'un guide; je l'ai donc suivi pas à pas; je lui dois le peu d'intérêt que pourront avoir conservé mes deux cahiers en affaiblissant le modèle. Que l'habile et pieux biographe veuille bien recevoir mes remercîments.

Observation très importante. — J'avais promis d'expliquer la mort de M. de Cheverus, si fort inexplicable pour quelques-uns, je suis forcé de manquer à ma promesse.

En effet, le saint archevêque jouissait d'une santé qui n'eût pas fait prévoir une fin si prématurée. Les apoplexies et paralysies, résultat accidentel de quelques organisations viciées en leur essence, sont pour l'ordinaire, et plus qu'on ne veut le penser, occasionnées par de grandes et subites douleurs. Les recherches que j'ai faites à ce propos m'ont parfaitement convaincu d'une chose que je savais assez bien depuis longtemps, à savoir que les haines sacerdotales sont terribles. Plusieurs noms environnés d'estime se trouveraient compromis, si je parlais. Il ne faut pas violenter les intentions présumées de M. de Cheverus : vivant, il eût tout oublié; mort, ses prières au pied de l'Éternel sont pour ceux qui lui voulurent du mal, et auxquels il ne voulut jamais que du bien. En cela du reste, il participait au malheur commun de tous les hommes vertueux. Depuis mes débuts dans la carrière biographique, j'ai vu cette vérité dans toute son évidence: ceux qu'en conscience, et selon le sentiment des sages, j'ai cru devoir recommander à l'admiration publique, sont précisément ceux dont les éloges m'ont attiré l'animadversion de la partie infime parmi les critiques. Ceux que j'ai blâmés, sous certains rapports, en couvrant d'un voile de charité les personnalités trop violentes par elles-mêmes, se sont réfugiés dans le sein de je ne sais quelle caste qui, en les voulant protéger, les a plus que jamais compromis; ce qui signifie en tout et pour tout que j'ai suivi la marche tracée par mes intentions et par le droit.

L'avenir doit infailliblement confirmer l'exactitude de ces paroles, et prouver bien d'autres choses encore, toujours à l'avantage de la probité et de l'Église.

Oui, M. de Cheverus est mort victime des haines de quelques malheureux hommes indignes d'appartenir au corps sacerdotal. Son âme sensible et pure, son cœur si tendre et si doux, ne pouvaient souffrir, sans en être blessé mortellement, les atteintes de ce poison. Il est mort. Que Dieu veuille pardonner, comme il l'a fait lui-même, à ses ennemis!

Il est une chose que le clergé ne comprend pas sans peine: c'est qu'en attaquant les travers et les vices de quelques-uns de ses membres, on le sert lui-même. Rien de plus naturel cependant et de plus vrai; mais l'injustice de ceux qui jusqu'aujourd'hui l'ont *admonesté,* le met en garde contre les conseils; et qui oserait lui donner absolument tort?

Le point capital serait de s'établir d'abord légitimement dans la confiance, et d'oser ensuite lui montrer l'ivraie parmi le bon grain.

C'est là ce qu'en dépit de toutes oppositions et de toutes injures, je me suis proposé.

10 Janvier 1842.

Paris. — Imp. de A. APPERT, pass. du Caire, 54.

Biographie du Clergé Contemporain

M. PELIER DE LA ...

M. PELIER DE LA [...]

François-Xavier-Joseph Pelier est né à Orgelet (Jura), le 10 novembre 1765. [...] couteliel; le père de M. [...] serrurier-graveur; sa mère, Marie-Joseph [...] Croix était une [...] femme bien simple [...] avant le [...] tendre et bien vigilante [...] ses enfants ainsi [...]

M. PELIER DE LA CROIX.

> Votre franchise doit être l'excuse de la mienne.
>
> LA HARPE, le *Camaldule*.

François-Xavier-Joseph Pelier est né à Orgelet (Jura), le 10 novembre 1783. Rollin disait : « je suis né dans l'antre des Cyclopes. » Homérique façon d'indiquer que son père était coutelier ! Le père de M. Pelier était armurier-serrurier-graveur ; sa mère, Marie-Josephe de la Croix était une pieuse femme bien simple comme ayant le cœur pur, bien tendre et bien vigilante parce qu'elle aimait ses enfants ainsi qu'elles nous aiment toutes ; c'est assez dire qu'elle évita de les envoyer aux écoles de la république, ou plutôt du misérable gouvernement qui s'intitulait alors de la sorte : on ne forme pas plus un peuple qu'un homme avec la raison toute seule. Chaque soir, la *Vie des Saints* était lue sous ses yeux ; la prière se faisait en commun ; on se réunissait les dimanches, de très grand matin, pour réciter l'ordinaire de la messe, car il fut un temps où la messe conduisait à l'échafaud, comme il en fut un autre depuis où elle poussait aux places ; double ignominie ! il fallait donc se cacher. La famille Pelier trouva du reste un objet de consolation dans son dévouement même : ayant donné asyle à plusieurs prêtres, jamais elle n'essuya la privation totale des choses spirituelles ; et c'est aussi de ces vénérables martyrs d'une férocité stupide que le jeune François reçut les premiers éléments de la science, durant quelques mois du moins.

Chassés par la révolution du 18 fructidor (4 septembre 1797), ils se réfugièrent en Suisse, abandonnant malgré eux un élève qui leur promettait plus d'une satisfaction. Les études en effet furent interrompues, faute de maîtres qui pussent dignement remplacer les premiers ; et alors François Pelier s'adonna aux opérations manuelles dans les magasins de son père. Il y devient fort adroit ;

nous verrons tout-à-l'heure qu'ayant pris goût à la géométrie, cette science plus ou moins *exacte*, il fit lui-même ses instruments, et les fit bien, au dire des connaisseurs.

J'aurais voulu pour compléter ma comparaison, que toujours à l'exemple du Fénélon de l'histoire qui fut reçu maître-coutelier, le correcteur de Bérault-Bercastel prît aussi des grades comme mécanicien ; ces analogies sont d'autant plus curieuses qu'elles s'étendent davantage ; mais nous pouvons nous en passer ; et de fait, à partir de l'*antre des Cyclopes*, l'homme du monde qui ressemble le moins à M. Pelier, c'est Rollin ; à Rollin, c'est M. Pelier.

Ces travaux l'occupaient le jour ; il employait ses nuits à dévorer de bons livres ; je soupçonne par conséquent qu'il dormait infiniment peu. Ainsi, l'habile ouvrier fut bientôt un littérateur de quelque mérite ; si bien qu'un digne curé (1), qui rentrait de l'émigration, lui ayant donné six mois de leçons, l'envoya en philosophie où il fut constamment à la tête de ses condisciples.

Il suivait encore les cours de mathématiques où il remporta durant trois années consécutives les

---

(1) M. Grandmottet, ancien curé de Saint-Claude. Son frère était secrétaire de M. de Talleyrand, archevêque de Reims, et depuis archevêque de Paris.

premiers prix, lorsqu'on le nomma professeur *par intérim* des classes de cinquième et sixième réunies. Puis, pour faire droit aux instances de ses élèves qui l'aimaient, et récompenser son zèle, les magistrats sollicitèrent l'envoi d'un titre régulier, et ils l'obtinrent (1).

Mais la carrière de l'enseignement n'était pas celle qu'il désirait suivre. M. Pelier, si j'ose le dire, fut batailleur dès le sein de sa mère; et à défaut d'épée, il a manié la plume de façon fort significative en ce point. Il cultivait toujours ses chères mathématiques; il lisait les bulletins de nos armées, et l'entendez-vous? « si j'avais été là, ou là, nous avions cinq canons de plus! » Tels étaient souvent ses propos, observe mon correspondant de Dole.

Tout cela signifie que M. Pelier voulait être soldat; et voici pourquoi, en maintes affaires, la république et l'empire n'ont pas eu cinq canons de plus.

L'époque de la conscription arriva pour M. Pelier. Peu lui importait le sort. Qu'il se présentât à l'école Polytechnique, il était admis sans conteste; et tous ses vœux le portaient là. On fit des efforts pour le retenir au collège; on lui fit de grandes pro-

---

(1) En vertu d'une ordonnance signée Chaptal, ministre de l'intérieur, et contresignée Fourcroy, chargé de la surveillance de l'instruction publique.

messes ; on lui conseilla de se dire seulement poitrinaire, et son extrême maigreur rendait alors la chose parfaitement vraisemblable. Sa réponse est facile à deviner : non ! s'écria-t-il, d'un air qui nous rappelle Cambronne et le mot fameux que ce grognard n'a pas prononcé.

Mais il y a une puissance à laquelle on est forcé de se rendre, qu'on soit la Garde, ou M. Pelier, ou un autre : c'est l'amour de sa mère. M. Pelier savait qu'en se séparant de la sienne, il l'accablerait de douleur, et peut-être la conduirait prématurément au tombeau. Il résolut de rester auprès d'elle.

Au reste, pour étouffer dans son âme un penchant d'autant plus vif qu'il était contrarié, le pauvre jeune homme usait de raisonnements *à la Brunet* qu'il croyait être des sophismes ; il écrivait : « mon frère (1) vient de partir déjà malgré mes parents ; pourquoi irais-je encore les affliger de même ? aller pour tuer des hommes que je ne connais pas, qui ne m'ont rien fait, qui sont chez eux et ne demandent qu'à y rester en paix ! aller me faire tuer peut-être ! pourquoi ? pourquoi ? cela serait-il bien raisonnable ? non, non. Soyons plutôt soldat pour la cause de Dieu : là, du moins nous

(1) Il était lieutenant à la Bérésina où il a disparu, en 1812.

ne tuerons personne. (1) » — Changement à vue.

En effet, il entra au séminaire de Besançon vers la fin de 1805.

Avançons. Bientôt ses supérieurs le distinguent et le placent dans l'enseignement ecclésiastique. Il fonde à Nozeroy le petit séminaire du Jura, en 1810; des oppositions s'élevaient à ce propos; il lutte contre elles. Le procureur impérial instrumentait, au nom de l'Université, pour la suppression de l'établissement; le recteur voulait imposer sa contribution et la soutane aux élèves; il les réduit au silence.

Aujourd'hui la direction de ce séminaire, quelque mérite qu'elle suppose dans ceux qui en sont chargés, n'offre plus les difficultés d'autrefois. Le fondateur faisait à pied le chemin que ses successeurs font en voiture, et les maîtres se partagent chacune des spécialités de l'enseignement, tandis que M. Pelier les cumulait toutes, ou du moins n'avait pour second qu'un très jeune clerc. Lorsqu'en 1823, un évêque fut nommé à Saint-Claude, il put apprendre quel était celui qui s'était ainsi dévoué corps et âme à la propagation du sa-

---

(1) Ah ! maudit soit celui   A quoi qu'ça sert de tuer des gens
Qu'a z'inventé la guerre !   Qui n'sont pas las d'rester vivants ?
Les habitants d' la terre   Si j'étions tous des poltronets,
Se s'raient ben passés de lui. J'aurions toujours la poix ! BRUNET.

cerdoce, non seulement à Orgelet et à Nozeroy, mais en organisant à Dôle et à Besain des maisons du même genre.

Le corps est souvent un mauvais esclave pour l'âme; des facultés trop actives et trop larges en font craquer les ressorts; il est visible que presque tous les hommes d'une grande valeur intellectuelle manquent de l'énergie physique qui fait l'apanage des natures communes. M. Pelier sentit aussi bien que personne cette vérité d'expérience. Sa santé s'altérait de jour en jour. Sur l'avis des médecins, il quitta la carrière de l'enseignement, et entra dans une famille noble de sa province pour faire l'éducation du jeune de Froissart (1). Je note avec plaisir que depuis cette époque jusqu'aujourd'hui la plus douce intimité n'a cessé de régner entre le professeur et l'élève.

Alors M. Pelier de la Croix était diacre depuis quatre ans. Pour avoir trop bien soutenu quelques thèses contre le jansénisme et la constitution civile, il mérita une dénonciation de son adversaire, ancien grand-vicaire constitutionnel, dénonciation faite précisément à M. Lecoz, le même qui avait

---

(1) Aujourd'hui gendre de M. le comte Maxime de Choiseul, auteur d'un estimable ouvrage sur les Croisades.

présidé les conciliabules schismatiques de Paris en 1797 et 1801. Ce problématique archevêque manda M. Pelier, et crut le foudroyer d'un seul mot : « Vous êtes ultramontain, Monsieur ! » L'ultramontain se retira fort peu confus ; et il résolut, après une pareille équipée, de rester diacre le plus longtemps possible. J'apprendrais, sans m'en étonner beaucoup, qu'il fut près de regretter ses engagements, et de maudire un système ecclésiastique où l'autorité pouvait se trouver en d'aussi pernicieuses mains ; ainsi se formait-il d'ailleurs à la défense de la pure discipline par le spectacle des abus qui l'ont défigurée dans ces derniers temps.

On l'appela plusieurs fois au grand séminaire pour le faire prêtre, ou comme directeur ; ce fut en vain ; il répondait : « Je ne promettrai point obéissance au prélat dont les idées ne sont pas celles du Saint-Siège. » Et c'est seulement après la mort de M. Lecoz, en 1815, qu'il fut ordonné à Soissons, sur les lettres démissoriales de M. Durand, vicaire-général capitulaire (1). M. de Beaulieu, qui connaissait sa conduite et l'inviolabilité de ses princi-

(1) Le siège de Soissons était occupé par M. Leblanc de Beaulieu, qui ne rougissait pas de dire humblement et publiquement : « Je ne suis plus janséniste ni constitutionnel. » —M. Durand appelait M. Pelier son *petit Pascal.*

pes, fit une ordination tout exprès pour lui seul.

Aussitôt après, on voulut nommer M. Pelier proviseur au collège royal de Bourges. Il était, comme bien d'autres, persuadé qu'en ne proclamant pas la liberté d'enseignement, la restauration péchait contre Dieu et contre elle-même ; ennemi des tripots universitaires, il était ami des jésuites comme tout homme de sens et de probité, et il prévoyait avec douleur le coup funeste qui les a frappés de nouveau (1) ; il refusa donc cette place comme une espèce de complicité subreptice, et se renferma dans le cercle de ses études particulières, prêtant du reste assistance à ses confrères dans le sacerdoce, s'exerçant çà et là au rude ministère de la prédication, mais hors de Paris, ne l'oublions pas, et nous aurons occasion d'en savoir la cause.

Ceci se passait durant ses quatre années d'interstice du diaconat à la prêtrise. En 1820, M. de Latil avait pris possession du siège de Chartres, rétabli par le concordat de 1817 ; il pressa M. Pelier de le suivre comme secrétaire, puis il le nomma grand-vicaire, et le conserva deux ans à peu près. En ce temps là, M. Affre allait aussi auprès de

(1) Le père Gloriot, qui était son directeur à Besançon, l'avait en grande estime, et c'est lui qui l'engagea plus tard à travailler sur l'*Histoire ecclésiastique*.

M. Soyer ; il quitta bientôt Luçon pour des motifs que j'ignore. M. Pelier quitta le diocèse de Chartres pour des motifs qui ne sauraient être assez connus. M. l'abbé Chasles, curé de la cathédrale (1), avait eu un frère parmi les régicides de la Convention ; pour l'en punir, M. de Latil le destitua. Mais M. Chasles, personnellement, avait donné tous les exemples possibles d'intégrité sacerdotale ; on le rangeait à juste titre parmi les confesseurs de la foi ; il était titulaire, inamovible ; toutes considérations dont on fit peu de cas. L'affaire dut se compliquer : elle fut portée au Conseil-d'État et soutenue à l'avantage du vénérable curé, par M. Isambert qui date de là son opposition bien connue. M. Pelier prit cette fois le parti de M. Isambert ; et l'ultramontain de M. Lecoz fut appelé jacobin par M. de Latil : accident ordinaire. Il jugea utile de protester par une retraite ; et abandonnant un canonicat dont il avait le brevet depuis deux ans, il revint à Paris.

Là, M. l'abbé Jean de La Mennais, vicaire général de la Grande Aumônerie, le manda et lui offrit le choix entre deux positions également honorables. Sa réponse est digne d'attention : *ecce ego,*

(1) Notre-Dame.

mitte me. Il fut envoyé dans la maison royale de la légion d'honneur à Saint-Denis, pour remplacer le premier aumônier (1).

Il s'agissait de rétablir la discipline parmi cinq cents jeunes personnes, dont la plupart s'arrangeaient fort bien de l'absence habituelle ou forcée des deux vieillards mis à la retraite, et qui riaient volontiers des deux successeurs ; il fallait en outre lutter contre plusieurs des personnes les plus influentes de la maison. Or, celles-ci traitaient de *jésuitisme* les indulgences, la dévotion au sacré cœur, la confession mensuelle, la communion fréquente... Jésus-Christ n'était qu'un grand homme pour de telles dames ; l'enfer n'était pas du tout éternel, etc., etc., et Dieu sait qui menait la vie la plus exemplaire, des pensionnaires ou de certaines maîtresses ! La tâche était considérable. M. Pelier se mit à l'œuvre ; il ne montra du reste ni brusquerie ni mollesse ; il organisa un plan d'instruction : tous les matins, avant la messe de communauté, il faisait en chaire une méditation solide sur quelque point de la règle ; tous les dimanches, il donnait un

---

(1) M. de Bonnantier avait été nommé chanoine de Saint-Denis ; et le second aumônier ne tarda pas à l'être lui-même. C'était l'usage de la grande-aumônerie de récompenser ainsi ses anciens fonctionnaires.

discours sur les vérités fondamentales de la religion : en quelques mois, l'ordre fut rétabli.

Je dois une petite place à l'anecdote suivante : A la suite d'un sermon que prêcha M. Pelier le jour de la Saint-Louis, une jeune dame avait eu l'imprudence de crier : « *Vive l'Empereur !* » au milieu des élèves. Le grand-chancelier en fut instruit et ordonna sur-le-champ qu'elle sortît de la maison. Plusieurs dignitaires intercédaient pour elle; madame de Bourgoing, belle-mère du chancelier (1), plus que tout le monde. Ni les réclamations, ni les prières n'avaient pu ébranler la résolution de M. Macdonald. « Il faut un exemple, disait-il, pour ces jeunes têtes indociles. » M. Pelier accourut le soir même à la Chancellerie, et il plaida si chaleureusement la cause de madame de V., qu'il obtint son pardon. C'est à cette occasion que le maréchal lui proposa la décoration (2); il la refusa. M. Pelier ne pense pas qu'une croix de cette espèce fasse bon effet sur l'habit d'un prêtre; il prétendait d'ailleurs ne l'avoir pas gagnée. Laissons les opi-

---

(1) Et veuve de Bourgoing (de Nevers), auteur des *Mémoires historiques et philosophiques sur Pie VI.*

(2) Il était d'usage de la donner aux premiers aumôniers des trois maisons de la Légion-d'Honneur. M. Pelier est de fait le seul qui ne l'ait pas reçue.

nions libres. « Quoi qu'il en soit, lui dit Macdonald, je vous la donnerai solennellement à la rentrée des classes. »

Lors de cette rentrée, M. Pelier n'était plus à Saint-Denis. Un prêtre *sans pouvoir de la grande aumônerie*, et interdit par elle, avait été introduit furtivement dans la maison, par trois dames dignitaires; il avait confessé dans une chambre, c'est-à-dire *illicitement*. Le grand aumônier (1) donna ordre à M. Pelier de notifier qu'il était *défendu à tout prêtre étranger à l'établissement d'y entendre des confessions*. La défense fut lue en chaire; elle irrita les rebelles, et en particulier la plus puissante de toutes, madame de Bourgoing, que le maréchal pouvait blâmer assurément, mais non renvoyer. M. Pelier comprit fort bien toute la difficulté d'une position pareille; il pria M. de Croï d'accepter sa démission. Et madame la surintendante, fort heureuse de ce demi-triomphe, en fut quitte d'ailleurs pour éviter, en se cachant durant huit jours, les plaintes, les reproches et les menaces des élèves.

M. Pelier fut ensuite nommé chevecier des Quinze-Vingts. Les cheveciers avaient rang de curés, et ne sortaient de là que pour occuper les places les plus

(1) C'était au plus fort de son conflit d'attribution avec M. de Quélen.

distinguées de la capitale. C'était donc un poste fort honorable ; mais il présentait aussi des embarras. Le clergé n'était pas aimé aux Quinze-Vingts : M. Gaillard, l'ancien chevecier, les missionnaires MM. Cailleau et Levasseur avaient soulevé contre eux un grand nombre d'anciens aveugles qui réclamaient inutilement contre les actes de l'administration. M. Menjaud, coadjuteur actuel de Nancy, et alors l'un des chapelains du lieu (ou vicaire du chevecier), avait été interdit pour des raisons sans raison ; il ne pouvait plus remédier à ce désordre. M. Pelier eut bientôt gagné l'affection de tous. Néanmoins, il était dans sa destinée de trouver des abus énormes partout où l'appelaient ses supérieurs. Ayant vu qu'on *volait*, telle est son expression, ses pauvres paroissiens, il voulut les protéger et fit plusieurs mémoires à cet effet. Il lui fut répondu : *Que voulez-vous ? on sait tout cela ; il faut ménager* CET HOMME ; *on a besoin de tout le monde.* Le digne chevecier qui est un excellent prêtre, mais d'une rare vivacité de caractère, se fâcha tout haut ; et faute de pouvoir conduire à fin ses idées de justice et de charité, il donna encore une fois sa démission qui, du reste, ne fut acceptée que cinq mois après.

Plusieurs ne comprendront pas que ces variations et ces emportements, alors même que l'amour du bien en serait seul l'objet, s'accordent facilement avec la simplicité du cœur et l'esprit de subordination sacerdotale ; si là-dessus on me sommait de m'expliquer, j'avoue que mon embarras serait extrême, bien que d'ailleurs nul ne prise plus que moi les grandes qualités de M. Pelier.

Il se prit à bouder définitivement contre la grande aumônerie, et dédaigna un canonicat de Saint-Denis qu'il lui suffisait de demander pour l'obtenir. La place d'aumônier du prince de Condé lui avait été offerte plusieurs fois ; il en avait déjà rempli les fonctions en 1819 ; il la préféra : nouvelle nécessité d'opposition.

On lui avait dit, et il l'avait cru bonnement, que la baronne de Feuchères était une fille naturelle du prince. Il revint bientôt de sa naïve erreur, et rompit avec cette femme. Il fit plus : il consulta, et prit les ordres du château : *Restez là*, lui répondit-on, *et attendez le moment de la grâce*. Je donne le mot comme textuel (1).

(1) M. Persil, lorsqu'il devint ministre, lui reprochait un jour d'avoir écrit pour prouver l'assassinat du prince de Condé : « Quels seraient donc les assassins?.. — Qui ? M. le ministre, si j'étais vous, je les trouverais bien, » répondit l'aumônier. M. Persil fit preuve de sens et de dignité en récompensant une telle franchise ; c'est par suite de ce dialogue que M. Pelier fut nommé chanoine titulaire de Saint-Claude.

Chacun sait ce qui arriva le 4 septembre 1830, époque des obsèques du prince : M. Pelier portait le cœur dans un vase de vermeil, comme c'est l'usage. Arrivé à la basilique de Saint-Denis, en présence des maréchaux, des pairs et des princes même, il ne craignit pas de proclamer solennellement que *monseigneur le duc de Bourbon était innocent de sa mort devant Dieu*. — Un procès fameux nous a révélé sur ce sujet des mystères effroyables; et l'année suivante, M. Pelier lui-même publia un ouvrage en deux volumes à l'appui des arguments de M. Hennequin; mais ne déplaçons rien; chaque chose aura son lieu. — Après ce coup d'œil jeté sur la vie active et pour ainsi dire civile de M. Pelier, examinons ses travaux de cabinet ou plutôt la série des livres qu'il a publiés. — On dit que son portefeuille en renferme bien d'autres, et qu'en les mettant au jour, il craindrait de s'aliéner les supériorités ecclésiastiques, ce qui est croyable sur un point et non sur l'autre; croyable sur un point, car il suffirait pour encourir le péril signalé que ces livres fussent bien faits et réellement bons; incroyable sur un autre point, car M. Pelier n'a jamais donné lieu de penser qu'il fût homme à broncher par couardise, et soupçonner le contraire serait le calomnier ridiculement. Voyons plutôt ce qui suit.

En 1826, c'était la guerre des Gallicans et des Catholiques : M. l'abbé Clausel de Coussergues, qui passait pour le parent, l'ami et le conseiller intime de M. Frayssinous (alors ministre), faisait maints tours de force et maintes gambades divertissantes contre les rédacteurs du *Mémorial catholique* (1) : les personnalités grossières, les folles injures, les plus venimeuses insinuations, l'altération des faits et des textes, des propos particuliers et des nouvelles, il n'oubliait rien; et en tous cas, je crois fermement qu'il dépassait sans mesure le mandat de son maître. Il attaqua nommément M. Pelier, qui d'ailleurs ne songeait guère à lui que pour en rire ; et du premier coup, voici comment il le définissait : « M. Pelier a assez de théologie pour être chapelain, même d'un prince. » Vingt jours après, parut *la lettre d'un curé franc-comtois à MM. les Gallicans du Rouergue et de la nouvelle Sorbonne*, modèle de logique et de lucidité, de malice et de noblesse tout ensemble, d'érudition principalement, car c'est là le triomphe

---

(1) M. Pelier a mis quelques articles dans cette belle revue. Il a aussi travaillé dans l'*Univers religieux*, quand ce journal appartenait à M. l'abbé Migne, dont la biographie va très incessamment paraître.

de M. Pelier, comme de presque tous les théologiens ses compatriotes. La réponse fut rapide et violente ; on le menaça de lui enlever sa place ; ils appelèrent même à leur aide les *gens du roi*. Qu'importe une place à M. Pelier ? Que lui font les gendarmes, quand ses idées marchent ? Il réplique par une brochure dont je cite l'épigraphe, tant elle est de bon comique : *Quousquè tandem abutere C...., patientiâ nostrâ ?* Ici les personnalités se dressèrent contre les personnalités, œil pour œil, dent pour dent. Il avait saisi l'arme de son ennemi pour l'abattre. »Quel courage, s'écriait l'ultramontain, de se réunir au pouvoir temporel contre l'Église, dans un temps où l'Église n'a plus d'autorité que dans ses livres !..... Vous n'êtes donc hardis que contre le Pape, parce que votre fortune ne dépend pas de lui !» (*Pages* 52 *et* 53 *de la brochure.*) M. Clausel tomba définitivement à la renverse ; il se désista, et fit bien.

M. Pelier travaillait, à cette même époque, aux *Annales abrégées de l'Église*, dont il n'a publié que le *prospectus*. Il interrompit cette œuvre pour une autre plus importante encore ; je veux parler de son édition de Bérault-Bercastel avec continuation, n'en déplaise à M. l'abbé Receveur qui l'a maltraitée dans l'*Ami de la Religion* (1). Il revit en effet et corrigea l'Histoire de l'église. Après quatre années de veilles et d'élucubrations infatigables, il nous l'a transmise telle qu'elle est là, sous mes yeux, augmentée de plus de douze cents notes et intercalations. — Je trouve, jointe à ces volumes, une lettre où M. Pelier se plaint d'avoir été copié par MM. Ganilh et Henrion, qui ne l'ont pas même nommé; ceci est grave comme le commandement : *bien d'autrui tu ne prendras*, etc., etc.

Pourquoi les six mille souscripteurs à la *continuation* de M. Pelier furent-ils servis par un autre continuateur, M. l'abbé comte de Robiano ? Il y a ici une question de librairie qui nous intéresserait médiocrement jusqu'à nouvel ordre. Nous avons mieux à faire. — Une grande querelle s'était élevée naguère entre *l'Univers* et *la Gazette de France*, sur les démêlés de Philippe-le-Bel et de Boniface VIII; je soupçonne qu'aux yeux de plusieurs, et peut-être de ceux-là même qui l'ont si chaleureusement traitée, la question n'est point encore bien éclaircie. Je les renvoie aux notes du nouveau Bercastel, tome VII. M. Pelier

---

(1) M. Receveur fut autrefois l'ami de M. Pelier, qui ne le fréquente plus.

leur explique à la page 51 du tome VIII que les Pères de Bâle ont mal interprété les actes du concile de Constance; « car ce concile, dit-il, de l'aveu de Bossuet lui-même, n'avait reconnu *sa supériorité* que *pour le cas d'un pape douteux.* » — Ailleurs se trouvent ces belles paroles : « Serait-ce donc un si grand mal si la société toute chrétienne, obéissant à la voix de son chef, était encore dans l'usage de se croiser contre les infidèles (comme en 1309), et contre les usurpateurs qui oseraient s'élever dans son sein ? Pour nous qui nous faisons gloire de penser comme l'Église et ses chefs ont pensé, nous ne craignons pas de dire que cet ordre de choses vaudrait bien celui de la société actuelle. Les peuples qui aujourd'hui n'obéissent qu'à des hommes qui commandent au nom de l'homme, obéiraient à l'Église commandant au nom de Dieu. Pour quiconque n'a pas abjuré sa dignité, cette seconde obéissance est au moins plus honorable. » (Tome 7, p. 14.)

Revenons à la mort du prince de Condé, pour définir une autre publication de M. Pelier de la Croix. Obligé de faire sa déposition dans le procès dont nous avons parlé, il déclara de rechef qu'il ne croyait nullement au suicide; témoignage d'autant plus grave qu'il était motivé, mais que les avocats expliquèrent à leur manière. « il ne croit pas, disaient-ils, à l'assassinat ; il l'a maintenu pour pouvoir assister *régulièrement* au convoi. » De là, plainte en diffamation portée contre eux au nom de M. Pelier (1). Mais sur les conclusions de M. Didelot, substitut, il fut renvoyé de sa plainte avec dépens. Restait sa réputation à venger ; il fit l'ouvrage intitulé : *Mensonges et calomnies pour la baronne de Feuchères par les avocats du suicide*. « On trouvera ici, dit-il lui-même, de la vivacité, de l'ironie, de l'âcreté même. Avec la parfaite connaissance que j'ai de tous les faits de la cause, avec l'intime conviction que j'ai de l'assassinat, je n'ai pu me contenir toujours......... » Il publiait en même temps: *l'Assassinat du dernier des Condé, démontré contre la baronne de Feuchères et ses avocats, suivi d'observations sur les procès-verbaux et de pièces importantes et inédites concernant l'enquête, le fameux testament et son procès*. « Qu'on n'oublie pas, dit-il, que j'écris sur un fait dont j'ai su peut-être mieux que personne toutes les circonstances connues; mais qu'en me faisant l'historien de cet évènement affreux, je ne me porte point accusateur. Sans doute, puisque

(1) Il était alors à Bruxelles, chez M. Félix de Mérode.

l'assassinat est certain, il existe des coupables, et la justice qui devrait ne dormir jamais, doit désirer les connaître; mais c'est à elle de les chercher et de les punir. *Non enim possumus quæ vidimus et audivimus non loqui.* » L'ouvrage fut saisi, mais non jugé. On se rappela M. Pelier de la Croix, et on lui rendit ses volumes après les avoir gardés onze mois pour en arrêter la vente. On ne voulait pas davantage.

Mais c'en est assez sur ce sujet. S'il est vrai que M. Pelier tient en manuscrits des *Mémoires sur la maison de Condé*, nous y lirons nécessairement de fort curieuses choses; ayons patience. Je ne parle que pour mention d'un petit pamphlet ayant nom: *La baronne trop chère, et ses amis laïcs et prêtres.* Est-il bien sûr qu'un curé de Paris vécut dans l'intimité de madame de Feuchères, et passait chaque année un mois ou deux dans son château de Morfontaine? En tous cas, je suis sûr qu'il allait y chercher de l'argent pour les pauvres.

Désormais sans place et sans moyen d'en obtenir une, pauvre de tout l'argent qu'il n'avait pas voulu amasser dans ses diverses positions brillantes, M. Pelier fit quelques efforts pour trouver une éducation particulière; ce fut en vain. Il se retira donc à Dôle, où il avait été appelé par délibération du conseil municipal ; et il y remplit pendant deux ans les fonctions d'aumônier du collège de l'Arc et du couvent de la Visitation, se livrant d'ailleurs à toutes les parties du ministère ecclésiastique avec son zèle ordinaire.

Il fut apprécié, comme cela devait être, par tous les partis, exception faite apparemment de certaines gens dont l'estime est un outrage. Rien de plus beau dans un prêtre, et rien de plus conforme au cœur de Dieu que cette précieuse faculté de se faire tout à tous. L'intolérance ne suppose pas la pureté, au contraire ; la fermeté implique l'unité de vues et d'action dans la charité, c'est-à-dire l'art de modifier, de plier doucement et de faire concourir au même but les activités les plus diverses du milieu social où l'on vit. Il y a des transactions évangéliques. Qu'on dise pourquoi N. S. Jésus-Christ s'asséyait à la table des Pharisiens, et se laissait admirer par ces races de vipères!

M. Pélier prêcha le jubilé à Dôle, en 1832 (1). Il remplaçait les Jésuites, victimes encore des héroïques indignations de 1830, et obligés de se cacher pour vivre. Il eut l'audace de prendre leur dé-

---

(1) Il avait été appelé par M. Clausel, au nom des habitants de Chartres, pour prêcher le jubilé dans cette ville en 1826. On s'aperçoit encore du bien qu'il y fit.

fense énergiquement et souvent; et je ne sache pas qu'il s'en repente aujourd'hui. En vérité, s'il n'était pas aussi manifeste que les sots, depuis Adam, sont en majorité, justifier cet admirable institut serait plus que faire une chose niaise à force d'être superflue, ce serait les insulter. Suivons les faits :

En 1835, M. Pelier, déjà chanoine de Chartres depuis treize ans, fut nommé au chapitre de Saint-Claude. Il reprenait ses anciens travaux sur l'histoire ecclésiastique lorsque parurent, en forme de chansons et de pamphlets, quelques plaisanteries que M. de Chamon (1) prit pour lui. Or, sur je ne sais quelle dénonciation, M. Pelier fut accusé d'en être l'auteur, et cité à comparoître, sous peine de suspense *ipso facto*.—J'analyse des *Mémoires* impri-

---

(1) Évêque de Saint-Claude. — Antoine-Jacques de Chamon est né à Bulgnéville, dans la Lorraine. Après y avoir fait ses premières études, il entra au petit séminaire de Toul, où il fut ordonné prêtre en 1790. Vers 1792, il émigra et se fixa d'abord en Allemagne, puis en Pologne, où ses relations de service (il enseignait le français) lui procurèrent un canonicat honoraire, c'est-à-dire la décoration de chanoine. Il se rendit ensuite à Vienne et y fut employé dans les bureaux du ministère de la guerre. Lorsqu'il revint en France, il fut nommé aumônier d'un régiment de cavalerie, puis grand-vicaire de M. de la Porte, à Carcassonne. Il accepta, en 1823, le siège de Saint-Claude, refusé par MM. de Pierre, curé de Saint-Sulpice, et de Sagey, ancien grand-vicaire du Mans. Le Souverain Pontife venait de rétablir ce siège, dont le conseil-général du Jura demande constamment la suppression.

més alors. L'accusé ne comparut pas. En écrivant qu'une maladie l'empêchait de sortir, il offrit de satisfaire par lettres à toutes les questions qu'on voudrait lui faire. « La suspense est encourue, » répondit le prélat. L'affaire alors fut portée au tribunal métropolitain. Dans son *factum* à l'appui, M. Pelier de la Croix expose les faits avec clarté; il les discute avec son érudition de bénédictin; il établit par mille moyens la nullité de la censure; il y joint, par ménagement pour son supérieur, un appendice écrit en latin, où il prouve que l'ordinaire et ses délégués sont eux-mêmes suspens *ipso facto* pour une année, s'ils prononcent une peine ou une censure contre leur conscience et contre la justice, s'ils jugent au détriment d'autrui par faveur ou par avarice, etc., etc. « Après une sentence de ce genre, dit-il, s'ils continuent de monter à l'autel, ils deviennent irréguliers et ne peuvent être relevés que par le Saint-Siège. » (1)

L'administrateur de Lyon, M. de Pins, pour des motifs assez connus, ne voulut ni entendre ni voir M. Pelier. Force fut donc à celui-ci de faire constater, par les voies légales, ce qu'il qualifiait deni de justice, et d'en appeler au Conseil-d'État. Nou-

(1) Deuxième Concile général de Lyon.

veau mémoire, où les questions sont traitées au point de vue de la législation civile, avec le calme d'un homme qui sent sa force et le zèle d'un prêtre qui veut arrêter le scandale par une prompte décision. M. Teste, alors ministre de la justice, nomma des arbitres qui furent acceptés. MM. de Bonald, évêque du Puy, et de Vie, évêque de Belley, après un mûr examen, prononcèrent à la satisfaction des deux parties; et le savant chanoine de Saint-Claude est autorisé depuis lors à résider dans la capitale, aussi longtemps qu'il le voudra, sans rien perdre des émoluments affectés à son titre. Les parisiens ne s'en plaindront pas !

Et M. Affre non plus. Que dis-je? lorsqu'il était grand-vicaire-capitulaire, comme après sa promotion à l'épiscopat, M. Affre n'a pas laissé ignorer à M. Pelier l'estime particulière qu'il a pour lui; et c'est malgré les offres les plus grâcieuses de sa part, que l'ancien vicaire-général de Chartres, aumônier de la Légion-d'Honneur, des Quinze-Vingts, etc., etc., n'est plus qu'un humble chapelain des dames hospitalières de Saint-Augustin et des cliniques de l'École de Médecine.

Au reste, pour jeter quelque jour sur cette affaire de Saint-Claude qui vient de nous occuper et satisfaire la juste curiosité du lecteur, j'ai cru devoir insérer dans cette notice quelques-unes des pièces incriminées. Je n'en connais pas l'auteur, mais je puis affirmer qu'il ne s'appelle pas M. Pelier de la Croix. On s'en convaincra surabondamment par une simple lecture.

M. de Chamon venait d'imposer aux chanoines et curés de canton l'obligation de porter la rotonde, espèce de camail plus petit que la mozette. Il y eut résistance du fait de quelques prêtres, parmi lesquels se trouvait M. Pelier.

CHANSON SUR LA ROTONDE.

Air des Visitandines : *Ah! daignez m'épargner le reste;* ou du Secret : *Femmes, voulez-vous éprouver ?*

  Ah! c'est trop amusant, vraiment,
  De voir comme en sa pétaudière,
  Se pavanne orgueilleusement
  Monseigneur de la Rotondière;
  Il croit son mérite infini,
  Et dans sa sagesse profonde,
  Avoir trouvé la pie au nid,   bis.
  Lorsqu'il inventa la Rotonde.   bis.

  Hors C......, qui se fût jamais
  Avisé d'une farce telle !
  Après ce phénix désormais,
  Aussi faut-il tirer l'échelle.
  Inventeurs, brûlez vos brevets;
  Tous les plus beaux secrets du monde
  Sont de la graine de niais,
  Purs à côté de la Rotonde.

  De nom, si ce n'est pas d'effet,
  Pour la gloire de la patrie,

Tout d'un coup ce grand homme a fait
Revivre la chevalerie :
Jadis on nommait les héros
Chevaliers de la table ronde ;
En chiffre aujourd'hui maints zéros
Sont chevaliers de la Rotonde.

Sous ce costume original,
Des doyens qui voit la brigade,
Peut se croire en plein carnaval,
Au milieu d'une mascarade.
Vraie enseigne de cabaret,
De plus d'une lieue à la ronde,
Se voit le rouge lizeret
Qui borde la fine Rotonde.

Seuls ils ont le droit de bénir
Ornements et linges d'église :
A bon droit, faut en convenir,
Tout le clergé s'en scandalise.
Des gens se moque Sa Grandeur
Dont la folie est sans seconde :
Pour bénir au nom du Seigneur.
Qu'a-t-on besoin de sa Rotonde ?

J'étais pour eux plein de respect ;
Du Seigneur ils sont les ministres ;
Mais depuis qu'ils sont des Gisquet,
Mépris pour eux et leurs registres.
Le tribunal ne suffit plus :
On leur donne la charge immonde
D'espionner jusqu'aux vertus
De ceux qui n'ont pas la Rotonde.

Chapelle-Vollant, Menothey,
Les Planches, Voiteur et Cousance,
Aux yeux du nouveau Philoté
Vos pasteurs *manquent de prudence,
De piété, d'instruction.*
Les voilà signalés au monde
Pour n'être rien dans leur canton :
Ils n'ont pas gagné la Rotonde.

Sous sa mitre aiguë, il se croit
Le premier moutardier du pape,
Et plus noble encor que le roi ;
Faut voir aussi comme on le drape !
Le *de* qui précède son nom
Et sur quoi la morgue se fonde,
Est de sa composition,
Tout aussi bien que la Rotonde.

Pour être impérieux, hautain,
Je n'en connais pas de sa trempe.
Il faut, sous sa crosse d'airain,
Que tout se courbe et que tout rampe.
Contre ce tyran, tout curé
Qui se regimbe et qui le fronde,
Loin du nez doit être assuré
Que lui passera la Rotonde.

Entêté comme un vrai mulet,
Sans vous entendre il vous condamne ;
Et le premier qui lui déplait,
Reçoit le coup de pied de l'âne.
C'est dans l'ombre et traîtreusement
Que vous frappe sa sourde fronde,
Qui n'atteint que plus sûrement
Les détracteurs de la Rotonde.

Par ses espions il se conduit.
S'ils lui rapportent les libelles,
Les pamphlets qu'on fait sur lui,
Il doit en entendre de belles !
Les moins hupés, les plus pimpants,
A leur gaîté lâchent la bonde,
S'amusent tous à ses dépens,
Sans plus épargner la Rotonde.

Nouveau Tristan, son grand prévôt,
Exécuteur des hautes-œuvres,
Son pesant d'or ce Gisquet vaut ;
Qui ne connait pas ses manœuvres ?
Plat valet, voué tout entier
Au maître exigeant qu'il seconde,
Et, de plus, premier rotondier,
Partout il prône la Rotonde.

Si jadis descendit des Cieux
Sur la terre l'Esprit de vie,
De nos jours La Mouille a fait mieux,
Il l'a pris à la friperie.
Et par un chiffon nos doyens
Sont les nouveaux flambeaux du monde ;
Cédez, cédez, premiers chrétiens,
Aux chevaliers de la Rotonde.

Rome envoie à quelques docteurs
Le pallium du saint mérite,
Condat le sien à ses flatteurs,
A qui fait bouillir sa marmite.
Echansons, plats valets, mouchards,
Et vous, joyeux amis du monde,
Rassurez-vous, tous vos écarts,
S'effaceront sous la Rotonde.

Aux morts, quand Jésus-Christ touchait,
Soudain la vie était rendue :
Plus que Dieu mon gaillard en fait,
Sans toucher les gens il les tue ;
Lui-même il osa s'en vanter.
L'évêque choisit bien son monde
Lorsqu'il se fie et fait porter
A ce fanfaron la Rotonde (1).

J'aime ces prélats indulgents
Qui ne sont pas fiers de leur mitre,
Qui, lorsqu'ils reprennent les gens,
N'ont garde de casser les vitres ;
Mais au diable le vieux têtu
Qui toujours crie et toujours gronde,
Qui croit qu'il n'est point de vertu,
Point de salut sans sa Rotonde.

S'il morigène et met au pas
Les trembleurs et les imbéciles,

(1) On dit que M. Pelier a beaucoup à se plaindre de
M. de Montgaillard, grand-vicaire de Saint-Claude.

Les gens éclairés ne sont pas,
A beaucoup près, aussi dociles.
Le curé Droz, l'abbé Pelier,
Dont on admire la faconde,
Ne sont pas hommes à plier
Sous ces abus, sous sa Rotonde.

Toutes les nuits je crois vraiment
Qu'avec le diable Ch..... couche,
Car ce saint homme a constamment
Le nom de Satan dans la bouche,
Un beau jour il pourrait fort bien,
Quand il sera dans l'autre monde,
De Belzébuth faire un doyen,
Et lui repasser la Rotonde.

Après lui nul n'habitera
Le palais de la Rotondière,
Dont la clé tout le temps aura
De se rouiller sous la chatière :
Ch.... mort, adieu l'évêché,
Il ne comptera plus au monde ;
Pour vous, doyens, j'en suis fâché,
Faudra mettre au croc la Rotonde.

BOUQUET.

Moi, je suis Saint-Jean-Bouche-d'or,
En dépit de toutes les chartes ;
Si Ch.... s'en fâche, il a tort ;
Au surplus, qu'il prenne des cartes.
Je puis braver impunément
Du prélat l'humeur furibonde ;
Je ne dépends, heureusement,
Ni de lui ni de sa Rotonde.

MON CHAT.

Air à volonté.

Voici des couplets sur mon chat,
Ce sujet en vaut bien un autre :

Pendant que cette bête est là,
Je n'irai pas en chercher d'autre :
En parole comme en écrit,
De sujets opposés on traite ;
Si l'on chante les gens d'esprit,
On peut chansonner une bête.

A dire vrai, je ne sais pas
De quel matou mon chat procède ;
Ce que je sais, c'est que le pas
Il veut que tout matou lui cède.
On le prendrait pour un pacha,
S'il avait la queue à la tête !
Sa morgue prouve que mon chat
Du monde est la plus fière bête.

Je crois que sa mère a gâté
Mon chat, dès sa tendre jeunesse,
Car c'est bien le plus emporté
Des animaux de son espèce.
Pas ne suis surpris que mon chat
A ne vouloir céder s'entête ;
L'entêtement, chacun sait ça,
Est l'apanage d'une bête.

Mon chat se nomme aussi Moucha ;
Comme le chien de Jean d' Nivelle,
D'un autre nom que celui-là,
Il se sauve quand on l'appelle ;
Il est si jaloux de son nom
Que son nom lui tourne la tête ;
Toutefois qu'il soit noble ou non,
C'est toujours une noble bête.

Mon chat veut toujours avoir droit ;
Contre lui, dès qu'il se rebiffe,
Nul chat, même le plus adroit,
Ne peut parer son coup de griffe.
Si les chats avaient le secret
D'user de leur langue muette,
Pas n'en est un qui ne dirait
Que c'est une méchante bête.

Quand il fait patte de velours,
C'est quand il est le plus à craindre,
Qu'il rêve à quelques méchants tours,
Que sa griffe va vous atteindre.
Plus ses dehors sont apparents,
De nuire plus mon chat projette.
Si mon chat n'est pas des plus francs,
C'est toujours une franche bête.

Deux matous, de même maison,
Et mon chat sont toujours ensemble ;
Toute simple en est la raison,
Car qui se ressemble s'assemble.
Ensemble on dit de trois amis :
Dans un bonnet voilà trois têtes ;
Et de ces trois-ci réunis :
Au lieu d'une, voilà trois bêtes.

Maints matous de divers cantons,
Avec mon chat de connivence,
De mon chat singent les grands tons,
Et de mon chat ont l'arrogance ;
Tous n'en sont pas moins obligés
D'aller lui faire des courbettes.
A la même enseigne logés
Que mon chat, ce sont tous des bêtes.

Mon chat tient en grippe deux chats,
Sans contredit des plus honnêtes :
Se figurer on ne peut pas
Les sottises qu'il leur a faites.
A tous ceux contre qui mon chat
Nourrit une haine secrète,
Jamais il ne pardonnera.
O quelle rancuneuse bête !

Si ce vieux Rominagrobis
En tout lieu veut être le maître,
Point n'existe de vieux Rabis
Plus grec que mon chat ne peut l'être ;
D'orgueil bien qu'il soit tout bouffi,
Sa mesquinerie est complète.
Ce n'est jamais qu'à son profit
Que *ratte* cette vieille bête.

Mon chat partout s'en va chercher
Les bons morceaux dont il *s'empaffe*;
Lestement pour les accrocher,
Sa patte fait le télégraphe.
Pour être de ses bons amis,
Comme un prince il faut qu'on le traite,
Que le couvert soit toujours mis.
Jour de Dieu, la gourmande bête !

Mon chat ne peút dégénérer.
Vieux et battu comme les rues,
Sa malice sait réparer
Ses forces par l'âge abattues.
Je connais cette bête-là
Tout comme si je l'avais faite.
Mon chat sera, malgré cela,
Toujours une fameuse bête.

BOUQUET.

. . . .
. . . .
. . . .

VERAX.

S'il est toujours raisonnable et nécessaire d'attaquer des abus, en quelque lieu qu'ils se trouvent et quels qu'en soient les auteurs, jamais un homme n'a le droit d'injurier exclusivement et absolument un autre homme pour le corriger. Certes, de la critique légitime à celle qui ne l'est pas, la différence est peu apparente quelquefois; et l'amour-propre, comme l'injuste rancune de ceux qui sont jugés, se plaît à confondre la première dans l'autre, pour jeter de l'odieux sur elle, et se trouver ainsi vengé en face de l'honnêteté publique ; mais le sage ne s'abuse pas à ce point.

L'auteur de ces chansons a eu tort de faire des chansons. La dignité épiscopale est quelque chose de trop grand pour qu'on doive s'en jouer de cette sorte. Il y a plus : l'auteur emploie des termes que n'avoue pas la bonne compagnie ; et le dernier mot du refrain de *Mon Chat* ne serait pas même parlementaire à la Chambre des députés. J'en suis fâché pour l'esprit de l'auteur, que j'ai trouvé d'ailleurs facile et caustique.

En ce qui touche personnellement M. de Chamon, je n'ai point à me prononcer ici. Nous apprécierons plus tard ses actes en général, et ceux-ci en particulier, mais sans aucune espèce de *rimes* ; tout simplement en prose, et avec *raison*. M. Pelier nous a donné un bon exemple du genre, dans ses *Mémoires*.

Au fait, on n'a pas besoin de chanter lorsqu'on parle si bien qu'il le fait ; et, je trouve là sa justification, comme dans toutes les habitudes de sa personne. Au moral comme au physique, M. Pelier est bien l'homme le moins badin du monde ; il est de la famille de Baronius et des Bollandistes plutôt que de la secte d'Épicure ou du *Caveau*. Tête osseuse et carrée, s'il en fut jamais, œil creux, méditatif et plein de syllogismes, démarche lente et fortement caractérisée, bel organe bien sonore et bien nourri; voilà pour l'extérieur. Nous avons assez vu quelles étaient ses inclinations et ses études : éloigné de toutes les idées de luxe et de frivolité qu'il dédaigne, nul n'est plus austère dans sa mise comme dans son ameublement et sa manière de vivre. Il chérit les vieilles traditions comme la vieille discipline ; il tapisse ses murs avec des in-folios ; discute sèchement, quoiqu'avec intérêt, sur les points les plus difficultueux de la science ecclésiastique; il a quelquefois des ingénuités d'enfant, et toujours une douceur inexprimable dans le commerce intime; il mange fort peu et boit beaucoup d'eau. Eh ! par ma foi, ce n'est point là un chansonnier.

10 Décembre 1841.

Paris. — Imp. de A. APPERT, pass. du Caire, 54.

Biographie du Clergé Contemporain.

A Appert Edit Passage du Caire

M. DEGUERRY

M. DEGUERRY.

La vérité doit faire le fond de tous les discours, qui ne seraient sans elle que de vaines déclamations. Jamais il n'est permis de la sacrifier : elle est pour instruire la suite des âges. Ainsi, et seulement ainsi, ses enseignements sont utiles aux générations qui s'élèvent. J'entends dire que le bien de la Religion et le respect dû aux autorités exigent que l'on dissimule des faits qui sont des fautes, un oubli de la raison et de l'humanité; mais le peut-on encore, lorsque des ouvrages nombreux les rapportent, et que la main du siècle déchire le voile dont on voudrait les couvrir? Le peut-on encore, lorsque tout le monde les sait, et que, suivant la marche ordinaire, il affecte de les publier à proportion que l'on affecte de les cacher? Qui souffre de ces dispositions contraires? le Christianisme, que vous vouliez pourtant mettre à l'abri; on lui impute ces écarts; au lieu qu'en les rapportant avec fidélité, les esprits, que charme cette franchise, sont disposés à séparer l'œuvre de l'homme de l'œuvre de Dieu, et à conserver de la sorte à celle-ci vénération, attachement, etc., etc.

DEGUERRY, *Eloge de Jeanne d'Arc.*

Je livre aux méditations de mon lecteur chacune des lignes et chacun des mots qui forment cette épigraphe. Ce n'est pas la dernière fois que je les cite. On y trouve une réponse toute prête à certaines accusations de mauvais aloi qui pourraient, je le sais, me survenir. — Commençons.

« J'assistais hier à un sermon de M. l'abbé Deguerry, le plus beau discours de la chaire que j'aie entendu depuis mon séjour à Paris, je pourrais dire le plus beau discours que j'aie entendu de ma vie ; un discours fait pour exercer une heureuse influence sur tout chrétien de telle secte que ce soit, *sans l'ombre d'allusion à la doctrine.*

« On voudrait faire écouter un sermon de ce genre par tout soi-disant infidèle, en présence d'un auditoire chrétien. On se réjouirait de voir cet être s'amoindrir et rentrer dans le néant, au milieu de son arrogance ; on aimerait à le voir réduit au silence par un simple mot.

« M. l'abbé Deguerry est un jeune homme : on ne lui donnerait pas trente ans ; mais la nature paraît l'avoir doué d'un talent qui demande ordinairement de longues années d'études pour arriver à la perfection. Son éloquence est de la meilleure trempe ; elle a en vue plutôt le bien-être des assistants que la gloire mondaine de l'orateur.

« Tout en écoutant ces phrases qui coulaient avec grace, j'éprouvais la conviction que leur cadence harmonieuse n'était point étudiée. Ce n'était que l'effet spontané d'une perception puissante et d'une extrême facilité d'élocution. L'orateur avait sans doute médité son sujet et pesé mûrement ses raisonnements; mais pour le style, c'était un pur don du ciel.

« Les sermons d'abondance m'ont toujours paru chose singulièrement présomptueuse. Tout auditoire a droit d'attendre de celui qui s'adresse à lui avec autorité et sur des sujets d'importance, des pensées au moins bien muries, des expressions choisies et des raisonnements consciencieux. Qu'il est rare, le talent qui peut nous présenter tout cela sans une étude longue et minutieuse !

« Mais, en écoutant M. Deguerry, je me suis convaincue qu'il est possible pour un homme d'une capacité supérieure, d'adresser sans présomption à ses semblables un discours non écrit ; *non lu* ou *non appris* serait peut-être plus exact, car il n'est pas probable que le discours que j'ai entendu ait été absolument et entièrement improvisé.

« Le prédicateur n'a pas perdu de vue un instant le fil de son raisonnement qui tendait à démontrer la faiblesse et l'insuffisance de l'homme sans le secours de la révélation et de la foi religieuse. Il n'y avait là ni surabondance de paroles, ni répétitions, ni rhétorique usée. C'était la voix de la vérité parlant avec cette éloquence universelle qui se fait sentir à toutes les nations et à toutes les croyances. Elle a coulé toujours claire, belle et forte jusqu'à la dernière parole. »

Voilà un jugement de la célèbre miss Trolop, auteur fort critiqué d'un ouvrage fort remarquable sur l'Amérique, et d'un autre intitulé : *Paris et les Français en 1835.* C'est dans celui-ci qu'elle a dit quelques mots de MM. Lacordaire, Cœur et Deguerry. Qu'on lui reproche un peu d'exagération dans la forme, et je ne sais quelle vague exubérance du *style protestant* (1), je le veux bien ; je veux bien encore que la traduction de ce passage fourmille d'*anglicismes*, car il a été mis en français par une compatriote de l'auteur, et j'avais quelques raisons de n'y rien changer. Toujours est-il que voilà un jugement de miss Trolop, et qu'il m'a semblé bon de le placer en tête d'une notice sur M. Deguerry.

Gaspard Deguerry est né à Lyon en 1797 (2). Ceux

---

(1) Style à part comme la physionomie des races juives ; j'insiste.

(2) On l'appelait, à une certaine époque, tantôt *Deguerry* tantôt *Duguerry*, sans qu'il y fît même attention. Il devint aumônier de la garde, sous le nom de *Duguerry*; mais au moment de l'inscrire sur les registres matricules, on vit que son acte de naissance portait *Deguerry*; et il fallut même

qui ont écrit qu'il avait quarante-six ans au mois de de septembre 1840 se sont trompés. Sa famille est originaire de Suisse. Thomas Deguerry, son père, qu'il a perdu en 1800, vendait du bois de construction. Il serait issu, sans plus de peine, d'un autocrate de toutes les Russies. Sa bonne et pieuse mère, Anne des Flèches, resta veuve à vingt-cinq ans. Douée de tous les avantages de l'esprit et de la beauté, elle refusa les partis qui s'offrirent à elle, et consacra son existence à l'éducation de ses trois fils, Germain, François et Gaspard. Jusqu'en 1830, époque de sa mort, elle a été environnée de l'estime universelle dans Lyon ; et dès les premières années de sa prédication, M. l'abbé Deguerry put voir, du haut de la chaire, le plus touchant comme le plus admirable spectacle qui soit au monde : un mouvement inattendu, la foule des auditeurs qui se levait soudain, se rangeait, et, dans une attitude de vénération profonde, laissait passer la mère de l'orateur !... *Ne dimittas legem matris tuæ*, disent les Proverbes, *ut addatur gratia capiti tuo et torques collo tuo.* « La femme chrétienne, suivant M. de Maistre, est vrai-

pour justifier son identité la signature du président du tribunal civil de Lyon. Il en est aussi qui écrivent *de Guerry*, d'autres *du Guerry* ; l'un vaut l'autre, et tous à la fois ne peuvent toujours avoir de valeur que celle qu'il leur aura donnée.

ment un être *surnaturel*, puisqu'elle est soulevée et maintenue par le christianisme jusqu'à un état qui ne lui est pas *naturel*. Mais par quel service immense elle paie cette espèce d'anoblissement !

M. l'abbé Deguerry, missionnaire apostolique en Chine, est cousin germain de celui-ci. MM. Germain et François Deguerry ont tenté, dans une voie différente, les aventures aujourd'hui si périlleuses du commerce. Pour ne pas blesser la modestie de l'éloquent chanoine, je passe sous silence une admirable particularité de sa vie qui eût pris place ici tout naturellement. « Les belles actions cachées, dit Pascal, sont les plus estimables,... car c'est le plus beau d'avoir voulu les cacher. »

A l'âge de huit ans, le jeune Gaspard fit partie de la maîtrise de Saint-Pierre, sa paroisse maternelle; il s'y distingua aussitôt par ses succès dans les études et sa parfaite aptitude à la musique. Nul parmi ces petits enfants n'avait une voix plus charmante, comme il n'est personne aujourd'hui, parmi les illustrations de la tribune sacrée, qui possède un organe plus puissant et plus magnifique. M. Deguerry chante aussi bien les louanges de Dieu qu'il sait les raconter. *Cantorem autem, sicut traditum est à sanctis patribus, et voce et arte præclarum opor-*

tet esse, ità ut per oblectamenta dulcedinis animos incitet audientium (1).

De la maîtrise il passa dans les petits séminaires; mais lorsque ces institutions furent placées sous la dépendance de l'Université, c'est-à dire détruites, en 1812, il se rendit à Villefranche et suivit pendant deux ans les cours d'un collège, sans jamais dégénérer des éminentes dispositions dont il avait fait preuve dès l'abord.

Que dis-je? il en avait manifesté d'autres. Son goût pour l'état militaire était connu; et les succès qui l'attendaient en cette carrière difficile, ne faisaient pas l'objet d'un doute. N'eût donc été la paix de 1814, M. Deguerry serait soldat aujourd'hui; et à propos, je sais une petite anecdote.

En cette année là même de 1814, Villefranche était cernée par l'armée autrichienne, et défendue par quelques jeunes soldats (2) et par cinq ou six bataillons de vaillantes troupes amenées en poste de l'Espagne. M. Deguerry, avec une douzaine de ses camarades, eut alors l'idée de se présenter au maréchal Augereau qui commandait l'armée française :
« Maréchal, lui dit-il, donnez-nous des armes et

(1) Conc. Aquisg.
(2) Là se trouvait, dans le détachement fourni par le dépôt du premier régiment de hussards, M. Suchet, aujourd'hui vicaire-général d'Alger.

nous vous aiderons à *purger le sol de la patrie de la présence de l'ennemi.* » (Nos Messieurs étaient des rhétoriciens). Augereau ne partagea point cet avis ; il répondit qu'en des circonstances si critiques, leur concours serait moins un avantage qu'un embarras, et qu'on ne s'improvisait pas homme de guerre comme joueur de billes; puis, les ayant félicités pour leurs intentions, il les renvoya au collège. Les rhétoriciens se retirèrent en disant que le général en chef *trahissait.*

C'est encore à la même époque (novembre 1814) que M. Deguerry fut envoyé au séminaire de l'Argentière. On y faisait trois cours : philosophie, mathématiques, une première année de théologie. Le cours de philosophie comptait cent vingt élèves. Deguerry fut bientôt le premier. En cette qualité, il prononça le discours d'usage, aux thèses publiques du milieu et de la fin de l'année scolaire. Les mêmes honneurs lui furent accordés en vue de la même supériorité pour les mathématiques et l'éloquence sacrée; et ces lauriers le consolèrent un peu de ceux qu'il n'avait pas moissonnés sur les champs de bataille. Je me sers du langage de l'époque.

C'était du reste un assez joli passe-port pour arriver au grand séminaire de Saint-Irénée. Il y entra en 1817.

Or, les plus forts élèves de cette maison suivaient les cours de la faculté de théologie au collège royal. M. Deguerry sut encore prendre place au milieu d'eux, et même à leur tête.

Voici un mot de M. l'abbé Jacques qui résume admirablement tout ce que je pourrais dire à ce sujet (1). Le jeune homme avait longtemps et plusieurs fois disserté sur une matière difficile et délicate, lorsqu'enfin le point controversé fut éclairci et résolu.

« Eh bien, dit le vénérable professeur, en s'adressant à toute la classe réunie : *quis putas puer iste erit?* » Un grand silence régna dans l'immense salle ; chacun sentit la vérité quasi-prophétique de cette application ; chacun l'a vue se réaliser ; je voudrais vous communiquer, ô mon cher lecteur, les ré-

---

(1) M. l'abbé Jacques était professeur de dogme à la faculté de Lyon. Aussi distingué par sa science que par ses vertus angéliques, il avait obtenu à l'âge de vingt-six ans une chaire de théologie à Besançon ; il possédait si bien les Pères qu'il eût pu réciter de mémoire et sans faute les ouvrages principaux de saint Augustin : patience effrayante ! facilité prodigieuse ! il fit plus, ayant été jeté en prison durant la terreur, et, n'ayant aucun livre que le dictionnaire latin et le dictionnaire français de Boudot pour utiliser ses tristes loisirs, il apprit par cœur l'un et l'autre, et nonobstant cette accointance, il parlait la langue de Cicéron avec l'élégance des Muret et des Jouvency. Il est mort en 1823, après avoir prédit plusieurs mois d'avance et constamment sa dernière heure.

flexions d'un ancien condisciple de M. Deguerry, témoin du fait et qui me l'a rapporté.

M. Bochard était là, toujours là! nulle capacité n'échappait à M. Bochard. M. Deguerry tomba dans ses filets, et s'y trouva bien. Il terminait alors sa première année de grand seminaire; quoique résidant aux *Chartreux*, il en suivit encore les leçons pendant les deux années suivantes, ce qui veut dire jusqu'en 1820.

M. de Mons lui avait conféré successivement les ordres mineurs, le sous-diaconat et le diaconat; le diaconat qui est *un ordre sacré par lequel on reçoit la puissance de rendre au prêtre les principaux services dans l'action du sacrifice et de chanter solennellement l'évangile.* Sur le dernier point, M. Deguerry avait la plus brillante réputation du séminaire; sur le premier, comme dans toutes les cérémonies ecclésiastiques, il s'était fait si particulièrement remarquer qu'aujourd'hui encore les fidèles de Lyon s'en souviennent et nous en parlent avec complaisance. Saint Jérôme faisait de Népotien un éloge que je citerais ici pour l'appliquer à M. Deguerry, si le passage était moins connu (1).

(1) J'ai quelque raison d'arrêter mes regards sur l'*ordination* des hommes qui composent cette biographie; c'est là un acte terriblement définitif pour eux et la société. « Si j'avais sous les yeux le tableau des ordinations, dit un philosophe illustre, je pourrais prédire de grands évènements. »

En 1820, au mois de mars, il fut ordonné prêtre, par M. de Québec (à l'occasion de son passage à Lyon). Il n'avait que vingt trois ans. M. Bochard le nomma successivement professeur de philosophie, d'éloquence sacrée et de théologie dans sa maison même; car, pour que les élèves destinés à l'association n'eussent pas à se rendre chaque jour sur les bancs de Saint Irénée, il avait fondé diverses chaires. Plus tard M. Deguerry fut supérieur de ces jeunes aspirants.

Ceci nous conduit en 1824 et au premier Carême qu'il a prêché à la Primatiale de Lyon. Son début fut un triomphe. La foule croissait de jour en jour ; à la fin de la quarantaine, l'Église pouvait à peine la contenir. Quelqu'un lui dit : « vous serez un jour prédicateur du Roi. » Il le fut cinq ans après.

J'ignore les raisons qui le déterminèrent à quitter Lyon pour Paris en 1825, mais j'ai droit de les croire honorables, par induction, ou, s'il faut expliquer ce terme, par la connaissance qui m'est bien acquise du caractère de M. Deguerry. Un homme de sa sorte peut aimer la gloire, mais non s'abaisser aux infimes calculs de l'ambition. Plus d'une place brillante et lucrative s'est présentée à lui, comme nous l'allons voir, sans qu'il ait daigné l'accepter; et les indigents vous diront l'estime qu'il fait du métal monnoyé.

M. de Pins se trouvait à Paris en 1825, pour le sacre de Charles X. Il pria M. le prince de Croï de placer M. Deguerry comme chapelain dans l'une des maisons royales dont il avait la juridiction; et en conséquence, M. Deguerry fut attaché à l'hospice des Quinze-Vingts, le mois de juillet suivant.

C'est là que MM. les curés de Paris, bien avisés quelquefois, vinrent le chercher, et mettre leurs chaires à sa disposition. On se rappelle à Saint-Germain-des-Prés l'impression qu'il y fit en 1826, époque du dernier Jubilé (1). Les prédicateurs, quelque nombreux qu'ils fussent, ne suffisaient pas aux demandes que les diverses paroisses leur adressaient, et par conséquent à la pieuse avidité des fidèles : chose bien douce à dire ! il fallait donc que chacun d'eux se multipliât en quelque sorte. M. Deguerry parut dans le même carême à l'Abbaye et à l'Assomption.

Or, entre autres personnes qui l'entendirent et apprécièrent son beau talent, M. Feutrier, évêque de

---

(1) Voici une répétition pour ceux qui lisent mes notices partiellement. Je m'en permets bien d'autres pour le même motif. C'est un des inconvénients du mode de publication, fort utile d'ailleurs, qu'il m'a fallu adopter. Puisse cette observation me servir d'excuse !

Beauvais, le fit appeler, le complimenta et lui offrit de l'attacher à sa personne avec un titre de chanoine en titre et de vicaire-général honoraire, ne lui laissant pas ignorer que des circonstances prochaines le porteraient, sans aucun doute, au ministère, et qu'il le suivrait dans cette position nouvelle. Encore un acte de ce genre, et je suis l'ami de M. Feutrier.

M. l'abbé Deguerry fut très sensible, comme il devait l'être, à ce noble procédé ; mais il n'accepta rien. « Je n'ai quitté mon diocèse que pour m'instruire, dit-il, et me former par une plus large expérience à l'exercice du ministère ecclésiastique. Entrer si vîte et avec tant d'avantages dans la carrière des honneurs, serait exciter à Lyon plus que de l'étonnement. » Eh bien, de vous à moi, M. Deguerry, voici une question : si vous vous étiez attaché à la fortune de M. Feutrier, qu'auriez-vous dit des ordonnances de 1828, et qu'en avez-vous dit? qui l'eût emporté, votre inflexibilité doctrinale ou votre amitié? Eh mon Dieu, oui ! on est généralement trop leste à se charger de reconnaissance, et il naît de là bien des sacrifices de Jephté ! « évitez à la fois, dit Barthélemy, de vous laisser facilement protéger et d'humilier ceux que vous avez protégés. » mais ceci ne vous regarde pas.

Les instincts militaires de M. Deguerry s'accommodaient mieux, j'en suis sûr, du poste qui lui survint. En janvier 1827, il fut nommé par M. le cardinal de Croï, aumônier du sixième régiment de la garde royale où il est resté jusqu'en 1830.

Les soldats ne sont pas la partie la plus intelligente d'une nation. Il y a un vieux proverbe qui en fait foi et que je n'ose dire. Comme tous les êtres bornés, ils sont naturellement têtus, soupçonneux, d'un jugement faux, d'un orgueil niais et brutal. Ce qui demande une réelle délicatesse, une certaine hauteur de vues, même bourgeoise, un peu de pénétration, ne leur convient pas; ils en font vîte justice entre eux par je ne sais quel éclat de mots ou de rire infiniment bête et qu'ils estiment superbe. Les armées se composent de paysans philosophes et flaneurs. Demandez à nos bons curés ce qu'ils pensent d'un *tourlourou* qui revient au village après *ses huit ans ;* et ne croyez pas que, sous ce rapport, la garde royale fût beaucoup en arrière des troupes de ligne actuelles.

Donc, quelle tache que celle d'un aumônier ! que de qualités sont nécessaires pour la remplir ! quelle finesse de tact ! quel esprit et quelle douceur ! quelle science des hommes ! Quel soin d'éviter la familiarité qui engendre, surtout en ce cas, le mépris, et de s'arrêter précisément aux termes de l'affabilité ! Quelle habileté pour se soustraire aux interprétations haineuses ou maladroitement bienveillantes! position si épineuse enfin, qu'à leur insu même, les hommes les plus prudents l'avaient prise en défaveur, et qu'on a bien pu oser me dire : « vous avez offensé M. de Genoude en comparant sa physionomie extérieure à celle d'un aumônier de régiment. » Comme s'il était convenu qu'un titre pareil ne comporte pas la possibilité d'une vie absolument irréprochable !

M. Deguerry était là pour prouver le contraire par ses antécédents même : il se fit aimer et vénérer à la fois. Sans heurter trop violemment des natures débiles et irritables, il sut les apprivoiser et les dompter. « Je suis sûr, disait un officier supérieur de son corps, qu'aucun des militaires qui ont eu M. l'abbé Deguerry pour aumônier, ne mourra sans demander du moins un prêtre ; » et il ajoutait : « parce qu'aucun ne pourra oublier ses solides instructions, et surtout sa belle conduite au milieu de nous. »

Dans son nouveau poste, et malgré des occupations fort grandes d'ailleurs, M. Deguerry n'avait pas abandonné la chaire ; il donna plusieurs carêmes dans les villes où il se trouvait en garnison : à Orléans, à Rouen, à Paris, etc., etc. ; et en agrandissant sa réputation, ses succès avaient augmenté la juste considération dont l'environnait son régiment ; son influence croissait aussi en proportion ; il était à la veille d'un évènement bien précieux pour lui : le Roi Charles X le désigna pour prêcher aux Tuileries le sermon de la cène en 1829.

Son discours qui fut écouté avec une faveur marquée, traitait : 1° des devoirs imposés au monde par Jésus-Christ, 2° des lois de l'intelligence et du cœur de la créature raisonnable et libre, d'après l'Evangile.

M. Deguerry avait trente-trois ans. Il proclama des vérités qu'on n'avait pas l'habitude d'entendre à la cour. Il avait vu l'état des esprits, la difficulté des circonstances, de grandes faiblesses contre d'affreuses conjurations, de la confusion partout ; il s'écriait : « à l'Évangile appartient toute la civilisation dont nous sommes si glorieux et si jaloux aujourd'hui. La vivifiante vertu de sa morale répandue avec le temps dans le corps social comme la sève qui atteint les diverses parties de l'arbre et le fertilise, cette vertu a produit l'*humanité* qui ne signifiait avant lui qu'une certaine culture d'esprit, une certaine politesse de mœurs, et qui imprime, depuis le Calvaire, un sentiment d'intérêt réciproque parmi les hommes, et un sentiment d'intérêt fraternel pour ceux d'entre eux qui sont la proie de quelque infortune. C'est l'Évangile qui a produit l'égalité sociale, puisque, sans détruire la diversité des rangs fondée sur la diversité des aptitudes naturelles et des connaissances acquises, et rendant d'autre part plus auguste et plus sacrée, comme aussi plus généreuse et plus dévouée, l'autorité indispensable à l'établissement et à l'équilibre de la société, il a rapproché les classes supérieures des classes inférieures, et ces dernières des premières; de telle sorte qu'elles ne sont plus étrangères les unes aux autres; qu'elles se mêlent sans se confondre. C'est l'Évangile qui a produit la liberté civile et politique, avec règles sans doute, car la licence serait pire que l'esclavage; mais la liberté raisonnable est tellement dans l'esprit, dans la mission et dans les enseignements de l'Évangile, que, dans tous les lieux où il s'est montré, en même temps qu'il annonçait que par l'effusion du sang du juste, l'éternelle servitude dont l'homme devait subir le châtiment au-delà du tombeau était à jamais détruite, il rachetait la captivité sur la terre, il brisait ses fers, il effaçait du code des peuples cette horrible sentence relative aux esclaves : *non tam viles quam nulli sunt ;* il arrêtait ces trafics sanguinaires de l'homme par l'homme.

D'autre part, il donnait l'impulsion aux sciences presque stationnaires avant lui. Voilà pourquoi tous les royaumes d'où il s'est retiré, tous ceux d'où il se retirerait encore, sont tombés ou retomberont sous le joug de l'ignorance, de l'esclavage et de la superstition. »

Il est assez évident que M. Deguerry pensait alors comme tous les hommes de quelque sens et de quelque moralité. Il n'avait pas compris qu'il fût possible de séparer la monarchie des franchises publiques ; il prévoyait que, dans l'hypothèse d'un divorce et suivant la nature de la lutte qui s'élèverait alors, la monarchie ou la liberté succomberait infailliblement. Ainsi avait-il parlé aux Tuileries.

Lorsqu'en 1825, il prononça l'éloge de Jeanne d'Arc devant les Orléanais, c'est-à-dire devant un auditoire infiniment peu royal, il disait :

« Est-il inutile que la religion le reconnaisse solennellement : qu'en proclamant la source de toute autorité, elle donne aux peuples la haute leçon de la soumission qu'ils lui doivent, et apprenne aux princes comment ils doivent en user pour le bien de leurs sujets.....

« C'était une royauté différente de celle qui nous gouverne maintenant, que la religion inaugurait à cette époque mémorable; mais je saisis avec empressement l'occasion de rappeler que, faite pour s'incorporer aux empires, *non pour les constituer* (1), proportionnée à tous, *elle n'en repousse aucun* (2), elle s'adapte aux monarchies comme aux républiques, comme aux États représentatifs; elle n'est pas chargée du choix, *elle ne doit pas s'en mêler* (3) ; si l'on voulait savoir son avis, elle indiquerait de préférence celui où la faiblesse, dont elle est la protectrice née, aurait le plus de sûreté contre la force. Ne croyez pas, quoiqu'on lui en fasse le reproche, que pour elle un gouvernement très chrétien, même très catholique, soit un gouvernement où l'autorité souveraine est sans limites. C'est le gouvernement où les mœurs sont respectées, surtout au haut de la société, où les vices dorés par la gloire, par la for-

---

(1) Je ne partage point ici l'avis de M. Deguerry, et je pense que tout gouvernement qui ne puise pas dans le christianisme son principe constitutif, est immoral, irrationnel et condamné à d'horribles perturbations que suivra nécessairement la mort.

(2) Pourvu qu'il se trouve, suivant son organisation relative, dans les termes de l'éternelle loi qui régit la société générale, et dans les conditions morales et locales qui lui sont naturellement imposées.

(3) Ceci est faux, et singulièrement dangereux. On y trouverait sans peine un germe d'hérésie dont la volonté de l'orateur n'était pas complice apparemment. Les Orléanais applaudirent aux expressions soulignées.

tune, consacrés par la puissance, n'en restent pas moins sous la flétrissure et l'anathème de l'opinion; c'est le gouvernement où la dépendance de la loi est générale, son exécution franche ; où règne, malgré la différence des rangs, une certaine égalité qui ouvre, facilite les diverses carrières à tous les hommes, parce que Dieu distribue les talents, comme il fait luire son soleil, indistinctement sur tous ; c'est le gouvernement où l'on regrette que le bien public oblige à lever des impôts, où par conséquent on s'efforce d'en alléger le poids ; où l'on punit sévèrement toutes concussions, toutes dilapidations ; où les sueurs, si pesantes aux malheureux qui les versent, ne sont pas pour nourrir, décorer, engraisser la mollesse, la cupidité, l'orgueil, *un vain luxe*, tandis qu'ils manqueront peut-être de pain, qu'on les regardera peut-être comme des hommes d'une autre espèce; mais au contraire où l'on travaille à réaliser le vœu si touchant du Béarnais. La religion les a prises sous sa garde, ces institutions qu'un monarque, riche des trésors de la science, élevé à l'école de l'expérience et du malheur, jugeant les besoins de son époque par l'état de la civilisation, nous a données, pour unir les souvenirs du passé aux espérances de l'avenir. Si l'on est libre d'apprécier cette sage combinaison de pouvoirs où les droits de tous sont clairement exprimés, saintement garantis (1), on ne l'est pas de la respecter, d'y être fidèle : il le faut absolument, sous peine de n'être plus le sujet dévoué du prince qui l'a établie, et le disciple soumis de l'Évangile qui la sanctionne. »

La cour de Charles X écouta le sermon de la cène, ne dit mot, et songea peut-être qu'il était bon d'en faire son profit.

Le morceau cité en second lieu mit Orléans en émoi. Les *loustics* du pays, gens de robe et d'Église, y découvrirent une farouche perversité intellectuelle, et en conséquence, comme on s'exprime audit lieu, absence de jugement. Les jeunes théologiens furent dûment prémunis contre cette *monstrueuse* hérésie de condition politique ; et les rhétoriciens ouïrent un blême professeur qui péniblement articula ces cinq mots : « il... n'a... pas... de... goût... » Les panégyriques de Jeanne d'Arc sont imprimés d'ordinaire aux frais de la ville ; et les citoyens, chose méritoire, au moyen d'une petite cotisation prise sur leurs épargnes de toute l'année, *achètent quelque chose,* puis en font un *cadeau national* à l'orateur. Mais en ces conjonctures, les

---

(1) Bellarmin a dit que le gouvernement monarchique tempéré vaut mieux que la monarchie pure (de Sum. Pont. 113).

choses faillirent se passer autrement ; c'était beaucoup trop qu'on eût écouté jusqu'au bout le *scandaleux* pamphlet de M. Deguerry; pourquoi livrer à la publicité ce qui ne méritait que *l'indignation des honnêtes gens!* « Le cadeau? fi donc! se disait le conseil indigné, nous le garderons pour l'année prochaine; *c'est de l'argent de reste.* »

Un homme se trouva fort heureusement de l'avis contraire. Je voudrais pouvoir dire son nom que je connais fort bien. Il fit à peu près apercevoir à ses compatriotes, *qu'il était essentiel de distinguer entre le sens du crû qu'ils avaient, et le sens commun qu'ils n'avaient pas par la raison qu'ils avaient l'autre.* Il transigea sur quelques points; et il sauva du moins de cette sorte certaines apparences. La postérité pourra dire qu'il fut une vilenie que les *toustics* d'Orléans ne portèrent pas à terme.

En réalité, le discours de M. Deguerry n'a d'autre vice que celui d'avoir été *entendu d'une poignée de niais qui jouaient aux serpents* (1). Etincelant de verve et d'imagination, nourri de pensées profondes, et pour employer un mot vulgaire, tout palpitant d'actualité, ce discours assurait à l'Église un beau talent oratoire de plus. L'énergie de l'idée s'unit

(1) J. J. Rousseau, *Corresp.*

chez le jeune prédicateur à la douceur la plus exquise du sentiment, la noblesse et l'élégance du style à la fermeté des jugements et à l'orthodoxie la plus rigoureuse. Mettez à part cependant quelques phrases d'une infinie longueur d'où résultent des embarras de construction et de l'obscurité ; car il faut être juste et confesser que, maintenant encore, M. Deguerry pèche toujours un peu par cet endroit.

«Place! c'est la révolution de 1830! ô mon Dieu, ayez pitié d'eux, car ils ne savent ce qu'ils font. » Madame de Sévigné avec ses ébouriffantes accumulations d'épithètes, n'eut jamais plus grande nouvelle à écrire. On m'accuse d'une opinion politique! suis-je donc républicain ? très cher lecteur. Au fait, je n'ai point appelé M. de La Mennais un *abbé défroqué, stigmatisé par tous ceux qui le nomment, ni un niais, ni un intrigant, qui écrivait affreusement mal des livres dont il n'est pas l'auteur.* Mais non, je suis autre chose. Légitimiste? car enfin, la notice de M. de Quélen n'est pas, que je sache, une flétrissure des actes de ce pontife vénérable ; plus de dix mille exemplaires en font foi. Mais nous n'y sommes pas encore. Eh bien, on m'a nommé *juste-milieu!* Accusation mirifique à laquelle je fais, moi aussi, tout l'honneur possible en la traitant seulement d'extravagante. J'ai dit.

M. Deguerry n'est pas Juste-milieu. On a voulu lui faire les honneurs d'une opinion politique, et il a été convenu dans un certain monde qu'il comptait parmi les légitimistes. Je le crois, pour ma part, trop consciencieux et trop intelligent pour se rattacher positivement à quelqu'une de ces fractions ou de ces sectes. Les hommes supérieurs ne peuvent partager tant d'infimes passions et tant de travers ; ils ne jurent pas sur la foi d'un journal, c'est-à-dire ce qu'il y a de plus menteur ici-bas, de plus immoral et souvent de plus stupide. Qu'il ait à lui, aussi bien que tout autre, ses principes sur les constitutions de gouvernements relatives ou générales, principes indépendants de toutes coteries et déterminations *à priori,* basés sur un droit d'examen et, en quelque sorte, d'ambition sociale, inhérent aux natures bien faites ; qu'il soit ami de ses frères et prêtre, selon tout l'admirable sens de ce mot, nul n'en convient d'ailleurs plus volontiers que moi ; mais tout s'arrête là ; et certes, c'est bien assez.

J'ai nommé M. Deguerry un ami de ses frères et un prêtre comme tous devraient l'être. J'appuie sur ce point.

M. Deguerry aime le peuple, ce vrai peuple qui n'est pas la plèbe vile et crapuleuse, le peuple, cette ancienne et toujours nouvelle victime des tempêtes politiques (1); bien qu'il ait sacrifié quelquefois à l'incroyable barbarie du dictionnaire diplomatique jusqu'à nommer l'Angleterre *notre implacable ennemie*. Revenons à ces belles paroles : « la religion ne repousse aucune forme de gouvernement, elle s'adapte aux monarchies comme aux républiques, comme aux états représentatifs ; si l'on voulait savoir son avis, elle indiquerait de préférence le gouvernement où la faiblesse, dont elle est la protectrice née, aurait plus de sûreté contre la force » (2). — « Dieu m'en est témoin, dit-il ailleurs, j'oserai ne pas approuver l'inquisition, justice anti-religieuse » (3). Rentrons dans les faits.

Donc, après les évènements de 1830, on offrit à M. Deguerry une place de premier aumônier dans un collège, ou de premier-vicaire dans une paroisse, à Paris. Louis-Philippe avait supprimé, comme je l'ai déjà dit, les aumôniers de régiment

---

(1) Eloge de Jeanne d'Arc, p. 10. Hélas ! on l'a dit :
   Humanum paucis vivit genus.   (Luc., *Phars.*)
(2) Id. p. 30.
(3) Id. p. 41.

qu'il rétablira; et d'ailleurs, la garde royale n'existait plus.

M. Deguerry n'accepta que la permission de prêcher. Il reprit ses études bien aimées, avec plus d'ardeur qu'auparavant, s'il était possible; et, depuis cette époque, on l'a vu successivement dans toutes les chaires de la capitale et des principales villes de la province, toujours environné d'une immense foule, de plus en plus et de mieux en mieux apprécié, placé bientôt par le suffrage public au niveau de nos orateurs contemporains les plus remarquables. Ses débuts l'avaient bien promis.

Toutefois, il faut l'avouer, M. Deguerry a touché de ses lèvres le calice amer que tous les hommes d'une valeur quelconque doivent connaître plus ou moins. Il a eu des détracteurs. Moi-même, j'éprouve à son sujet les ignobles assauts de la calomnie anonyme; et voici d'autre part des lettres flétries par leur signature même. Or, ce n'est pas la vie du jeune prêtre que ces gens ont accusée, disons-le bien vîte; Dieu a voulu qu'elle fût si belle et si pure, qu'ils l'ont jugée eux-mêmes inattaquable. Mais les uns prétendent que sa réputation n'est que le fait d'une coterie, ou d'une frivole séduction d'organe et de formes extérieures; d'autres souhaiteraient, dans leur brûlante charité, qu'ayant quelque talent littéraire, il eût aussi des connaissances théologiques plus sûres. Il y en a qui veulent bien lui supposer quelques bonnes intentions et du zèle, mais en ajoutant que ses sermons ne sont pas à lui. Sont-ce les émules de M. Deguerry qui agissent ainsi ? non, certes ; et qu'ils me pardonnent de parler d'eux en si vilaine matière. Eh ! quel intérêt ces hommes perdus ont-ils donc ? Aucun. « Mais, dit Pascal, quoique les personnes n'aient point d'intérêt à ce qu'ils disent, il ne faut pas conclure de là qu'ils ne mentent point, car il y a des gens qui mentent simplement pour mentir. » L'Écriture Sainte dit plus et mieux encore : « Les méchants boivent l'iniquité comme de l'eau. » Il y eut un homme, (Warburton, si je ne me trompe,) qui fonda en mourant une chaire pour prouver que le pape est *l'antechrist*.

Sans perdre mon temps à réfuter de pareilles sottises, je dois constater l'opinion générale des hommes honnêtes sur M. Deguerry.

Incontestablement, nul ne possède une voix plus féconde en ressources de toutes sortes pour le genre oratoire. Des éclats foudroyants de la colère elle descend avec une flexibilité merveilleuse à l'expression d'un sentiment paisible et doux. Son action particulièrement est saisissante; on a dit même avec un léger accent de blâme qu'elle était théâtrale, ce qui vaudrait bien, en tous cas, les aspirations de cloche et les contorsions raides et pleureuses qui sont d'usage maintenant. Qui de nous n'a souvent admiré cette haute et magnifique stature, cette inexprimable majesté du maintien, cette belle tête si animée, si ardente, si fière, si expressive sur tous points? Tel est M. Deguerry sous le rapport des qualités extérieures.

Sous un autre rapport, trois questions se présentent. Quel est son mérite comme écrivain, ou si l'on veut, à l'égard du style, comme théologien, comme apôtre de Jésus-Christ?

Comme écrivain : ce que j'ai dit de M. Dufêtre, je l'applique à M. Deguerry, sans méconnaître pourtant l'évidente supériorité de l'un sur l'autre. Il est inégal et quelquefois incorrect. On citerait de lui des morceaux irréprochables, parfaits même; mais je ne connais pas un seul discours, imprimé ou non, qui soit exempt de ces grandes faiblesses dont parle Horace : *quandoque bonus dormitat Homerus.* Est-ce un mal? est-ce un bien? Je l'ignore. J'ai dit ma pensée à cette occasion dans la notice nommée plus haut (1). Observons pourtant que les défauts

(1) Page 80 du 3e volume.

de M. Deguerry sont encore des choses brillantes et de nature telle qu'on pourrait les souhaiter à bien d'autres prédicateurs comme des qualités. S'il y a excès chez lui, c'est que l'imagination surabonde, et que la phrase, si je puis ainsi m'exprimer, coule à bords trop pleins : sa richesse devient du luxe et de la prodigalité, sa vivacité de l'emportement, son étonnante facilité de parole une causerie trop familière et trop à l'aise. Je vois à tout cela une grande raison ; c'est qu'en homme qui s'abdique lui-même pour le bien de l'Église, il parle si souvent qu'il n'a ni le temps de polir ses discours, ni la pensée de mesurer sa taille aux proportions de la rhétorique. On m'affirme que, pendant le carême de 1835, il prêcha soixante-dix fois; et je sais ce qui lui advint par suite de ces fatigues énormes : il faillit prendre le temps de mourir; mais il eut heureusement la pensée de n'en rien faire.

Au point de vue théologique, jamais on n'a relevé dans les sermons de M. Deguerry une expression qui fût entachée d'inexactitude, ou susceptible d'un doute. M. Bochard n'est pas suspect en ceci; et on pouvait l'en croire lorsqu'il disait : *il ne sort de chez moi que de la bonne monnaie.* C'est même une chose remarquable que, dans la foule des prédicateurs formés aux *Chartreux*, le plus minutieux puriste en orthodoxie n'en ait pu et n'en puisse trouver un seul en défaut sur ce point. M. Deguerry affectionne le dogme, et d'une manière trop exclusive peut-être, comme presque tous les jeunes orateurs, mais lorsque l'occasion se présente de développer les principes de la morale chrétienne, il paraît si bien dans son élément, que l'on s'étonne de l'y retrouver à si longues distances.

Prêchez pour nous, disaient à saint Augustin les pauvres de son diocèse ; prêchez pour nous, disait naguère à M. Deguerry l'un des curés les plus distingués de la capitale. Voilà une belle parole qui résume tout ce que je pourrais dire du mérite apostolique de M. Deguerry. Ce n'est pas le monde qui tient registre des conversions faites par un prédicateur ; il a d'autres soucis. Ce n'est pas le prédicateur lui-même, qui les voile au contraire de toute sa modestie. C'est Dieu. Je n'apporte donc point de nombreuses preuves ; et je me contente de citer, avec la noble dame dont il a été question au commencement de cette notice (1), une jeune protestante

(1) Cette même dame qui a traduit le passage de miss Trolop et que les sermons de M. Deguerry ont conquise au catholicisme. Je n'ai pas le droit de la nommer puisqu'elle a gardé l'anonyme, mais, comme disait le comte de Maistre, je n'éprouve pas l'embarras de ne savoir à qui adresser mon estime.

dont l'abjuration vient d'avoir lieu à Saint-Philippe-du-Roule, entre les mains de celui qui l'a ramenée à la véritable Église, M. Deguerry.

Au reste, j'ai sous les yeux une feuille littéraire où le Prédicateur se trouve ainsi défini :

« M. Deguerry est regardé, comme l'un des orateurs chrétiens qui ont ouvert la nouvelle école de prédication, que l'on a appelée *romantique*. Cependant la seule innovation que cette école se soit permise et qui du reste s'est maintenue jusqu'à ce jour en se généralisant même, a été de porter dans la chaire évangélique une méthode qui s'occupât moins de nier et de combattre l'erreur, ruinée de plus en plus, que d'affirmer et de révéler la vérité méconnue et ignorée. D'autre part, on voulait donner à la prédication un ton qui n'eût pas la dureté des reproches, parce qu'il fallait, avec les dispositions du moment, l'état des esprits, se rapprocher davantage des formes plus graves quoique aussi ardentes de l'enseignement dogmatique et positif. Si les jugements ont été partagés sur ce mode de prédication, l'on ne peut contester qu'il n'ait été du goût de l'époque ; et les succès des orateurs qui l'avaient embrassé, non par système mais par conscience des besoins de la société, les justifient surabondamment. »

Avant de passer outre, j'ai besoin de faire une réflexion.

Certes, quoi qu'en disent des hommes immensément pénétrants, je ne crois pas avoir fait la cour à M. Affre. J'ai eu toute ma vie un grand amour des faibles, et je ne sais quel instinct déclaré, irrésistible d'opposition contre les puissants. Au fait, les derniers ne manquent jamais de gens qui louent leurs qualités et même leurs défauts ; les autres sont seuls. Or, je ne vois pas comment, pour avoir collationné deux discours de M. Affre qui se démentent l'un l'autre, et avoir fait sur sa personne quelques observations physiognomoniques ou relatives à la musique vocale, je ne vois pas comment pour cela vous me forceriez à blâmer ses choix, celui de M. Fayet, par exemple, le premier administrateur que possède le clergé, celui de M. Cœur son premier orateur peut-être, et de M. Deguerry tel que vous le connaissez à présent.

Lorsque M. Affre fut appelé à la succession de M. de Quélen, M. Deguerry visitait Rome, où, comme à tous les français, le souverain Pontife lui fit un tendre accueil (1). A son retour dans Paris, le

---

(1) Sa Sainteté a daigné lui donner une médaille d'argent portant son effigie.

nouvel archevêque lui annonça qu'il l'appellerait au premier canonicat vacant de Notre-Dame; et c'est au mois de mai 1841, qu'il a remplacé M. de La Calprade.

Je connais une parole de M. Affre à ce propos : « M. Deguerry a beaucoup perdu, dit-il à un ecclésiastique ; il est si bon qu'on a souvent abusé de sa confiance ; il méritait ce dédommagement ; et d'ailleurs qui a plus que lui les droits du talent et du zèle ? qui a rendu plus de services aux églises de Paris ? » Je ne garantis pas l'expression, mais voilà du moins le sens; et j'en félicite les deux personnes qui sont en cause. Il n'y eut qu'une voix dans le clergé (sauf deux ou trois harpies) et parmi les fidèles, pour applaudir à cette nomination.

Plusieurs évêques ont attaché M. Deguerry à leurs cathédrales comme chanoine honoraire, il faut citer M. de Beauregard qui vient de mourir à Poitiers après avoir gouverné seize années comme je l'ai dit, le diocèse d'Orléans.

Quelques-uns auraient voulu le fixer auprès d'eux et lui firent à ce sujet les offres les plus avantageuses : M. de Cheverus, cet homme de *probité divinisée* (1), lui promit en 1835 le poste qu'il souhaiterait s'il

(1) Belle définition de la sainteté, par un grand écrivain.

voulait rester à Bordeaux ; et le saint prélat l'estimait d'autant plus, qu'à diverses reprises le jeune prédicateur avait passé dans son palais un assez long espace de temps. Dès 1833, M. de Quélen manifestait l'intention de l'attacher à son chapitre, mais à la condition qu'il ne s'absenterait plus de la capitale pour aller prêcher en province ; plusieurs fois depuis cette époque, et notamment en 1839, il revint sur cet objet.

M. Deguerry refusa tous ces avantages.

On a dit que l'administration diocésaine de Paris ne s'était jamais occupée de reconnaître le zèle et le dévouement de M. Deguerry ; ce qui manque évidemment de justice et de vérité. Il est également faux que M. Deguerry dont les preuves ne sont point à naître en matière de délicatesse, eût jamais consenti à faire ou à faire faire la moindre démarche pour que l'on s'occupât de lui.

Une chose bien réelle et qui terminera fort convenablement cette notice, c'est que si M. Deguerry, comme homme public, figure dans les premiers rangs des orateurs chrétiens (1), on ne saurait

---

(1) Je pourrais adresser à M. Deguerry un petit reproche. Pourquoi ménager si peu une santé qui ne lui appartient pas, puisqu'elle est devenue, par son dévouement même, le bien de l'Eglise ? ou en d'autres termes, pourquoi prêcher plusieurs

dans la vie privée réunir mieux que lui toutes les plus belles qualités de l'ame et du cœur. On l'appelle généralement *le bon Deguerry*. Un pauvre m'a raconté ceci : « Je me présentai chez lui pour *demander la charité :* « — J'ai cinq francs, me dit-il, allez chercher la monnaie de cette pièce, et nous partagerons. — Nous partageâmes en effet. » Sa conversation, sans briller d'un éclat extraordinaire, ne laisse pas d'avoir un certain charme. Il porte dans la société intime toute l'ingénuité riante d'un enfant avec une parfaite observation des convenances et un remarquable talent de raconter les anecdotes, de discuter solidement et sans morgue. Mais ne confondons point l'ingénuité avec l'orgueil qui ne va jamais sans l'hypocrisie. Rousseau disait, lorsqu'il fut devenu copiste : « Je suis un peu cher, mais personne ne copie comme moi; » et Fontenelle : « Je conte longuement, mais je conte si bien ! » Le bon Deguerry vous dira des choses du même genre, peut-être ; et s'il vous arrive de l'en blâmer, je vous plaindrai de tout mon cœur. Indépendant par caractère et comme tel, peu assidu auprès des puissants, il possède le suprême talent d'éviter des liaisons dorées et pernicieuses :

fois le jour et si souvent ? pourquoi pas de bornes à cette activité ? « Le repos, dit Newton, est la substance du philosophe ». Il est aussi la substance de l'orateur. »

> Dulcis inexpertis cultura potentis amici,
> Expertus metuit. (Horace.)

Nos plus sûrs protecteurs sont nos talents (1) il le sait.

Jamais on n'entendit sortir de sa bouche un mot qui pût desservir ses confrères; l'envie ne le connaît point. Aussi est-il recherché par les hommes les plus purs et de la plus noble intelligence : MM. Fayet, Lyonnet, Cœur, Pelier, etc., etc., et, en tête de ceux dont l'affection l'environne, M. de Chateaubriand.

(1) Vauvenargues.

20 Décembre 1841.

Biographie du Clergé Contemporain.

M. MIGNE.

M. MIGNE.

> Celui qui fait croître deux brins d'herbe où il n'en croissait qu'un, rend service à l'état. VOLTAIRE.
>
> Une âme noble rend justice, même à ceux qui la lui refusent. CONDORCET.
>
> Ah! qu'il est beau le talent, quand on ne l'a jamais profané! quand il n'a servi qu'à révéler aux hommes, sous la forme attrayante des beaux-arts, les sentiments généreux et les espérances religieuses obscurcies au fond de leur cœur!
> Madame DE STAEL.

A ne considérer que la superficie des choses, M. Migne est un homme improvisé, s'il en fut jamais. Quel est-il? d'où vient-il? Pourquoi et comment arrive-t-il que ce prêtre surgisse depuis dix ans, et à chaque minute pour ainsi dire, sur tous les points de l'église de France à la fois, pour y fonder un œuvre inattendu, unique, sans apparence de solidité et d'avenir, immense pourtant, et une fois l'œuvre achevé, disparaître, puis recommencer ailleurs le même rôle? Ainsi, avant de fonder cette imprimerie catholique qui fait maintenant l'admiration de tous ceux qui la voient, M. Migne avait créé l'*Univers religieux*, journal si magnifiquement placé parmi les autres, et qui, pour faire un immense bien, n'avait qu'à suivre toujours la voie tracée par son premier auteur. Je m'en tiens à ces deux faits importants, et j'évite les longues nomenclatures qui ennuient.

Or, M. Migne, il y a quelques années, n'était qu'un modeste curé de campagne dans l'Orléanais; et, il y a quelques années encore, un jeune collégien bien étourdi et bien insouciant; que dirai-je? c'était un simple petit vagabond des montagnes d'Auvergne. Voyez comme la providence de Dieu est ingénieuse et ses conseils profonds, et si le sage avait raison de prononcer ces belles paroles : « *Et intellexi quòd omnium operum Dei nullam possit homo invenire rationem eorum quæ fiunt sub sole; et quantò plus laboravit ad quærendum, tantò minùs inveniat.* » (Eccl. 8.)

C'est pourquoi, sans vouloir expliquer ce qui n'est pas pénétrable, j'expose la suite des faits; il en résultera peut-être beaucoup d'intérêt et beaucoup d'édification.

C'est le 25 octobre 1800 que Jacques-Paul Migne naquit à Saint-Flour; ses parents tenaient une maison de commerce qui, grâce à leur intelligence et à leur persévérante activité, est aujourd'hui la plus renommée du Cantal (1).

Sa première enfance laissa deviner, mais de façon passablement indirecte, ce que lui réservait l'avenir. Il se permit contre son instituteur primaire les gentillesses dont on est capable à sept ans: école buissonnière, livres déchiquetés, révoltes machinées sous les tables, férules jetées aux basses-fosses, et tout le reste; c'est, je le répète, l'histoire universelle des écoliers.

Au dehors, même pétulance, mêmes alarmes pour sa pauvre mère: on l'avait vu au sommet des pins les plus élevés de la forêt voisine, à la chasse aux écureuils; sur le versant des roches les plus escarpées, où il dénichait les petits serpents; dans les eaux des gouffres, de ceux surtout qui étaient l'objet des plus lugubres traditions. Je laisse à penser ce qui arrivait alors.

Au reste, cette vie aventureuse développait

---

(1) Son père vient de mourir.

singulièrement son adresse. Il était ainsi devenu un rude nageur dont l'habileté défiait les torrents les plus redoutables. Il excellait généralement dans tous les exercices de corps.

Telles furent les dissipations au milieu desquelles s'écoulèrent les seize premières années de sa vie. Cependant ses études se firent, bon gré mal gré; la facilité suppléa la paresse; j'entends une paresse démesurément active, et, s'il est permis de le dire, écervelée. Il en vint même au point de remporter des prix; et quelques mots suffiront pour faire comprendre l'affection que lui ont toujours vouée ses maîtres; chose étrange et qui fait autant leur éloge que le sien !

« Rien n'assure mieux le repos du cœur, dit M. le duc de Lévis, que l'occupation de l'esprit. » Pour cette raison, le cœur du jeune Migne était resté pur; et ce qui devait, aux yeux de plusieurs, le perdre à jamais, fut précisément pour lui une cause de salut. On a vu, dans la biographie de M. Donnet, quelle est sur ce point ma manière de voir. Voici un trait à l'appui; nous en verrons de plus frappants encore.

Comme il se rendait un jour dans une maison d'amis, où on lui avait promis quelques friandises, et Dieu sait s'il faisait hâte, il rencontra un tout petit enfant, à peine vêtu, sans gîte et sans pain, couché dans la neige : « Que fais-tu là ? lui dit-il. — J'ai bien froid, et j'ai bien faim, répondit le pauvre petit. » Incontinent le rendez-vous est ajourné; Migne revient sur ses pas; il court chez sa mère et lui raconte avec une éloquence naïve ce qu'il a vu. Sa bonne mère lui remet une pièce de monnaie : c'était une fortune pour lui. En un instant il eut rejoint son cher petit mendiant; et, l'aumône donnée, il poursuivit triomphant son chemin, si touché qu'il ne put manger. — Il pleurait. Oh! les douces larmes, que celles-là, et qu'on en verse peu de pareilles dans la capitale du monde civilisé !

J'ai connu des maîtres, observateurs délicieux, hommes d'une grande réputation de jugement qui, sur le vu des premiers actes que j'ai enregistrés, l'eussent déclaré à jamais incapable d'entrer dans l'état ecclésiastique. Car, ô mon Dieu, l'enfance est abandonnée aux caprices de gens ainsi créés. Fort heureusement, la famille et les professeurs du jeune Migne découvrirent sous cette écorce légère des dispositions précieuses; ils comprirent l'importance du fait qui précède et d'autres faits analogues; fermèrent les yeux sur quelques futiles incartades, dédaignèrent une sévérité et des grands airs qui sont tout au moins ridicules; et lorsqu'il disait, depuis son enfance la plus tendre, au milieu même de ses étourderies : « Je veux être prêtre, » on se redisait sans scrupule et sans hésitation : « il sera prêtre. » Bien mieux, à l'époque de sa première communion, ce fut unanimement qu'on l'admit, après un brillant examen; et la suite a prouvé si l'on avait eu tort.

Je quitte ces détails, quelque intéressants qu'ils soient, pour arriver à une époque plus intéressante encore de sa vie.

En 1817, le principal du collège de Saint-Flour, M. l'abbé Salesse fut nommé proviseur du collège d'Orléans. On sait que plusieurs diocèses manquaient alors de prêtres; et il en est de même aujourd'hui. Orléans faisait nombre parmi ces diocèses. M. Salesse profita donc de la circonstance pour y attirer quelques élèves de celui qu'il quittait. Directeur du jeune Migne, il avait pu, mieux que personne, apprécier et ses dispositions intérieures et toutes ses qualités. Il lui proposa donc de le suivre : « *partons quand vous voudrez ; je vous suivrais en Amérique, et par delà le monde*, répondit le jeune homme, *si c'était possible.* »

Voilà bien le caractère aventureux de mon étudiant, et cet esprit d'émigration si visiblement inné chez les enfants de l'Auvergne.

Donc, le 20 octobre 1817, eut lieu le départ; et bientôt Jacques-Paul Migne entra au séminaire d'Orléans, sous le vénérable M. Mérault.

Ce fut une révolution dans son existence. Après l'air libre des montagnes, le cloître et presque la solitude; après l'insouciance et la folie, la réflexion, la gravité, les relations douces et polies de la communauté, l'étude longue et réglée; après des études heurtées et incomplètes où il n'avait rien appris qu'un peu de français et fort peu de latin, les classes d'histoire, de littérature, etc., etc., et des condisciples dont l'esprit lui paraissait parfaitement cultivé sous tous les rapports. Il en fut effrayé mais non déconcerté. Que dis-je ? il en fut satisfait. M. Migne aima toujours les obstacles.

Bien qu'il eût fait à Saint-Flour une année de philosophie, il en fit une autre, en s'appliquant jour et nuit au travail le plus opiniâtre ; et après cinq mois, on le comptait parmi les plus distingués de sa classe. Il mérita même d'être couronné au concours qui précéda les vacances de Pâques. Je note qu'il avait eu pour concurrents MM. Stanislas Julien, aujourd'hui membre de l'institut, Fontaine, l'un de nos bons avocats du barreau de Paris, Méthivier, curé de Bellegarde, etc., etc., et qu'en désignant

Orléans comme une de ces villes dont l'air n'est pas positivement fin.... *bœoto jurares aere*.... (1) je n'étais point *de cette ville* au point de répudier toute espèce d'exceptions ; j'en ai même cité ; et aujourd'hui encore MM. Lesguillon (2), Martin Doisy, Fortunat Mesuré, Champigneau, Renard (3), Lottin, Meynard de Franc, Gustave Delanoue, etc., n'ont pas besoin d'une mention de ma part, au fait ce n'est point par ces hommes-là que me sont adressées des réclamations. Je reviens à M. Migne.

Deux ans plus tard, en 1820, il devint censeur au séminaire, et il profita des loisirs que lui donnait cette fonction pour se mettre à même d'acquérir des connaissances nouvelles. Il se sentait dès-lors un attrait particulier pour l'enseignement, et ne tarda pas à trouver l'occasion de satisfaire ses goûts.

Nommé professeur au collège de Châteaudun en attendant que son âge lui permît de recevoir les ordres, il s'y fit aimer de ses élèves et estimer de tout le monde, jusque là qu'aujourd'hui, après vingt ans d'absence, on a conservé de lui un souvenir bien cher. Le principal voulut même, à une certaine époque, résigner à son profit les fonctions qu'il

---

(1) Horace.
(2) L'un des plus spirituels écrivains que je connaisse.
(3) Ancien professeur de philosophie au collège d'Orléans.

exerçait. M. Migne refusa. Toutefois, pendant les trois ans qu'il y passa, le collège fut en quelque sorte renouvelé par ses soins. Plusieurs de ses anciens élèves, aujourd'hui curés ou vicaires, avouent qu'ils lui sont redevables de leur vocation.

De Châteaudun il était, à des époques fixes, rappelé à Orléans pour les ordinations ; et M. Mérault connaissait si bien ses excellentes dispositions et sa capacité, qu'il l'admettait sans certificat comme sans examen.

Un an après avoir reçu le diaconat, M. Migne sut qu'on voulait l'appeler à la prêtrise par dispense d'âge. Alors il se crut obligé de faire une chose trop souvent négligée dans les séminaires : durant six mois, il consacra plus de quinze heures par jour à revoir sa théologie.

Il fut en effet ordonné prêtre à la Trinité de 1824, et immédiatement chargé de desservir trois paroisses du canton de Chatillon-sur-Loing, arrondissement de Montargis : Aillant, Le Charme et Dammartin.

Mais la paroisse où il résidait, Aillant-sur-Milleron, était située dans un pays marécageux dont l'influence, au bout de dix-sept mois, porta à sa santé les plus graves atteintes. Une fièvre lente le força d'interrompre ses études et l'exercice du ministère.

Alors M. de Beauregard voulut bien songer au fond de son palais de ville, que s'il daignait changer la résidence de M. Migne, le pauvre curé se porterait mieux ; et il le nomma curé d'Auxy, canton de Beaune, arrondissement de Pithiviers, paroisse considérable, localité parfaitement saine. Il n'y resta pas un jour, car il reçut aussitôt sa nomination pour la cure de Puiseaux. C'était en 1825.

Puiseaux est un chef-lieu de canton dans le Gatinais, la partie la plus fertile peut-être et la plus belle du diocèse, une place d'élite. Il y avait là une église monumentale (1), un presbytère magnifique, *du monde à voir*, comme on dit. Bref, on s'étonna lorsque survint ce titulaire de vingt-cinq ans. On chercha la raison de cette anomalie qui, du reste, n'en était pas une.

On prétendit que le choix épiscopal avait été déterminé par la manière vive et brillante dont M. Migne avait lu, durant une retraite ecclésiastique, je ne sais quel sermon de Massillon..... C'était un tour de force dont M. de Beauregard était bien capable. Je préfère la version suivante.

La cure de Puiseaux, d'ailleurs si avantageuse et

---

(1) La plus remarquable du diocèse après celles de Cléry et de Saint-Benoît (Fleury).

si agréable, avait bien son mauvais côté. Elle venait d'être occupée pendant vingt-cinq ans par un prêtre *natif du pays*, et qui avait su s'y faire généralement aimer. Or, lorsqu'il eut donné sa démission, les paroissiens voulaient qu'il eût pour remplaçant un jeune vicaire, M. Vion (1). L'autorité ecclésiastique ne fut pas de cet avis. Il fallait parer à bien des mécontentements pour préparer les voies au sujet désigné. M. de Beauregard jugea fort bien, il faut en convenir, en désignant un homme capable de se les préparer lui-même, un homme qui sût allier beaucoup de modération à beaucoup de vigueur. Cet homme fut M. Migne.

M. Migne répondit à ce qu'on avait espéré de lui. S'il ne put aussitôt se faire aimer, du moins ne fut-on pas longtemps à lui refuser de l'estime. Les plus grandes choses sont produites souvent par les accidents les plus minimes. Voici un trait assez simple en lui-même, mais qui fut d'un effet prodigieux, vu les hommes et les circonstances. A l'arrivée de M. Migne, l'ancien curé lui céda quelques pièces de

---

(1) Qui fit beaucoup de bruit dans l'Orléanais à une certaine époque. Jeune homme de talent et d'énergie, animé primitivement des meilleures dispositions, mais que la maladresse et les brutalités de l'administration diocésaine ont aigri, irrité, étourdi et jeté hors de sa vocation dans des extrémités malheureuses.

vin qui ayant payé tous les droits d'usage, semblaient pouvoir être consommées sur place par l'acquéreur, sans aucune surcharge de contribution ; M. Migne en jugea tout différemment, et il crut devoir payer une seconde fois les droits de consommation que la régie elle-même n'eût jamais songé à revendiquer. On fait si rarement son devoir en ce monde qu'il est souvent héroïque de l'accomplir. Ce fut l'avis des habitants de Puiseaux; et les préventions diminuèrent ; et ils reconnurent dans M. Migne un homme capable de faire oublier le jeune vicaire dont ils pleuraient la perte. La suite prouva quelque chose de plus.

Le premier discours de M. Migne fit en effet une sensation profonde; et je n'en suis point étonné, parce que j'ai entendu M. Migne. Il est essentiellement doué, au physique comme au moral, de tous les avantages qui font le véritable orateur : taille superbe, tête large et noblement portée, regard d'aigle où respire cependant la plus onctueuse sensibilité, organe limpide et sonore, parole énergique et colorée, facilité d'improvisation peu commune, talent rare de fondre dans le cadre le plus varié et le plus étendu toutes les richesses de l'érudition sans trahir un effort, constitution vigoureuse et capable de supporter les plus longues fatigues..... en vérité, on se prend à regretter les importants travaux qui l'occupent aujourd'hui, lorsqu'on se représente tout ce qu'il pourrait être dans la chaire chrétienne; — mais l'apostolat qu'il exerce est plus difficile encore, plus large, plus à sa mesure pour ainsi dire, et doit même porter plus de fruits; ne nous plaignons pas.

Moyennant ces qualités et ces avantages de toutes sortes, M. Migne vit bientôt que les dispositions étaient changées à son égard; il écrivit avec vérité : « Je repose ici sur deux oreillers bien doux : l'estime et l'affection de mes paroissiens. Je puis faire le bien en dormant. »

Il ne dormait pas. Partageant son temps entre l'étude et le ministère pastoral, il se fit constamment remarquer au contraire par une infatigable activité. Il se proposait surtout trois choses : le bien des pauvres, l'instruction des enfants et la réforme des mariages purement civils.

Ces mariages si chers au père Tabaraud, et sur lesquels divague merveilleusement ce qu'on appelle la théologie; ces mariages font presque toujours le désespoir des pasteurs. Leur influence est toujours pernicieuse, et les obstacles pour la détruire sont sans nombre. Or, M. Migne trouva dans Puiseaux vingt-six unions de ce genre; il en laissa trois à son départ.

Parmi les pauvres, nul n'éprouva jamais auprès de lui la confusion d'un refus ; et quand on lui faisait observer que sa charité s'égarait quelquefois sur un sujet indigne, il disait : « Tant pis pour lui ; Dieu et sa conscience l'ont vu. »

J'aime sa manière de juger les enfants. Il pensait que si l'instruction religieuse reste trop souvent sans efficacité, c'est le défaut de continuité qui en est cause. Suivant lui, une année constamment et sérieusement employée, doit produire de bien autres résultats qu'une culture morcelée pendant trois ou quatre années entières. « Les enfants les plus rebelles à nos soins, disait-il en plaisantant, sont de petits diables ou de petites bêtes. Eh bien ! on peut dans une année en faire de petits docteurs et de petits saints. » Mais il tenait à son année complète, et n'en aurait pas retranché un seul jour. En vain les parents lui faisaient-ils observer qu'une séparation si longue et si absolue de leurs enfants leur était préjudiciable, l'intrépide pasteur maintenait son idée et se mettait à l'œuvre. Chaque jour, il faisait un catéchisme de deux heures ; et aux approches de la première communion, les séances se renouvelaient deux ou trois fois. Les plus faibles enfants étaient d'abord *dégrossis* par les plus instruits qui ainsi se perfectionnaient eux-mêmes ;

puis venait l'explication théorique et pratique du maître, faite sur un plan assez élevé sans cesser d'être assez simple, de telle sorte qu'elle fût également profitable aux personnes plus âgées ; aussi l'Église se remplissait-elle d'assistants bénévoles ; le catéchiste, à cause de la foule, était souvent obligé de monter en chaire.

Je crois très volontiers avec M. Migne que la religion, tournée et retournée pour ainsi dire sous toutes ses faces, tous les jours et plusieurs fois par jour, pendant une année entière, avec clarté, avec force, avec opiniâtreté, je crois qu'ainsi présentée à des âmes que n'ont encore impressionnées aucunes lectures, à des mémoires vierges de tout exercice, la religion ne peut manquer de produire des effets durables ; et je souscris à cette parole : « Pensez-vous qu'un seul de mes enfants pût mourir impénitent, à moins que ce ne fût de mort subite (1) ? » — Réflexions un peu longues, mais qui m'ont paru d'une certaine utilité ; qu'on m'excuse de les avoir mêlées à mon récit que je reprends.

La révolution de juillet arriva, puisqu'il faut qu'elle arrive toujours dans ma biographie ; elle

---

(1) Paroles de M. Migne lui-même.

eut du retentissement à Puiseaux; on s'en doute bien. Le clergé eut bien peur alors; et ce ne fut pas sans raison. Que de tracasseries? que de maires et adjoints en humeur de badiner? M. Migne ne vit point changer la nature de ses rapports avec les autorités civiles, les personnes éclairées et les bonnes gens de l'endroit; mais à Puiseaux comme ailleurs, il y a les basses boutiques et les petits clercs d'huissiers, c'est-à-dire un libéralisme d'évier : il eut à essuyer quelques épreuves.

Un jour, un de ses confrères, chassé de sa paroisse par quelques mauvais sujets, fut arrêté aux portes de Puiseaux. Or, ce qui l'arrêtait, c'était quelque chose comme de la garde nationale. Les rusés, sous prétexte qu'il voyageait sans papier, voulaient se procurer le plaisir de le faire coucher au poste. M. Migne fut averti; il courut et s'interposa, disant qu'il se portait caution pour l'inculpé. « Nous ne vous connaissons pas vous-même, dirent agréablement ces braves militaires; et vous êtes bien heureux qu'on ne punisse pas votre opposition aux lois. — Eh bien! Monsieur, dit M. Migne à son confrère, couchez-vous à terre, et qu'ils vous emportent s'ils l'osent. » Ce qui était trop sérieux de sa part. A ces mots, les héros croisent tous la baïonnette sur la poitrine de leur curé; mais celui-

ci, sans se déconcerter, ouvre sa soutane et dit :
« Voyons si vous oserez pousser jusqu'à l'assassinat
votre ignoble plaisanterie ? » Messieurs les gardes
nationaux n'insistèrent pas.

En 1831, le jour de la Fête-Dieu, quelques
étourdis trouvèrent fort plaisant de surcharger un
reposoir de drapeaux tricolores placés en sautoir ;
l'édifice avait été dressé de manière à ce que
l'officiant, après avoir monté quelques marches,
sentît tout-à-coup le plancher se dérober sous lui,
et tomba enveloppé dans les drapeaux susdits.
M. Migne qui n'admet point la nécessité d'un symbole politique en fait de religion, crut n'avoir rien
de mieux à faire que de saluer le reposoir et de
passer outre ; de là des cris et des dénonciations
contre le curé de Puiseaux qui n'avait pas rendu
aux couleurs nationales l'hommage de droit. Bientôt
les interprétations circulèrent au loin ; il y avait
nécessité de s'expliquer. Qu'on se reporte aux
circonstances.

M. Migne crut devoir recourir à la presse, et il
eut raison. Nulle arme n'est plus dangereuse, nulle
plus à la portée de tous ; on se sert d'elle contre les
prêtres ; qu'ils s'en servent, lorsqu'il est possible,
pour se défendre, c'est justice ; c'est, pour le répéter

avec M. Migne, un devoir sacré, car un prêtre a une réputation qui n'est pas à lui seulement.

Il composa donc une brochure d'environ deux cents pages, qu'il intitula: *De la liberté, par un Prêtre*. Le titre était piquant, et je puis dire que l'ouvrage ne l'était pas moins, j'en ai lu les épreuves. L'auteur ne s'était pas borné à présenter sous son véritable jour le fait local qui avait donné lieu à cette déclaration; il avait élargi son cadre; il y avait compris presque toutes les questions importantes du droit ecclésiastique, dans ses rapports avec l'autorité séculière. La brochure n'a pas paru, et c'est un mal. M. de Beauregard, dont j'ai trop souvent parlé, ayant appris qu'elle était sous les presses de son imprimeur, lui fit défense d'en continuer le tirage. Il manda M. Migne, et lui dit : « Je voudrais lire les épreuves...... allez les chercher. » M. Migne obéit : « Les voici. » L'évêque les tient à peine qu'il menace de les jeter au feu. « Je m'y oppose, s'écrie M. Migne. — Je m'oppose à la publication, réplique M. de Beauregard. » Pour la paix, M. Migne consentit à garder silence. M. de Beauregard, je puis l'affirmer, n'avait pas lu une seule des lignes qu'il condamnait.

Cependant les tracasseries cessèrent peu à peu ; M. Migne ne tarda pas à jouir dans sa paroisse de son ancienne tranquillité ; mais une idée le poursuivait depuis longtemps. La manière dont la presse, et surtout la presse religieuse, avait toujours rempli sa mission, le préoccupait vivement. Il crut trouver un moyen terme entre certaines opinions extrêmes, et résolut de fonder un journal sur ce milieu même. Il vint donc à Paris où il publia le *Prospectus* de l'*Univers religieux*, belle profession de foi qui produisit un effet puissant sur tout le clergé, et qui amena en trois semaines plus de dix-huit cents abonnés aux pieds du rédacteur.

Or M. Migne quittait la cure de Puiseaux avec l'autorisation de son supérieur ecclésiastique. Accepter cette démission, c'était sans doute se priver d'un des meilleurs prêtres du diocèse ; mais à côté du bien particulier, s'élevait la question du bien général. L'hésitation eût été une faute ; M. de Beauregard, il faut en convenir, n'hésita pas ; il écrivit :

« Nous, évêque d'Orléans, certifions à qui il appartiendra, que M. Jacques-Paul Migne, curé démissionnaire de la paroisse cantonale de Puiseaux, en notre diocèse, où il a exercé le saint ministère pendant sept ans, est de bonne vie et mœurs, qu'il s'y est distingué par sa foi, sa piété, son zèle, son amour pour le travail, son talent et ses connaissances ecclésiastiques, qu'il s'est conduit avec prudence et énergie dans des circonstances difficiles, et qu'il ne quitte, à notre regret, le diocèse, que pour se livrer à la rédaction d'un journal dit l'*Univers religieux*, par lequel il espère faire du bien.

« Orléans, 9 novembre 1833.

« Signé : Jean B. évêq. d'Orléans. » (1)

Voilà M. Migne lancé dans cette arène périlleuse qu'on nomme la presse ; journaliste sans trop d'expérience, mais assez intelligent pour savoir avec quelles difficultés il s'agissait de se mesurer, et assez courageux pour ne pas s'en effrayer. J'ai dit qu'il chérissait par nature les vastes entreprises, et que rien n'égale l'intrépidité de ses résolutions, le mépris qu'il fait des difficultés à venir, sa persévérante énergie. Ici sévissait, si le mot m'est permis, une tempête doctrinale et financière ; ou plutôt il s'agissait de subordonner habilement l'un à l'autre, ces deux éléments distincts. Reportons-nous à 1833 ; et qu'on se rappelle les soupçons fâcheux, les défiances profondes qui tenaient en garde une partie du clergé contre l'autre. Le nom de M. de La Mennais ralliait encore autour de lui de nombreux enthousiasmes, et provoquait des critiques aussi nombreuses. M. Migne était un ancien lecteur

(1) J'ai pris ce certificat dans l'*Univers Religieux*.

de l'*Avenir*. L'ennemi était aux portes. Il n'est pas si facile aujourd'hui de dire la vérité; notre époque ressemble fort à celle dont le grand Tacite disait : *plura rudibus sæculis etiam in pace observata, quæ nunc tantùm in metu audiuntur* (1). Une imprudence pouvait tout perdre.

Son Programme dissipa d'abord quelques craintes; il y régnait, d'un bout à l'autre, un ton de candeur et de conviction qui ne laissait pas le moindre doute sur ses sentiments. Faute de pouvoir le reproduire en entier, j'en donne le sens.

Dans l'intention du fondateur, l'*Univers* ne doit servir exclusivement aucun parti, ni politique, ni religieux; il est catholique; voilà tout. Ce qui est bon, juste et vrai en religion, est bon, juste et vrai en politique. Ce qui est de foi, est seul exigible en religion. Sans doute, dans quelques questions controversées, en religion comme en politique, il peut se faire que les sentiments individuels et les affections secrètes de ses rédacteurs se rattachent plus volontiers à certain ordre d'idées ou de personnes: ces éléments de division ne doivent point trouver place dans le journal. Les principes avant les personnes, et les doctrines avant les opinions.

(1) His'. lib. I, § 86.

Voilà la règle. Tout ce qui s'éloigne du catholicisme doit être combattu, autant comme anti-social que comme hétérodoxe. Tout ce qui favorise le développement de la religion, doit être loué sans restriction et malgré les rancunes injustes de la politique. Impartialité entière quant aux choses, universelle quant aux personnes. Ce sont les paroles de M. Migne.

« L'impartialité, dit-il encore, serait une habileté, quand elle ne serait pas un devoir; et l'intérêt le commande aussi bien que la religion, témoin cet ambassadeur qui donnait le change à tous les diplomates en leur disant la vérité. Négociants, nous serions probes; journalistes, nous serons impartiaux ; nous le serons peut-être plus qu'aucune feuille ne l'a jamais été; nous le serons dans toute l'acception du mot. L'impartialité n'est pas moins dans notre caractère et nos résolutions que dans l'esprit du catholicisme, de sorte que nous n'aurons pas plus de peine à tenir qu'à promettre. Il y a plus; nous trouvant en dehors de tous les systèmes dont le propre est de diviser, et n'étant liés par aucun précédent, loin de songer à faire prévaloir une opinion sur une autre, nous ne travaillerons qu'à unir. Nous louerons le bien partout où nous le verrons, même chez nos ennemis; et nous flétrirons le mal partout où il se rencontrera, même chez nos amis ; mais en jugeant les doctrines, nous couvrirons les personnes du manteau de la charité, et nous fuirons avec horreur cette odieuse controverse qui ne sait s'exprimer que par des noms propres. Notre ambition est que toute belle ame, tout esprit droit puisse dire : voici un journal consciencieux, tel que je le concevais, tel que je l'appelais de tous mes vœux, tel qu'il faudrait qu'ils fussent tous, pour opérer cet embrassement des esprits dans la vérité qui doit être le but de tout écrivain. »

Un prospectus dit toujours de jolies choses. L'*Univers* de prime abord obtint un grand succès. Mais M. Migne eut beau faire ; en homme d'entre-deux, loin de se concilier tous les partis, il se les aliéna tous; l'éloge lui nuisit un peu plus encore que n'aurait fait la calomnie, s'il l'eût employée ; on accusa l'*Univers* de tout ce qu'il y a au monde de plus contradictoire ; il fut appelé, tour à tour et à la fois, *philippiste* et *légitimiste*, *absolutiste* et *radical*, *hérétique* et *fanatique*, ce qui prouvait qu'il n'était rien que ce qu'il voulait être, à savoir franchement catholique. Il a poursuivi sa marche, nonobstant ces oppositions niaises, et sans trop s'inquiéter ; où en est-il à l'heure qu'il est ?

M. Migne, absorbé par les travaux de l'administration et de la direction, a peu écrit dans l'*Univers* (1) ; plus rarement encore il a signé ses articles qui sont frappés au coin de l'énergie et de l'originalité les plus incontestables. Il arriva même, à propos de l'un d'eux, une méprise bien flatteuse pour lui.

Cet article du 15 juillet 1835, concernait la suppression des fêtes de dévotion et était signé L. M. Bien des personnes s'imaginèrent que l'auteur était M. de La Mennais; et des lettres furent adressées au directeur du journal, les unes pour le presser d'attacher à la direction habituelle l'illustre écrivain, les autres pour être remises par M. Migne à M. de La Mennais. *L. M.* signifiait *L'abbé Migne.*

Quoi qu'il en soit, cet article fit sensation au ministère, et suffit peut-être pour frapper d'impuissance les circulaires Persil.

Après avoir quelque temps encore dirigé cette feuille, M. Migne se retira ; soit lassitude de polémique, et cela se conçoit, ou par des raisons que je ne puis pénétrer, il tourna ses vues d'un autre côté. Serait-ce que l'étendue lui parut moins vaste

---

(1) Je devrais dire l'*Univers religieux*, car le journal n'a décomposé son nom que depuis la retraite du fondateur, si e ne me trompe.

pour faire le bien à l'aise, qu'il ne l'avait cru d'abord? ou voulait-il entrer dans une sphère plus conforme à ses larges idées? Je l'ignore. Ce qu'il y a de positif, c'est que bientôt on vit annoncée l'œuvre des *Cours complets*.

Cette œuvre repose sur une idée fort simple, si simple qu'elle n'aurait jamais dû, ce semble, rencontrer des contradicteurs, bien qu'il soit nécessaire qu'il y en ait partout comme des scandales.

Réimprimer sur toutes les parties de la science ecclésiastique les meilleurs ouvrages dont s'enorgueillisse le catholicisme; et, pour bien les connaître, consulter tous les hommes compétents, c'est-à-dire les membres les plus élevés dans la hiérarchie ou dans l'enseignement clérical; telle est cette idée. Du reste, le fondateur a mis son œuvre à la portée de toutes les fortunes.

Une critique minutieuse et opiniâtre pourra, sans doute, dans un travail de si longue haleine, relever quelques défauts d'exécution; mais le plan me paraît heureusement conçu, et les moyens employés pour le réaliser si bien employés, qu'il doit en résulter, à mon sens, une publication, sinon parfaite, puisque la chose n'est pas possible, du moins la meilleure qui soit et la meilleure possible.

D'abord les *Cours complets de théologie et d'é-*

criture sainte s'imprimaient chez M. Bailly, place Sorbonne; M. Migne les a imprimés lui-même depuis. Il a élevé un palais à l'industrie catholique. Si votre bon génie vous amène à Paris, n'oubliez pas de vous diriger vers le Petit Montrouge, près les barrières d'Enfer et du Maine. A quelques minutes de l'une et de l'autre, vous verrez s'élever un édifice de quelques cents pieds de long, recouvert d'une toiture en vitrage, et présentant à peu près du reste l'aspect d'une église de campagne. Frappez à la porte du lieu, et on vous ouvrira; car on travaille à la face du monde et pour le monde, comme pour Dieu devant Dieu. Le Maître visite ses cent quarante ouvriers compositeurs et imprimeurs; il revise peut-être les épreuves de saint Augustin, de saint Chrysostôme, etc., etc.; il s'occupe souvent de sa vaste correspondance avec les évêques de tout l'univers; allez, il vous tendra la main; et vous verrez fonctionner par la force de la vapeur les cinq grandes presses mécaniques qu'il vient de faire établir au fond du bâtiment; vous traverserez cet immense atelier couvert comme de nuages crénelés et noirâtres, par ces feuilles rangées au séchoir. Ici les fondeurs qui moulent les œils-de-lettre au fourneau; là les tables pour le pliage; là encore les hommes de comptabilité, le bureau des correcteurs, et l'immense Grand-

Livre dont une seule feuille ferait un surplus pour M. l'abbé Glaire. Qu'on ait félicité M. Migne de toutes parts, qu'il ait reçu dix mille lettres de conseils et de félicitations, je le comprends et me plais à le dire ; qu'aujourd'hui encore il ait des ennemis qui le calomnient et le dilapident, qu'il en ait même plus que jamais, je m'étonnerais qu'il en fût autrement. On sait que le bien ne va jamais sans cela.

La vérité veut pourtant que je convienne d'une chose, malgré toute ma vénération pour M. de Quélen ; c'est qu'il a fléchi devant des jalousies cupides de libraires, poussé qu'il était d'ailleurs par le zèle abusé de M. Trevaux ; c'est qu'en conséquence il a cru devoir défendre à M. Migne la continuation de son œuvre. Elle lui semblait, dit-on, trop commerciale par un point, et en cela même inconciliable avec son caractère de prêtre.

Que faire? M. Migne avait engagé dans cette entreprise des intérêts immenses qu'il eût compromis par une brusque interruption. L'honneur lui cria : marche ! il marcha, et sa probité fut sauve. Si évidemment la défense n'eût pas été provoquée par des insinuations mensongères, nul intérêt ne devait prévaloir sur le devoir et l'autorité. Il en était autrement.

Cette insistance fit qu'on ne renouvela point ses

pouvoirs; il est traité maintenant comme prêtre étranger au diocèse de Paris, mais non interdit, puisqu'étant du diocèse d'Orléans, il ne saurait être interdit que par l'évêque de cette dernière localité.

Or, il serait curieux d'entrer dans cette question : un prêtre qui imprime et vend des livres édités par lui-même, est-il coupable? on demandera d'abord, par provision, comment sont tolérés et approuvés ceux qui trafiquent avec prime et remise des ouvrages achetés par les élèves dans les séminaires. Puis on établira entre eux et le prêtre, objet de la question, une grande différence, toute à l'avantage de celui-ci; car au moins a-t-il des motifs qui n'existent point pour les autres. Pourquoi laisser à des laïcs peu instruits le monopole et le soin de toutes les publications religieuses? Qui sera plus compétent, en matière semblable, du laïc ou du prêtre? Qu'on y réfléchisse. Était-ce donc un grand crime de soustraire les ecclésiastiques au mercantilisme qui les pressure, et de leur rendre, à ses risques et périls, les sources de la science plus faciles et plus abordables?

Si d'un autre côté, l'on considère le nombre et l'excellence des ouvrages édités par M. Migne, les moyens employés pour les vulgariser, les grands résultats qu'ils doivent produire pour la religion, en faisant RENAITRE dans le clergé le goût des études fortes, on ne sera pas éloigné de souscrire à ces paroles d'un personnage de Rome : « M. Migne est de tous les prêtres du monde catholique, celui qui fait le plus de bien. (1) »

Que faisaient, à une autre époque, les Bénédictins, ces éternelles merveilles de la science, ces géants de la bibliographie sacrée ? (2) Eh quelle autorité s'avisa jamais, pour interrompre leurs publications admirables, de fulminer contre eux des interdits ou des suspenses? Je prie M. Affre de ne pas trop dédaigner cette objection. Et moi non plus, je ne dérogerai point au respect qui lui est dû, en observant qu'il ne peut déroger à la vérité.

Certes, ni M. de Quélen qui a pris l'initiative, ni M. Affre qui a continué la sévérité malheureuse de son devancier sur ce point, personne ne conteste, que je sache, la parfaite régularité, la conduite exemplaire et sacerdotale de M. Migne. Mais on objecte les canons et ordonnances ecclésiastiques, antérieurs du reste à l'invention de l'imprimerie. Ces canons, sur un passage de saint Paul, interdi-

---

(1) Lettre écrite par un cardinal à M. Migne.
(2) Et que font-ils encore aujourd'hui sous la conduite du digne abbé Guéranger? — A quoi servent les religieux ? ont dit tant d'imbéciles. (De Maistre).

sent le commerce aux clercs; mais je réponds d'abord qu'il s'agit, dans l'espèce, d'un commerce profane, non d'un commerce qui a pour but la propagation des doctrines catholiques ; de spéculations et de négoce peut-être, mais non d'un art libéral, tel que l'est apparemment l'imprimerie (1) ; et j'ajoute que s'il est vrai qu'un prêtre engagé dans l'exercice quotidien du ministère, ne pourrait et ne devrait pas se distraire de ses occupations saintes par un travail extérieur du genre dont il est question, autre chose est d'un prêtre comme M. Migne qui, pour vaquer sans inconvénient à ses élucubrations typographiques, avait sacrifié un poste important, et résigné toutes fonctions pastorales.

Ceci d'ailleurs n'est qu'un argument *ad abundantiam juris*, comme dit l'École. Car de fait, M. l'abbé Migne n'est ni imprimeur ni libraire, puisque les deux brevets appartiennent à M. Victor Migne, son frère et son digne collaborateur.

Comme je tiens la question, je veux l'épuiser une fois pour toutes.

On objecte que le mal réside moins dans le com-

---

(1) L'administration semble ranger la librairie et l'imprimerie dans la classe des arts libéraux, puisque l'une et l'autre sont placées sous la dépendance du directeur des beaux arts, et non dans les attributions du ministre du commerce.

merce en lui-même que dans certains actes particuliers qui en rendent l'exercice dangereux: les *billets*, par exemple, peuvent entraîner la contrainte par corps, et la dignité sacerdotale se trouve compromise; le fait est d'expérience. Que conclure de là contre M. Migne? avec de tels arguments, on tombe le mieux du monde dans l'absurde. Est-ce qu'un prêtre, sans s'adonner au commerce, n'est pas exposé chaque jour à faire des *billets*, et par cette raison même à toutes les conséquences judiciaires qu'on redoute? s'en suit-il qu'un prêtre ne peut jamais faire un *billet* sans être atteint par les canons?

J'ajoute que de tout temps, les moines et les prêtres ont eu le droit de vendre leurs ouvrages et d'en retirer un profit (observez bien que M. Migne n'imprime et ne vend que ses ouvrages, jamais ceux des autres). Aujourd'hui même, le couvent de Mongi en Arménie, ceux des Lazarites à Varsovie et à Constantinople, les Piaristes à Wilna, les Jésuites aux États-Unis, les Trapistes de la nouvelle Meilleraye en Irlande, les Méchitaristes à Venise et à Vienne, l'archevêché de Malines en Belgique, la Propagande et le Vatican à Rome ont leur imprimerie; et une particularité remarquable, c'est que le rédacteur en chef des *Annales religieuses*, le savant abbé de

Luca, vient d'être nommé par le souverain Pontife, Directeur du matériel de l'imprimerie de la Propagande.

Si j'affirme maintenant qu'un grand nombre de cardinaux et d'évêques ont prié M. Migne de leur prêter le secours de ses presses (1), et qu'un cardinal entre autres lui fit demander dernièrement un prote de fonderie, on s'étonnera; on s'étonnera bien plus encore, lorsqu'à tous ces témoignages irrécusables, se joindra celui de M. de Quélen lui-même. Le prélat, cinq ou six mois avant de mourir, fit proposer à M. Migne de convertir cette *spéculation parculière* en une *œuvre diocésaine* dont lui, M. de Quélen, serait le supérieur, et M. Migne le directeur. C'est, je crois, par l'entremise de M. Jammes que fut adressée à M. Migne cette proposition; il ne la goûta point. » On rougirait bientôt de ses dé-

---

(1) J'en ai sous mes yeux les preuves autographes, et voici une réflexion qui me survient : ou M. Migne, dans la position qu'il s'est faite, est coupable ou il ne l'est pas. S'il est coupable, comment tous les supérieurs ecclésiastiques de tous les rangs, de Paris comme de toutes les parties du monde, l'approuvent-ils, non seulement par écrit, mais d'une manière infiniment plus expresse, c'est-à-dire en souscrivant et faisant souscrire aux ouvrages qu'il publie, en visitant, comme je l'ai vu, son imprimerie, et le comblant des plus gracieux éloges ? s'il n'est pas coupable, pourquoi est-il *suspens*?

cisions, dit Voltaire, si l'on voulait réfléchir sur les raisons par lesquelles on se détermine.

Voilà des contradictions. A notre époque, ces sortes de choses ne manquent pas. Il me suffit de les avoir signalées. Je détourne mes yeux, pour m'en consoler avec cette belle page par laquelle je termine. C'est une profession de foi de M. Migne qui, je le sais, a rempli de joie le cœur de S. S. Grégoire XVI. Elle résume toutes les intentions de ma notice.

« Hunc igitur *Cursum Scripturæ sacræ completum*, cum totâ prostati animi demissione, Sanctæ Sedis judicio libens submitto; et, si quid, vel immodicâ celeritate abreptus, vel scientiæ infirmitate delusus, vel immensâ millium arduarumque rerum copiâ distractus, sanctum dogma, sanctam moralem, sanctam disciplinam tantisper lædens, inscius certè non ultroneus ediderim, totum istud heterodoxum absque misericordiâ cito sit anathema. Quæcumque autem in operibus meis approbaverit Gregorius XVI, cum summâ sui laude et summo Ecclesiæ bono feliciter regnans, festinus approbo; quæcumque ut minùs rectè sonantia damnaverit, damno; quia scientia mea, coram scientiâ Domini mei, Doctoris mei, Judicis mei, tanquam lucernula coram sole meridiano evanescit. Ego enim, ut quivis omnimodè catholicus, sanctam Ecclesiam Romanam, cujus summus Pontifex visibile solus est et immediatè caput, sub Christi invisibili capite, profiteor esse matrem dominamque omnium Ecclesiarum, centrum unitatis, fontem omnis jurisdictionis, interpretem omnis veritatis, normam omnis justitiæ, judicem omnis controversiæ, custodem infallibilem et indefectibilem doctrinæ sanctæ; ex his autem quibus pollet Ecclesia titulis, ipsa decus et potestatem adipiscitur, mihi vero totidem protinùs incumbunt officia.

« Si enim mater est Ecclesiarum quæ ipsæ parturientes et

fœcundæ sunt oves, quanto magis et mater est mei, inter agnellos infirmissimi, nihil ex me meisque viribus creare valentis! Imo illa mihi mater est præ cæteris matribus; nati siquidem qui matre indiguerunt ut in lucem venirent, labentibus annis corroborati, suis necessitatibus abundè suppetere possunt; ego vero nec sine eâ nasci, nec sine eâ vivere queo; vitis enim est gemmam suam germinans et nutriens; quocumque momento ab ejus vitâ vita mea discesserit, pereo, perii. Cùm vero mater mea sit, oportet ut quasi infantulus nomem ejus semper in ore, bonum ejus semper in mente, amorem ejus semper in corde feram, illius lætitiis lætus, illius doloribus dolens.

« Si omnium domina est Ecclesiarum, quanto magis est humillimi domina sacerdotis! Hujus ergo præceptis impulsibusque docilem me præstare debeo, solius ejus scientiæ sciens, solius ejus sapientiæ sapiens.

« Si centrum est unitatis, nusquàm alio centrum illud mihi investigandum, ac proptereà omne prorsùs abjicere debeo quod se ab eâ sejungit, omnique adhærere quod ei adhæret. Extra eam scilicet omnes, vel schismatici frangunt unitatem, vel hæretici quamdam veritatem abnegant; aut erroris alicujus venenum diffundunt.

« Si omnis jurisdictionis fons est, memetipsum non possum mittere; cum eâ debeo consociari, nec ullam mihi veram potestatem creditam arbitrari, nisi quam ipsa *mediatè* vel *immediatè* commiserit.

« Si omnis est veritatis interpres, meas omnes cogitationes ipsi submittere debeo, ideoque tanquàm verum credere et amplecti quod illa verum pronuntiârit, falsum vero habere et abominari, quod tanquàm falsum exploderit vel notâ affecerit.

« Si omnis est justitiæ regula, omnes illi actiones meas debeo subjicere, ac tanquàm bonum approbare quod ipsa bonum declaraverit, malum autem repudiare quod ipsa malum edixerit.

« Si omnis controversiæ judex est, omnes meas difficultates ejus pedibus debeo substernere; omnemque rem quamlibet claram, certam ac definitam agnoscere, statim ut illa pronuntiaverit. *Roma locuta est, causa finita est.*

« Si divini fidei moralisque depositi custos infallibilis est, credere debeo omnes quas tulit approbationis sententias jus tas esse, omniaque doctrinalium damnationum decreta quæ condidit, meritissima. Eam insuper solam audire debeo, quoniam ipsa sola, seu dubitantis animi cruciatus comprimens, seu errantis ingenii nubes discutiens, intellectûs mei instabiles motus sistere potest, si omne quod credendum docet crediderim, quia omne quod verum est credam; ipsaque sola pacem cordi meo infundere, omnem scilicet ab eo remorsûs ac stimuli possibilitatem amovendo, si omne quod agendum præscribit egerim, quia omne quod bonum est agam.

« Si indefectibilis est, non inter ista versatur quæ vitæ mortisque vices per recentiora decem et novem secula subierunt; è contra fixum animis esse debet omne quod extra Ecclesiam vivit morti esse obnoxium, quantùmvis exteriori sanitatis specie diuturnitatem longævitatemque ominetur.

« O sancta Romana Ecclesia! qualem te Christus stabilivit, titulisque et prærogativis honestavit, ita in religione necessariam te profiteor, ut nisi divinitùs extares, creanda ab hominibus esses, spirituum orbem regendi et componendi causâ. Tibi ex præcordiis inhærendum; et, eo quod sis, gratiæ Deo litandæ sunt in perpetuum.

« O sancta Romana Ecclesia! quotquot, post Christum, edidisti oracula typis celebrare jamjam gestio speroque, ut apprimè noscat orbis universus quantâ, in omni tempore, sapientiâ, doctrinâ, providentiâ, sanctitateque eminueris.

« O sancta Romana Ecclesia! si te verbo quolibet unquàm lædere audeam, adhæreat lingua mea faucibus meis, quippe matricida foret; et si quid adversùs te dextera mea delineare audeat, arescat et oblivioni detur, quippe matricida foret.

« O sancta Romana Ecclesia! quotiescumque aliquid de te faustum audio, nempe populum quemdam qui sedebat in umbrâ mortis ad lumen tuum accessisse, vel magni nominis peccatorem in gratiam tecum rediisse, vel scriptorem quemdam impium iisdem quibus anteà te lacessiverat armis, amicum nunc te adjuvare, tunc dilatatur cor meum ac gaudio superabundat. E contra, si quis te calumniis aut fascinorosis operibus insectatur, si quis te deserit, immenso dolore affligor; sed te eo majori veneratione eoque magis filiali amore prosequor quo te sæviores appetunt injuriæ, aut molestiores attingunt proditiones; eo arctiori vinculo tibi adhæreo, quo insolentiùs tua potestas contemnitur;

quia spretæ dignitatis sublimati, accedit magni decus infortunii, sacraque nobilium in te corona ærumnarum. Plagas tuas osculis operio et lacrymis irrigo, ex illisque spero, sicut olim è cruore martyrum, emergas patientiâ gloriâque eminentior. Quid tibi persecutiones, quid proditiones, quid calumniæ, quid apostasiæ, nisi coram sole nebulæ? Aliquantisper fulgorem ejus obscurare videntur; intactum vero ab his inviolatumque sidus procedit; tanquàm sponsus è thalamo. In te senilis majestas juvenili robori sociatur, quia Fundatoris tui ad exemplum, formâ enites, semper antiquâ semperque novâ.

« O sancta Romana Ecclesia! quid de te sentiam aperui, intima mea tibi patent; gaudebo, et sufficit mihi, si, quamvis ex me ipso nec scientem nec sapientem, in agendo me stimulaverint pura causa, et purus finis, gloria nempe Dei ac Virginis Deiparæ, tuîque ipsius bonum, et Cleri catholici decus.

« Et sic me adjuvet Deus Optimus Maximus, tueatur immaculata Virgo Maria, aspectu excitet Ecclesia, exoptetque Clerus ut alios omnes sanctæ doctrinæ ramos, Biblicorum ac Theologicorum instar, magis ac magis faustè indefessus excolam? »

1er Janvier 1842.

Biographie du Clergé Contemporain.

Archevêque de Cologne.

M. DROSTE-VISCHERING,

ARCHEVÊQUE DE COLOGNE.

> Cæsari cùm omnia licent, propter hoc minùs licet : ut felicitatis est posse quantùm velis, sic magnitudinis velle quantùm possis vel potiùs quantùm debeas.
> PLINE, *de Traj*.
>
> Secundarum ambiguarumque rerum sciens, eoque interritus.   TACITE.
>
> Des hommes que le christianisme a formés et dont la sainteté incontestablement reconnue est d'un ordre si supérieur à tout ce que la philosophie payenne, je ne dis pas a pratiqué, mais a enseigné, mais a imaginé, mais a voulu feindre, l'exemple de ces héros chrétiens est une des preuves les plus invincibles qu'il y a un Dieu, qu'il y a une religion, qu'il y a une grace surnaturelle qui agit en nous. Pourquoi ? parce qu'une sainteté aussi éminente que celle-là ne peut-être sortie du fond d'une nature aussi corrompue que la nôtre, parce que la philosophie et la raison ne vont point jusque là ; parce qu'il n'y a donc que la grâce de J. C. qui puisse élever ainsi les hommes au-dessus de l'humanité, et que c'est, par conséquent, l'œuvre de Dieu.
> BOURDALOUE.

Obedite præpositis vestris..... Reddite quæ sunt Cæsaris Cæsari, et quæ sunt Dei Deo, etc., etc..

l'Écriture Sainte formule en cent manières l'obligation d'obéir aux rois ou chefs de peuples. Est-ce à dire que la soumission puisse rester sans règle et sans bornes? non, certes; car les mêmes livres saints recommandent plus d'une fois à notre admiration des révoltes nécessaires et glorieuses : celle du grand Machabée, par exemple. Ce qui résulte de tout ceci, c'est une difficulté immense ; il s'agit, après avoir clairement défini le droit des nations, d'établir par des conséquences rigoureuses, les cas d'infractions légitimes au précepte. Les légistes s'y fourvoient. Leibnitz, ainsi que je l'ai dit souvent, est le seul dont les raisonnements aboutissent à quelque chose. Ayant examiné et pesé toutes les garanties de tous les arbitres possibles et probables dans une telle question, il les trouve nulles ou dérisoires; mais il excepte un tribunal isolé parmi les autres, d'une nature à part, universel par son essence même, immuable comme Dieu, c'est-à-dire la Chaire de Pierre.

Peuples et rois qui, depuis des siècles, vous débattez et vous épuisez dans des luttes interminables, jetez les yeux du côté de Rome : là, un vieillard choisi parmi les plus éclairés et les plus purs, pour gouverner la plus excellente des sociétés, sans précédents de généalogie qui l'entravent, sans espoir de perpétuer à sa place une postérité avide, héritier pourtant d'une mystérieuse prérogative d'infaillibilité qui, dans l'espace de dix-huit cents ans, ne s'est pas une fois démentie; là, dans cette Rome éternelle, le vieillard vous entendra et il vous dira d'où vient le mal qui vous tourmente, si d'un côté les sceptres ne sont pas devenus des bâtons dont on écrase la tête du faible, si d'autre part la justice doit compatir aux gémissements et aux plaintes qui s'élèvent contre les puissants. Telle est aujourd'hui l'alternative générale; évidemment il faut en sortir par un coup décisif, inouï, providentiel, ou il faut, comme dit Charron, que l'état, le prince et le peuple donnent du nez en terre (1).

Ainsi pensait le grand Bellarmin.

M. de Maistre, dans son magnifique ouvrage intitulé *Le Pape*, n'a fait autre chose que développer admirablement cette idée ; M. de La Mennais l'avait reprise, pour ainsi dire, en sous-ordre après lui, et poussée jusqu'à son plus sublime degré d'évidence.

Mais les trois grands hommes furent traités selon l'habitude : on voulut bien avouer qu'ils raisonnaient passablement quant à la forme; pour le reste, il fut convenu qu'on les rangerait parmi les utopistes;

---

(1) *De la Sagesse*, liv. 3, c. 3.

et tout finit là. Je me trompe, M. de La Mennais, pour ce fait, mérita l'animadversion de plusieurs ; on sait ce qui s'en suivit.

Ici je m'arrête et ne puis me défendre d'une réflexion, quelque étrangère qu'elle soit à mon sujet. J'aime mieux la morale que la rhétorique.

Il y a une tactique uniformément suivie parmi les gens d'un certain esprit, c'est-à-dire, puisqu'il faut l'avouer, chez la généralité. Tout prêtre qui, soit par la vertu, soit par la supériorité de l'intelligence, laisse ses confrères derrière lui, en conquérant l'admiration du peuple, quelle que soit la modestie de ses intentions, attire nécessairement sur lui l'anathème ; et voici comment :

D'ordinaire, cette dernière espèce d'hommes se trouve dans les rangs obscurs du clergé, car ceux-là seulement qui sont indignes des honneurs et incapables des hautes fonctions, les désirent et veulent s'y pousser ; et d'ailleurs le prêtre qui travaille pour le bien sait que la vie est courte, il n'a pas du temps de reste pour les allées et venues de l'ambition. Si donc, malgré son indifférence et cet amour inné de la retraite, il vient pourtant à être dévoilé par le fait même de son mérite et de ses œuvres, si en jetant sur sa face timide et glorieuse le jour de la renommée, les populations se disent : voilà un grand homme ! *magnus coram populo;* alors les Puissants qui vivaient heureux de leur belle fortune et de leur inaction vénérée, se dressent lentement, tendent les bras, et voient que l'auréole d'un être qu'ils *gouvernent* les éclipse et les efface ; ils font trève de mollesse pour vaquer à la jalousie, et se demandent ce qu'il faudrait faire pour se garantir d'une odieuse rivalité, que dis-je ? d'une domination inévitable. *Galeati lepores!* s'écrie Tacite.

Or, ils n'ignorent pas qu'en dépit de ce qu'ils peuvent faire ou ne pas être, leur poste les environne par lui-même, d'une sorte de séduction jusqu'à un certain point irrésistible. C'est pourquoi ils prendront là leurs moyens.

Et d'abord, dans l'état actuel de la constitution temporelle ecclésiastique, le clergé d'en haut possède un pouvoir illimité sur celui d'en bas, qui par conséquent tient à l'obéissance comme aux places, et aux places comme à son pain de chaque jour, puisque c'est par elles seules qu'il peut vivre désormais. Ainsi, un ordre donné est essentiellement et immédiatement un ordre suivi ; l'opposition, non plus que l'examen, n'étant pas possible, de ce côté la chose marche d'elle-même. *Venales manus, ibi fas, ubi maxima merces,* dit toujours Tacite.

Quant aux fidèles laïcs, la difficulté serait plus grande, mais il reste le fameux système, c'est-à-dire à déconsidérer celui qu'on redoute, pour s'en défaire.

On est à l'œuvre. Ne pouvant rien articuler de positif, parce qu'il faudrait se donner la peine et avoir le talent de contrôler soit les vertus, soit des doctrines et des actes quelconques, la jalousie défend au sujet en question d'écrire dorénavant, s'il écrivait, de se livrer à telle ou telle œuvre, s'il agissait; elle lui commande de passer de tel lieu à tel autre lieu, si son importance tenait à une position topographique. Presque jamais l'obéissance n'est possible en pareil cas; presque toujours elle serait déraisonnable et même criminelle. Il y a donc, si non résistance, du moins humble remontrance, et en certains cas, une plainte timide; deux choses repoussées inévitablement et méprisées. Le prêtre passe de la douceur à l'énergie, puisqu'il ne peut éviter cette nécessité; alors il est menacé. Mais, après avoir remis son âme entre les mains de Dieu et sondé sa conscience, il se retire, et poursuit son ancienne voie. La foudre éclate; il est dénoncé à l'opinion publique comme un orgueilleux, un ignorant, un hypocrite; sa vie intérieure est livrée au public dans l'état d'une pauvre jeune vierge que des misérables souilleràient de fange durant son sommeil pour la jeter sur la place publique et l'outrager à l'aise ; les plus hideux mystères de la corruption ou de l'impudicité ne feront pas reculer les calomniateurs : on supposera par exemple qu'un homme dont le génie a dévoré en quelque sorte la substance, ayant à peine assez de force pour respirer l'air du ciel, et prendre quelques faibles aliments, soutiens indispensables d'une existence toujours voisine de la mort, on supposera que cet homme d'un cœur si pur et si élevé, aux pieds duquel s'agenouillent tous ceux qui peuvent le connaître, passe ses jours dans les orgies de l'ivresse crapuleuse et ses nuits dans d'autres débauches que je n'ose nommer.

Les évêques se laisseront circonvenir et tromper ; force sera aux subordonnés de les suivre et de répéter aux autres ces monstrueuses sottises. Les simples fidèles, de leur côté, ne pourront croire que d'une source pareille puissent découler l'imposture, et ce qui vient à sa suite ; ils hésiteront d'abord, comme on fait presque toujours en présence du mal : mais, à force d'entendre, ils s'étourdiront aussi ; *primi, in omnibus præliis, oculi vincuntur et aures.*

Et l'homme qu'on avait voulu perdre dans l'opinion sera perdu.

Que deviendra-t-il ? quels maux incalculables vont

surgir de là ? L'expérience nous l'a fait voir. Il se tournera encore vers Dieu de qui vient l'espoir et la force ; et il marchera dans l'intégrité de son âme, laissant l'iniquité se confondre elle-même. Hélas ! l'iniquité ne se lasse pas !... Il sentira enfin le désir de se justifier, car *la réputation vaut mieux que l'or*. Voilà qu'une lutte s'engage. Nous savons pourquoi le grand nombre suivra le drapeau du pouvoir. De là d'immenses clameurs ! de là les exécrations ! *Nimii verbis, linguâ feroces*. L'autorité civile est subornée, invoquée ; les mesures sont prises pour qu'elle soit inabordable à tout éclaircissement libre. Chaque parole de l'accusé sera un crime. De part et d'autre on s'échauffe, mon Dieu ! et il arrive que, là même où était le droit, la faiblesse humaine l'emporte ; et on voit ce que nous voyons tous les jours.

Peu m'importe que les juges de la terre prononcent ici ; mais le juge du ciel aura son tour. Attendons. Je n'ose pas dire : espérons, car les scandales sont trop grands..... J'interromps cette digression pour reprendre ma première thèse.

Nous avons vu quel est en thèse générale, l'état de la question. Voyons maintenant, pour une circonstance particulière, les embarras qui pullulent de toutes parts. Un prince hérétique fait une loi hérétique, et, en vertu de son pouvoir discrétionnaire, comme maître absolu, il décrète qu'elle est obligatoire pour tous ses sujets, sans exception. Or, dans le ressort de sa juridiction, se trouvent des catholiques, et, à leur tête, des pasteurs. S'il s'élève des réclamations, s'il se manifeste une résistance énergique, qu'arrivera-t-il? Le principe sacré d'obéissance est violé nécessairement; il l'est inutilement, car la force est du côté de l'empire; la persécution domine toutes les raisons et toutes les preuves; un semblant de légitimité, qui n'est autre chose qu'une légalité atroce, décore les dispositions du législateur; vu la lettre du droit écrit, elles sont hors de toute discussion, c'est-à-dire purement et absolument irréformables (1).

Mais on objecte l'hypothèse d'une contradiction flagrante entre les suprêmes commandements de la nature ou la volonté de Dieu et les caprices bien évidemment désordonnés d'un prince. Machiavel qui s'est posé à lui-même l'objection, n'a pas cru qu'elle fût susceptible d'une solution précise. Et en

---

(1) «Car, observe Pascal, la justice est ce qui est établi; et ainsi toutes nos lois établies sont nécessairement tenues pour justes sans être examinées, puisqu'elles sont établies.» Mais il ajoute : « quand il est question de juger si l'on doit faire la guerre, etc., etc., etc., c'est un seul qui en juge, et ce devrait être un tiers indifférent.» PASC. PENS. 1 p. a. VI.

effet, alors même, il serait nécessaire d'en appeler à un juge qui prononçât sur l'existence ou le plus ou moins de réalité de la contradiction.

On ajoute qu'en certains cas, l'injustice du prince est de toute évidence. Je le veux bien. Toutefois est-il que, pour ces matières à part, l'évidence a encore besoin d'une confirmation que j'appellerai positive et perceptible aux sens; l'évidence varie souvent avec les conformations diverses d'individus; elle ne peut par conséquent prendre le caractère de loi, en contrebalançant et déplaçant un système consacré.

En définitive, que faire ? encore un bon livre sur cette matière, d'abord; puis entretenir un peu moins les hommes de mysticités abstraites, et les pénétrer de l'une des idées capitales de leur vie politique et privée comme de leur vie religieuse : LA DIVINITÉ ROMAINE (1).

La suite des événements nous donnera sujet de revenir sur la question. Procédons méthodiquement, selon l'habitude.

---

(1) Pour justifier cette expression, qui évidemment n'est point absolue, je cite celle de M. de Maistre :

« On sent, s'il est permis de s'exprimer ainsi, je ne sais quelle *Présence réelle* du souverain Pontife, sur tous les points du monde chrétien. » Voyez à ce propos *Justini Febronii de statu ecclesiæ et legitimâ potestate romani pontif. liber singularis.* Le fébronianisme dure encore en Allemagne. On pense que le véritable auteur du livre était M. de Honteim.

Clément-Auguste de Droste-Vischering ou Drost de Vischering naquit à Munster le 21 janvier 1773. Il est le dernier de trois frères.

L'aîné, Gaspard-Maximilien, né le 9 juillet 1770, dans le château de Vorhelm, fut nommé à neuf ans prévôt de la cathédrale de Minden, puis chanoine de l'église de Munster dont il devint évêque suffragant en 1775 (1), et titulaire le 19 septembre 1825. Il avait reçu la prêtrise à Rheina en 1793, le 13 juillet.

Je n'ai que le temps de citer deux faits particulièrement remarquables dans sa vie :

Comme suffragant de Munster, il assista au Concile de Paris, tenu par Napoléon, en 1811, et fit preuve d'une fermeté véritablement apostolique, en protestant contre la captivité du souverain Pontife, d'une part.

D'autre part, si dans l'affaire des mariages mixtes, soit par le fait d'une surprise, soit par une faiblesse qui se conçoit peu chez un homme semblable, il se rangea d'abord du côté où n'était pas l'archevêque de Cologne, il se rétracta plus tard d'une manière complète et fort édifiante. *Errare humanum est, perseverare*, etc., etc. « Les esprits médiocres, mais

---

(1) Avec le titre d'évêque de Jéricho.

mal faits, surtout les demi-savants, dit Larochefoucauld, sont les plus sujets à l'opiniâtreté ; il n'y a que les âmes fortes qui sachent se dédire et abandonner un mauvais parti. »

Quoi qu'il en soit, le vénérable évêque Gaspard-Maximilien de Droste-Vischering peut passer à coup sûr pour un des plus remarquables prélats que possède aujourd'hui l'Allemagne.

Nous avons de lui une excellente *Instruction sur la première communion.*

Le style en est pur et même élégant, la forme nette et vigoureuse ; mais il est un point sur lequel, à mon sens, l'auteur ne peut éviter la critique ; c'est la nature de ses aperçus qui, sans sortir des limites de la plus parfaite orthodoxie, se ressentent trop souvent de la manie de métaphysique et d'abstractions vaporeuses si fort en usage parmi ses compatriotes. Les philosophes de ce pays sont plus poètes qu'on ne pense communément ; leurs argumentations, toutes serrées et toutes sèches qu'elles paraissent être, viennent plus souvent de l'imagination que de l'esprit ; pour s'en convaincre, il suffit de lire une ou deux pages de Jacobi, par exemple, de Novalis, de Kant, et j'oserai même dire de Leibnitz. Il n'est pas jusqu'à leurs théologiens catholiques qui, dans des thèses de dogme, ne jettent, à leur insu, je ne sais quel vague parfum des rêves et de la phraséologie de l'Edda. Là, règne en souveraine l'utopie ; elle y régnera longtemps, et peut-être toujours ; car cette disposition des esprits, analogue d'ailleurs à d'autres dispositions purement organiques, doit être évidemment le fait du climat ; pour changer la figure et la couleur des idées, il faudrait changer le ciel et l'air qui leur ressemblent ; qui donc essaiera de le faire ?

En attendant, ceci donne à comprendre comment les hérésies pullulent en Allemagne, et que ce fut chez M. Gaspard-Maximilien de Droste-Vischering un grand mérite d'avoir fait, tout en participant sous quelque rapport au goût national, un livre éminemment irréprochable quant au fond, et bien mieux, un livre d'une utilité immense pour les fidèles de tout âge et de toutes conditions (1).

Le deuxième frère, François-Othon, qui était né le 13 septembre 1771, mourut dans un âge peu avancé. Nommé chanoine de Munster en 1789, il fit en 1792 le voyage de Rome où il reçut le sous-diaconat. A son retour en Westphalie, son frère aîné, déjà évêque de Jéricho, l'ordonna diacre. Sur

---

(1) Ces *Instructions* sont imitées d'un livre français de l'abbé Regnault sur le même sujet.

sa vie ecclésiastique, peu de choses sont connues; mais il a laissé un nom comme écrivain. Sans rien retrancher à ce qui a été dit tout-à-l'heure du genre littéraire et philosophique des allemands, il m'est possible, je pense, d'avancer que François-Othon se rapproche, plus que Gaspard-Maximilien, de l'exactitude logique et de la lucidité en quelque sorte mathématique du genre français. Ses *Études*, qu'il publia, partie dans l'*Indicateur politique* d'Adam Muller, partie en 1817 chez un libraire de Munster, me paraissent être de véritables chefs-d'œuvre. On ne saurait effectivement préciser avec plus de talent et de force *les rapports de l'Eglise et de l'État*, en général, et surtout dans un pays comme la Prusse. M. de La Mennais a dû lire plus d'une fois ce livre que je ne veux point analyser, crainte de répéter des choses vingt fois dites dans ma biographie même. En somme, François-Othon de Droste-Vischering était aussi un homme de grande intelligence et d'un courage plus grand encore; il écrivit comme Clément-Auguste agit à l'heure qu'il est.

La date de naissance de ce dernier se rapporte au 21 janvier 1773, comme je l'ai dit. L'éducation des trois frères fut ce qu'elle devait être pour des fils de l'ancienne famille westphalienne des barons, aujourd'hui comtes, de Droste-Vischering, distingués à la guerre, dans les conseils, dans l'église, à toutes les époques, par les chefs du corps germanique. Ils reçurent dè leurs parents les premières notions du catéchisme, et d'abord les plus touchants exemples de piété. On les fit entrer ensemble au collège de Munster, placé sous l'autorité immédiate du Prince-évêque de cette ville; et en fort peu de temps, ils devinrent les premiers sujets de cet établissement si renommé.

Leurs études finies, ils voyagèrent sous la conduite de M. Katerkamp (1), leur gouverneur, en Italie, en Sicile, en Suisse et dans toute l'Allemagne.

Je ne sais s'ils jetèrent un coup d'œil en passant sur ce pays de France où nous naissons malins à la condition de ne l'être pas du tout. On a voulu rattacher encore à ce voyage des idées d'un ordre gigantesque, et c'est ainsi qu'on nous a représenté les jeunes voyageurs étudiant et approfondissant, comme Anacharsis, les mœurs, les institutions, les vertus et les vices des peuples. Je suis d'avis, pour mon compte, qu'ils cherchèrent bien moins en Italie Machiavel que Tite-Live et Tacite, en Sicile Denys le tyran que Théocrite et Bion; ainsi du reste; et si M. Dufêtre, dont j'estime le talent

(1) Qui fut depuis professeur de théologie à Munster.

comme le caractère, me garde rancune pour ce que j'ai dit de lui en pareille circonstance, il a tort.

Est-ce lassitude des hommes, après l'expérience qu'ils venaient d'en faire? A leur retour, les trois frères entrèrent dans l'état ecclésiastique. Nous avons vu ce que devinrent les deux premiers; il nous reste à suivre Clément-Auguste dans les diverses révolutions de son existence; c'est le point capital du sujet.

En 1791, il obtint une prébende chapitrale. En 1798, le 14 mai, son frère aîné lui conféra la prêtrise. Depuis cette époque jusqu'en 1827, il s'occupait exclusivement des fonctions de son ministère et des études théologiques, vénéré partout comme un saint, aimé et admiré comme le sont ordinairement les hommes d'un mérite supérieur et de beaucoup de modestie. Le 9 avril 1827, il fut sacré évêque de Calama, nommé doyen du chapitre de Munster, et suffragant de son frère Gaspard-Maximilien. Lui non plus, il ne voulut pas croire que les dignités le dispensaient du travail. Il redoubla d'activité. Il maintint et agrandit même la réputation d'orateur qu'il s'était précédemment acquise. Doué d'une rare facilité d'élocution et d'un bel organe, il mettait ces deux qualités précieuses au service de son esprit et de son érudition. On venait pour l'entendre de tous les pays d'alentour; catholiques et protestants s'y portaient en foule et rivalisaient d'attention comme de respect; les églises, ceci est vrai au pied de la lettre, se trouvèrent trop petites.

« *Bernardus*, dit Erasme, *et christianè doctus et sanctè facundus et piè festivus.* »

En dehors de ces œuvres, son temps était consacré à l'administration; et là encore il se distinguait particulièrement. Sa douceur était telle à l'égard des prêtres, qu'il était presque partout en usage de dire : *bon comme le suffragant.*

Le gouvernement prussien dut le remarquer et partager à son égard l'admiration commune. Bien qu'à plusieurs reprises, le prélat se fût énergiquement élevé contre les transactions proposées aux évêques des provinces rhénanes, il fut nommé archevêque de Cologne à la mort de M. de Spiegel. Le roi pensait qu'en considération des faiblesses de son prédécesseur, et par reconnaissance peut-être pour l'auteur de son élévation, il trouverait moyen de fléchir tant soit peu, sans se compromettre, et d'harmonier des éléments contradictoires. Je laisse à juger la sagacité du roi de Prusse, et je reprends à une date antérieure la vie sacerdotale de Clément-Auguste, pour bien nous mettre au courant de la grande affaire qui va nous occuper.

Lorsqu'en 1806, Napoléon détruisit l'empire germanique et sécularisa, par le fait même, toutes les principautés ecclésiastiques, M. Clément-Auguste de Droste-Vischering était prêtre depuis deux ans. Or, M. de Furstemberg, vicaire-général et ancien ministre du prince-évêque de Munster, ayant été placé à la tête de ce diocèse, trouva la charge trop pesante, et conjointement avec le chapitre, s'occupa de choisir un administrateur capable.

On le sut, et incontinent les ambitions de toutes sortes se mirent en campagne. Chose triste à dire sans doute, mais chose vraie : les postes ecclésiastiques sont brigués avec autant de fureur que les emplois civils ou politiques, en Allemagne comme en France et ailleurs; et si Louis-Philippe lui-même s'affligeait et se scandalisait naguère à la vue des nuées de sollicitations qui l'assaillirent, pour trois ou quatre évêchés vacants; s'il est vrai que fatigué des intrigues, étrangères, il faut le dire, à la volonté de M. de ...., et après sa nomination signée, Louis-Philippe s'écria : « Eh bien! non, il ne sera pas évêque, » ce qui est fâcheux d'ailleurs pour l'église; s'il nous devient à peine possible de trouver un cabriolet de place à Paris dès qu'un siège est vacant, tant est grande l'activité des victimes qui courent s'offrir aux souffrances des honneurs ; s'il en est ainsi, et il en est ainsi, je le sais et je l'affirme même, c'est apparemment un vice de la nature humaine; reste à l'évangile le soin d'en faire justice ou de le réformer. Hélas ! je crains bien qu'il ne faille plus d'un jour !.....

« *Les compétiteurs donc,* observe M. l'abbé Axinger, auquel je dois presque tous les faits et toutes les dates de cette notice (1), les *compétiteurs ne manquèrent pas.* Mais on fit alors ce qu'on devrait toujours faire ; celui qui n'avait rien demandé fut celui qu'on choisit. Quoique étant le plus jeune du chapitre, car il avait trente ans à peine, Clément-Auguste prit en main, ou plutôt fut obligé d'accepter l'administration d'un vaste diocèse. »

Ce qu'il fit alors mériterait d'être mis sous les yeux de tous les évêques du monde. Il retrancha au sommeil tout le temps que ne réclamait pas absolument la nature ; il s'imposa l'obligation d'examiner jusqu'aux plus simples détails de son gouvernement. Chaque moment du jour, et presque de la nuit, avait son œuvre assignée pour le remplir. Un règlement, suivant lui comme au sens de

(1) Il y eut une notice insérée par M. Axinger dans l'*Univers religieux* vers 1837 ; et je suppose bien qu'il était l'auteur d'une série de lettres sur l'affaire de Cologne, adressées à M. de Montalembert, lettres pleines d'esprit et de malice, de tact et d'érudition.

tous les hommes sages, centuple les moyens d'action comme il féconde le temps; il s'en était tracé un qu'il ne cessa jamais de suivre avec la plus inébranlable fidélité. Il se levait ponctuellement à cinq heures, et ne manquait pas de dire sa messe, après une oraison mentale d'une heure; il se livrait ensuite à l'examen des travaux qui l'attendaient, récitait son bréviaire, étudiait un point quelconque de théologie, restait fort peu de temps à sa table où ne figuraient pas les mets somptueux des grands, mais dont la frugalité avait bien aussi sa magnificence et sa joie, car plus d'un pauvre lui devait de ne pas mourir de faim à cette heure-là même. Il s'occupait ensuite de sa correspondance, qui n'était en aucune façon l'œuvre de son secrétaire-général ou intime, répondant aux petits comme aux autres, faisant passer dans le cœur de ses prêtres et de ses diocésains laïcs la charité qui vivifiait le sien; ses prêtres, qu'on l'observe bien, avaient le pas dans le palais archiépiscopal sur ces derniers : il eût trouvé l'usage contraire trop avilissant pour l'église; je parle ici des visites qu'il recevait, si je ne me trompe, de midi à cinq heures. Les curés de campagne étaient accueillis à toute heure, et on en conçoit la raison. Si le prélat se trouvait obligé à quelques légères réprimandes, il se faisait aimer encore plus qu'auparavant, par la manière évangélique dont il remplissait ce devoir; s'il avait sujet de féliciter quelqu'un, ce n'est pas l'orgueil ou la morgue que ses douces paroles engendraient alors, mais elles fortifiaient et augmentaient le courage avec la passion du bien. La clémence comme la sévérité, quand la raison et la vertu les animent, sont l'une et l'autre de la justice. Ai-je besoin de dire qu'il assistait aux offices avec une régularité qui n'avait d'égale que sa piété angélique, ce qui, du reste, le distinguait de ces hauts personnages si enclins au reproche et si peu empressés de prêcher d'exemple. C'est pourquoi nul ne put jamais lui répondre : « *Eh! vous-même, aux offices, monseigneur, y venez-vous?* »

Comme les administrations précédentes avaient jeté le diocèse dans un désordre fâcheux, il mit tout en œuvre pour réparer les malheurs qui s'en étaient suivis, et prévenir ceux qui pouvaient en résulter à l'avenir. Il n'avait pas de séminaire, ou plutôt son séminaire était dans un état déplorable; il fit reconstruire le bâtiment, renouvela ou épura le personnel, et se reposa du soin de cultiver ces générations si précieuses pour l'Église catholique, sur le vénérable abbé Overberg, qui n'est point un sulpicien, mais qui jouit au-delà du Rhin d'une éminente réputation de savoir et de vertu.

C'était malheureusement l'époque des grandeurs et des pasquinades de Napoléon. Elles se firent sentir à Munster comme partout ailleurs. L'ancien chapitre fut dissous en 1812 et remplacé par un nouveau chapitre. Clément-Auguste forcé de s'éloigner remit l'administration diocésaine au comte de Spiegel, protégé du baron Louis, fait évêque sur la recommandation de ce dernier. « M. de Spiegel, dit toujours M. Axinger, remplit ces fonctions en vertu du concordat qui n'était exécutoire qu'en France, et contre lequel avait protesté le Pape. »

Enfin, Napoléon tombe. Nouvelle dissolution du chapitre. L'ancien se trouve réintégré; Clément-Auguste rentre à Munster avec le titre de vicaire-général capitulaire.

Mais, pour lui, le roi de Prusse avait pris la place de Napoléon.

La Westphalie venait de passer entre les mains de Frédéric. Il institua en 1816 un consistoire mixte chargé de l'administration du culte et de l'instruction publique; et il publia bientôt une ordonnance royale pour en régler les attributions. Dire que cette ordonnance blessait par mille endroits l'inviolabilité du dogme catholique et la discipline de l'église, serait chose superflue; on le conçoit de reste. Les gouvernements eurent toujours la fureur de s'immiscer dans les affaires spirituelles ; et certes, je ne vois pas qu'il en soit jamais résulté aucun bien : la guerre civile est le moindre des fléaux qui s'en suivent. Remarquons pourtant qu'ils ont à leur usage un vieux sophisme toujours usé et toujours neuf ; ils se tirent d'affaire en jetant à la tête des nations crédules cette parole hypocrite et infâme : *Guerre ou Massacre de religion ;* comme si la cause ne s'en trouvait pas dans leurs prétentions ou leur perversité même ! comme si la religion n'avait pas assez clairement exprimé son vœu de réunir dans un même bercail et sous un même pasteur toutes les créatures faites à l'image de Dieu ! On est bien coupable, lorsque l'on sent toutes ces vérités, de prêcher je ne sais quelle monstrueuse alliance du pouvoir temporel et du pouvoir spirituel. Rien n'explique ce crime ou ce travers de la part de certains prêtres qui écrivent par exemple, si ce n'est l'ambition de l'argent, cette reine actuelle de la terre, et par contre, le besoin de flatteries et de bassesses. Ce qui est plus clair que le soleil, ce qui a été si souvent répété peut se redire encore jusqu'à ce qu'on ait fait voir qu'on l'a compris : Eh bien ! qui osera dire qu'un Roi protestant puisse gouverner d'une manière intègre une population moitié hérétique, moitié catholique ? peut-il plaire à tous à la fois? faudra-t-il toujours une loi à deux tranchants? s'il est permis d'employer cette expression. Les dispositions qui vont flatter les uns ne sont-elles pas le désespoir et la mort des autres? En plusieurs points, la question politique touche à la question religieuse, sans doute; il est urgent et d'autant plus difficile de se prononcer, il est d'autant plus indispensable qu'un juge supérieur et désintéressé intervienne. Nouvelle raison de la nécessité que je signalais ci-dessus, c'est-à-dire de réunir aux pieds du Pape tous les différents chefs de nations qui reconnaîtraient en lui une sorte de suzeraineté auguste, et appelleraient à son tribunal des difficultés de leur position, conjointement avec les peuples.

Voyons dans les circonstances présentes ce qui arriva. Clément-Auguste crut devoir protester; et lors du Congrès d'Aix-la-Chapelle, il fit remettre au Roi et aux *chambres* du royaume *un Mémoire* en forme où il demandait la révocation des articles relatifs au consistoire.

Comment les légistes nommeront-ils cette résistance? s'ils en supposent le motif légitime, qui leur a donné le droit de faire cette supposition? comment donc arriverait-il que l'inférieur, auquel il n'a été dit que ce mot : « obéis, » puisse accuser d'erreur ou d'injustice le supérieur auquel a été donnée l'autorité, ou, ce qui est la même chose, l'infaillibilité? rapsodies ou non, que les *Grands écrivains et Penseurs de l'Univers religieux*, veuillent bien sur ce sujet éclaircir ma religion et celle de tant d'autres; mais nous ne sommes qu'au commencement.

On connaît assez universellement la loi de 1803 relative aux mariages mixtes, pour que je me dispense de la citer ou de l'analyser. Frédéric voulut la ranger parmi les lois du royaume. Il créa l'Université de Bonn. Une chaire étant venue à vaquer à Munster, il y pourvut de manière à blesser les catholiques en compromettant leurs doctrines.

Clément-Auguste protesta de nouveau, et ses réclamations furent entendues avec des transports de reconnaissance par les populations indignées de la Westphalie.....

Le 7 juillet 1821, le siège de Munster fut enfin pourvu. Pie VII y plaça l'ancien prince-évêque de Corvey, qui, suivant l'exemple de M. de Furstemberg, se jugea lui-même incapable de gouverner un si vaste diocèse, et se retira pour mourir de chagrin dans un autre pays; sujet fertile en méditations de tous genres, soit dit en passant, et sans faire croire que je veuille outrager M. de Spiegel.

Le prince-évêque fut suppléé par un pro-vicaire.

Or, M. de Droste-Vischering s'effaçait de plus en plus durant ces divers événements. Il choisit pour lieu de retraite l'hospice Clémentin qu'il avait fondé; et c'est là que vint le surprendre sa nomination comme évêque de Calama et doyen du chapitre de Munster, le 9 avril 1827, ainsi que je l'ai dit. Il y resta huit ans, jusqu'à 1835, époque où il fut appelé à la succession de M. de Spiegel. Élu le 1er décembre, préconisé à Rome le 1er février, il prit possession du siège de Cologne au mois de mai.

Là se révèle dans toute sa grandeur et sa beauté le caractère du saint archevêque. Aussi doux dans ses rapports avec les ecclésiastiques inférieurs, aussi simple dans ses habitudes, aussi passionné pour l'étude et ardent pour les travaux d'administration, aussi dévoué aux pauvres qu'il l'avait toujours été, sa fermeté s'éleva jusqu'au prodige en face des obstacles nouveaux qui survinrent. S'il avait été admirable jusque là, désormais il devint sublime.

Le souverain Pontife Grégoire XVI avait fulminé une condamnation contre les doctrines du fameux Hermès; et nonobstant cette terrible expression de l'autorité suprême et irréformable, la secte se remuait et se grossissait dans l'ombre. Les professeurs de l'Université de Bonn se distinguaient entre les autres par leur acharnement et le danger de leurs subtilités scolastiques; fléau d'autant plus déplorable qu'il était difficile d'en déterminer désormais la nature. Au moyen de cette équivoque diplomatie que les dissidents de fraîche date savent si bien exploiter, les hermésiens s'étaient fait une conscience élastique; et, tout en se cramponnant *in petto* à leur sens obstiné, ils protestaient au dehors de leur obéissance absolue et de leur complète orthodoxie. Clément-Auguste publia, pour remédier au mal et l'extirper autant que possible dans sa racine en le rendant inexcusable et inniable, une déclaration en dix-huit articles. Tous ses diocésains ecclésiastiques durent y souscrire, il exigea spécialement la signature de tout individu qui se présenterait pour recevoir les ordres sacrés. Les leçons de Bonn furent interrompues; « par quoi, dit Charron, tous novateurs sont suspects, dangereux et à chasser » (1). Deux professeurs seulement restèrent à leur poste parce qu'ils étaient parfaitement et universellement connus pour leur inviolable attachement à la pure foi catholique. Il est à croire cependant que l'Herméianisme n'est pas près de rendre le dernier soupir en Allemagne. Mais on devrait bien se rappeler qu'à notre époque surtout, c'est trop faire valoir et

---

(1) *De la Sagesse*, liv. 3, c. 3.

recommander, pour ainsi dire, les erreurs que de les combattre avec trop d'étalage. Les erreurs sont au vis-à-vis de la critique ce qu'est le cadran par rapport au soleil : *Aspice ut aspiciar*.

Vint l'affaire des mariages mixtes. M. Axinger dit que M. l'archevêque fit quelques sacrifices pour concilier les lois de l'Église avec les exigences du pouvoir. J'ai cherché les raisons de cette opinion si nettement formulée, et j'avoue que rien ne m'a paru la justifier. Je pense que, sur ce point comme en tout ce qui a trait aux devoirs de son état, M. de Droste-Vischering n'a jamais pu ni dû transiger; son caractère est ainsi fait, on s'en convaincra pour peu qu'on veuille l'observer avec attention ; il n'y a pas pour un tel homme de milieu entre *oui* et *non*. « Il résista, continue le même écrivain, quand les exigences du pouvoir lui parurent excessives. » Ici le fait est précis.

M. de Bunsen lui écrivait : « en général vous semblez avoir adopté comme maxime d'opposer des lois de l'église à des lois de l'état, et de combattre ainsi une autorité par l'autre. Si vous continuez sur ce pied, vous me mettrez dans la nécessité d'entrer en lutte avec l'église catholique, non seulement là où elle se posera ouvertement l'adversaire de l'état, mais même dans tous les cas où ses sentiments hostiles pourront être à craindre pour l'avenir, ce qui entraînera des suites dont vous ne pouvez jusqu'à présent pressentir l'étendue. »

Après les menaces, vinrent les effets. Tout tremblait autour du prélat; lui seul restait calme. Il examina les élèves de son séminaire qui se destinaient à l'ordination, disposa toutes choses dans les diverses parties de son diocèse avec une sollicitude particulière, officia le 22 octobre à la procession solennelle du millième anniversaire de sainte Ursule, patronne de Cologne; et il fut arrêté peu après.

Voici ce qu'on lisait alors dans un journal : « l'agitation produite dans les populations de nos provinces, par l'affaire de Cologne, est effrayante et s'étend chaque jour. Une imprimerie clandestine établie à Sittard répand des brochures et des placards menaçants; M. de Arnim, président du Cercle, a été plusieurs fois assailli par des hommes furieux; son hôtel est assiégé; on le menace de mort. Les étudiants parcourent les rues de Paderbon en criant : — vive notre archevêque! On l'a laissé enlever, mais nous jurons qu'ici on ne nous enlèverait pas un moine. — Un officier s'étant avisé de badiner sur M. de Droste, dans un cabaret, eut une bouteille cassée sur la tête et fut honteusement chassé. Les demoiselles de Cologne et d'Aix-la-

Chapelle se réunissent et jurent de ne point épouser des protestants; celles qui sont riches se cotisent pour faire des dots aux filles pauvres et leur laisser leur indépendance. »

En vain le gouvernement fit-il répandre, à plusieurs milliers d'exemplaires, un fort volume lithographié des pièces officielles publiées contre l'archevêque, l'accusant d'avoir conspiré contre l'état ; la députation des nobles de Westphalie, composée de MM. de Metternich Wolf, de Sprée, de Mirbach, de Loe, de Furstemberg, lorsqu'elle se présenta devant lui pour l'adjurer de dire si véritablement il était *criminel d'état*, reçut sa parole d'honneur, et fut persuadé de son intégrité ; hormis le gouvernement, pas un être qui n'en fût également convaincu. Au fait, le gouvernement le savait lui-même.

Le souverain Pontife se prononça suffisamment dans la circonstance suivante :

On écrivait de Rome le 2 janvier 1838 : « M. de Bunsen voudrait entrer dans des négociations. Le cardinal-secrétaire d'état refuse, à moins qu'on ne réintègre le prélat déporté. Pour atteindre son but et influencer Grégoire XVI par un exemple séduisant, M. de Bunsen a cité M. de Metternich comme partageant sur ces affaires l'idée du cabinet de Berlin ; fort heureusement M. de Metternich lui-même venait d'adresser à M. le comte de Lutzow une lettre fort détaillée où se trouve reproduite, mot pour mot, sa conversation réelle avec M. de Bunsen. » Celui-ci avait dit une vérité de diplomate : il avait menti.

Encore à l'effet d'abuser le pape en lui représentant sous de flatteuses couleurs ce bon roi de Prusse, on avait dressé acte de ses donations aux établissements catholiques, et après en avoir réuni un certain nombre, on avait présenté la feuille de mention à la signature des personnes influentes ou considérées. MM. Arnoldi, Muller et Braun, découvrirent le piège : c'était un nouveau stratagème de la probité ministérielle.

Or, de quel crime accusait-on le prélat ? Je l'ai dit : de haute trahison. Pourquoi et comment ? voilà le mystère. Le reste est à la connaissance de tous et ne doit pas figurer ici.

M. l'archevêque fut enfermé à Minden, et la direction resta entre les mains de son chapitre métropolitain, jusqu'au jour où s'éleva la question d'un administrateur officiel. Le gouvernement offrait M. le docteur Husgen ; le pape voulut M. Cluessen, prévôt à Aix-la-Chapelle. M. Altenstein, dans les difficultés qui survinrent alors, fit preuve d'un insigne mauvais vouloir; il fut confondu par une brochure que publièrent contre lui les chanoines de Cologne. L'emportement prit donc le caractère de la rage : on se vengea de M. de Droste-Vischering sur ses amis même. M. Michelis, chapelain et secrétaire de l'archevêché, fut transféré de Minden dans la forteresse de Magdebourg, sous prétexte qu'il avait attaqué M. de Bodelswing, président de la régence, qu'il entretenait une correspondance active avec M. de Bommel, évêque de Liège, enfin qu'il avait brûlé, par précaution, tous les papiers et toutes les lettres qui eussent pu, en éclairant le pouvoir, compromettre M. l'archevêque. M. de Galen, ambassadeur prussien près la cour de Bruxelles, fut révoqué, parce qu'il était de sa famille. Des prélats manquèrent de courage, et préférèrent, puisqu'il faut le dire, obéir aux hommes qu'à Dieu : M. Ledebur, évêque de Paderbon, l'évêque de Trèves, l'évêque de Munster, applaudirent d'abord à ces mesures exécrables, ils souscrivirent aux ordonnances ; mais la voix de la conscience ne tarda point à se faire entendre. M. Ledebur retira bientôt ses *Instructions* sur les mariages mixtes; l'évêque de Trèves se rétracta au lit de mort ; Gaspard Maximilien vit et déclara comme je l'ai dit qu'on avait abusé de sa bonne foi.

Depuis lors, le gouvernement s'est ingénié de toutes ses ressources d'impudence et de fourberie pour réparer le mal qu'il s'était fait à lui-même, en voulant écraser un homme. Il n'a pas réussi. Le monde entier l'a jugé. Ses protestations de pureté dans les motifs n'ont trompé ni séduit personne; toute sa police n'a pu empêcher des réclamations éloquentes et définitives : M. Gœrres l'a flétri (1). Les exemplaires du *livre rouge* (1) ont inondé la Prusse. Les journaux français, bien qu'il les eût interdits, ont été lus avec avidité. Le fameux règlement du 27 novembre, signé *La Police*, a été conspué; on souscrivit dans toute l'Europe au magnifique tableau que les catholiques, par un digne élan de reconnaissance, voulaient offrir au noble prisonnier. Qui n'a médité l'ouvrage intitulé : *la vérité sur l'affaire d'Hermès* (3)? demandez à MM. Schweitzer et Filtz ce qu'ils en pensent, ces hermésiens. Voyez la lettre du nouveau roi de Prusse à M. de Droste-Vischering dans le *Temps* du

---

(1) Auteur du fameux livre *Athanasius*, heureusement traduit en français par le jeune Albert de Resseguier, fils du gracieux poète de ce nom.

(2) Ou *entretiens de quelques paysans des provinces rhénanes sur les persécutions des catholiques*.

(3) Imprimé en 1837 à Dusseldorf.

27 janvier dernier ; *et quidquid græcia mendax audet in historiâ* (1).

« Monsieur l'Archevêque,

« Vous avez sans doute appris que les affaires de Cologne ont reçu une heureuse solution par la sage intervention de la cour de Rome ; et je n'ai pas perdu de vue que vous avez coopéré avec empressement à ce but tant désiré. Il y a plus d'un an, vous m'avez donné votre parole que vous n'abuseriez pas de votre liberté pour retourner à Cologne ; vous avez tenu consciencieusement votre promesse, et, en vous témoignant tout mon contentement, je vous rends votre parole, sous la condition que, si vous vouliez faire un voyage à Cologne, vous ne l'entreprendriez pas avant l'arrivée et l'installation du coadjuteur. Je n'ai pu croire que vous ayez pris part à des menées révolutionnaires, et mon gouvernement a déjà saisi l'occasion de l'exprimer ; mais sachant que votre honorable famille désirait ardemment que je fisse moi-même cette déclaration, je profite avec plaisir de cette occasion de vous assurer que rien ne saurait autoriser le soupçon que vous auriez abusé de la dignité de votre position, de vos

(1) Juvénal.

fonctions, pour favoriser des menées politiques révolutionnaires, ou pour vous associer successivement des personnes qui tendaient à un pareil but. J'espère cordialement que cette assurance vous tranquillisera comme vous le méritez, et que la providence vous permettra de jouir longtemps encore dans une vieillesse calme du rétablissement de la paix de l'église. »

FRÉDÉRIC-GUILLAUME.

Paretz, 15 octobre 1841.

« L'affaire de l'archevêché de Cologne est enfin terminée, disait la Gazette d'état de Prusse, du 10 de ce mois, M. de Geissel venait de prêter serment le jour même en qualité de coadjuteur de M. de Droste-Vischering, avec droit de succession, et il se rendrait à Cologne dans le courant de février, pour prendre l'administration de l'archidiocèse. » La Gazette de Cologne assure que le roi a donné 50,000 thalers par an pour l'achèvement de la cathédrale dont il posera la première pierre. (1)

En dépit de toutes ces choses, soyez-en bien sûr, l'affaire, qui semble pour toujours anéantie, n'est

(1) Bâtie par Erwin de Steinbach.

pas terminée. La Prusse est encore gouvernée par un roi protestant, et les *articles organiques* ont fait aussi invasion par là.

J'aime mieux le Pape, dit M. de Maistre (1).

---

(1) Du Pape, 1ᵉʳ vol., page 352, lisez, s'il vous plaît, l'article tout entier dont ces trois mots sont la conclusion : chap. IX. *Application hypothétique des principes concernant la suprématie pontificale sur les souverains temporels.*

20 Janvier 1842.

A. Appert, Édit. Passage du Caire, 54.

J'aime mieux le Pape, dit M. de Maistre (1).

Biographie du Clergé Contemporain.

M. EMERY.

A. Appert Édit. Passage du Caire, 54.

M. EMERY.

> C'était un homme sage; c'était un ecclésiastique d'un mérite distingué.
>
> NAPOLÉON.

M. Emery était un élève des Jésuites.

Il naquit à Gex le 27 août 1732. Son père, lieutenant-général criminel au baillage de cette ville, joignait à la réputation d'homme d'esprit et de profond savoir, celle de magistrat incorruptible et de bon chrétien. Il donna lui-même au jeune Emery les premiers principes de la religion, *quanta audivimus et cognovimus ea, et patres nostri narraverunt nobis* (1). Sur ce point, madame Emery le

---

(1) On dit que l'un de ses ancêtres, entaché des doctrines de Port-Royal, fut contraint par son opposition au *Formulaire* et à la bulle *Unigenitus*, de s'exiler en Hollande où il se lia très particulièrement avec le fameux V. Zeger-Bernard Van-Espen.

secondait de toute la force de son cœur et de sa douce piété. Famille vraiment patriarcale, comme on en voyait alors un certain nombre, mais dont le type vénérable tend à s'effacer de plus en plus sous le souffle des tempêtes politiques et de la civilisation qui les engendre!

Je pourrais, avec la plus grande facilité du monde, amuser mon lecteur par le récit de tous les petits accidents qui traversèrent l'enfance de Jacques-André Emery, rappeler que ses dispositions heureuses pour l'étude et la vertu se manifestèrent de très bonne heure, et montrer dans leur germe ces admirables œuvres qui forment l'histoire et la gloire de sa vie; mais ayant à peine une feuille d'impression pour cette notice, et la matière étant surabondante, je destine la place à de plus graves détails.

C'est à Mâcon, vers 1743, que M. Emery entra chez les Jésuites. Il y resta jusqu'en 1751. Son affection pour ces bons Pères ne s'est jamais démentie. Si des raisons majeures, complètement étrangères à l'Ordre, ne l'avaient empêché de s'engager par les grands vœux, il n'eût jamais quitté ses maîtres, et je dirais aujourd'hui pour leur honneur et le sien le mot si cher aux petits-enfants de Voltaire : « C'est encore un Jésuite. »

Des circonstances que je n'examine point le déterminèrent à se faire sulpicien. Il se présenta, vers l'année 1752, à la communauté de ces messieurs. Là, comme on sait, l'inconvénient n'est pas de prononcer des vœux grands ou petits, éternels ou même temporaires. L'adepte se lie tout au plus par une promesse conditionnelle que voici : « En m'affiliant « à la compagnie, je m'interdis d'accepter aucune dignité ecclésiastique ; — mais je suis libre « d'en sortir à toute heure ; le cas échéant d'un « évêché, par exemple, je puis me dédire, et par « suite subir les violences faites à ma modestie (1.) »

Certes, pour ce qui regarde le solitaire, il n'a aucune envie de méconnaître un immense mérite chez certains membres de cette Société. Qu'on veuille bien l'entendre une fois pour toutes.

MM. Garnier, Duclos, Le Gallic, et M. Olier lui-même, sont au-dessus de tous les éloges. Je sais que leur école a produit de grandes illustrations dans l'Église ; moi aussi j'ai médité les belles paroles de Fénélon, si vraies pour son époque, et si souvent citées par ceux qu'elles concernent : « *Je ne connais rien de plus vénérable que Saint-Sulpice.* » Toutefois,

---

(1) Lisez l'ouvrage du savant Escobar *De triplici statu ecclesiastico*.

en présence de quelques faits isolés, mais qui menaceraient de devenir communs aujourd'hui, j'ai cru devoir élever la voix, signaler des abus, redresser autant que possible les applications fausses d'une règle bonne par sa nature, atteindre même de la pointe de ma plume les excès fâcheux ou ridicules.

Il y avait en moi, je le répète, la grande ambition de donner cours au bien par une sorte de constatation des éléments morbifiques dont il se mélange ; j'ai fait à cet égard ce que j'ai entrepris de faire pour toutes choses relatives au clergé : j'ai dit la vérité ; des récriminations inarticulées et furibondes ne prévaudraient pas contre elle ; j'ai usé du droit commun, et ne suis pas près de m'en repentir.

A la suite de ces courtes réflexions qui viennent d'elles-mêmes se répandre sur le papier, dirai-je que M. Emery fait nombre parmi les personnages précédemment cités ; que, s'il fut pour lui-même rigide observateur des Statuts qu'il recommandait au zèle et à l'exactitude d'autrui, rien de profane, rien de dangereux, rien de mesquin n'en devait, à son sens, vicier la pureté, qu'il enseigna la théologie, non pas à la mesure du Conciliabule de 1682, mais selon sa conscience et les invariables principes du catholicisme, qu'il prit au sérieux son choix d'état jusqu'à repousser des offres d'évêché avec l'insistance que mettent quelques-uns à les provoquer? — Mon lecteur dirait, et cette fois avec raison : vous ne m'apprenez rien.

Donc, M. Emery passa neuf ans à Saint-Sulpice. En 1756, il avait été ordonné prêtre; en 1759, il fut envoyé au séminaire d'Orléans pour y professer le dogme. Il n'y resta pas assez longtemps au gré de ses élèves, et même des autres habitants de cette ville singulière. Plutôt par le charme irrésistible de son caractère et de son esprit, qu'en conséquence des facultés appréciatives qui se développent difficilement, ce semble, à trente lieues sud de la capitale, les cœurs se sentaient entraînés vers lui; la confiance qu'il inspirait n'avait point de bornes; il était l'ami et le père des ecclésiastiques, l'intime confident et la lumière des simples fidèles. Rien n'égalait la sincérité de ses paroles, chose précieuse et plus rare qu'on ne pense chez ceux qui sont chargés de conduire les autres! Unissant à l'aménité la plus naturelle une austérité calme et parfaitement évangélique, s'il était loin de faire consister la piété dans un vain étalage de formes extérieures, dans telle ou telle coupe d'habit, dans une foule de méticuleuses pratiques dont on ne s'occupe d'ordinaire qu'au détriment du précepte, il savait aussi, en temps et lieu, faire sentir l'utilité de ces accidents de la vie ascétique, lorsqu'on les restreint à leur juste mesure. « L'homme qui est formé d'organes matériels comme d'intelligence, l'homme, depuis surtout que la faute primitive a détérioré sa nature, a besoin des signes visibles, pour aider son action sur les choses même incorporelles; mais de cette union nécessaire et dangereuse résulte encore un flux et reflux correlatif de passions bonnes ou mauvaises entre le corps et l'ame, une mutuelle dépendance qui fait que l'un souffre des souffrances de l'autre, jouit de ses félicités, et qu'ils n'inclinent ou ne s'élèvent jamais, pour ainsi dire, que simultanément. De là l'obligation de les surveiller à tour de rôle, d'empêcher le déplacement et l'usurpation, de régulariser les voies de communication et de rapport, de soumettre à de rudes épreuves celui des deux qui vaut moins et dont les influences sont plus funestes comme elles sont plus prochaines, plus journalières et plus faciles » (1). Telle était apparemment la pensée de M. Emery sur cette matière. C'est parce qu'il savait appliquer ses principes dans de justes et rigoureuses proportions, qu'au lieu de

(1) *De l'issue et sortie de l'âme hors le corps humain*, S. Cyril. d'Alex.

soulever des murmures, des plaintes ou quelque chose de plus, il fit bénir son autorité et chérir sa personne; c'est ainsi qu'il a laissé, jusque dans un pays fort peu sensible à autre chose que l'argent, un souvenir précieux et ineffaçable.

Au sortir d'Orléans, M. Emery se rendit à Lyon pour y professer la Morale au séminaire. Sur son séjour dans cette dernière localité, je n'aurais qu'à répéter à peu près textuellement ce que je viens de dire. Sa méthode d'enseignement n'était pas de celles qui ne tendent qu'à faire briller d'un éclat plus ou moins légitime le talent du professeur au dépens des élèves; il parlait avec précision, élégance et limpidité, mais sans apprêt et sans prétention, posait ses questions d'une manière merveilleuse, et si bien que la réponse, selon l'antique précepte, s'y trouvant implicitement contenue, arrivait comme d'elle-même à la suite. Sa classe était du reste une conversation douce et sérieuse à la fois; c'était comme une de ces réunions mystiques sur la montagne, où les philosophes de la Grèce développaient à leurs disciples assis autour d'eux les arcanes sacrés. — Qu'on me passe la fantaisie d'une comparaison, j'en suis ordinairement sobre.

En travaillant à l'instruction des autres, M. Emery ne s'oubliait pas lui-même : il complétait ses études premières, il approfondissait les points difficultueux et obscurs de la théologie, feuilletait ardemment le droit-canon, s'aguerrissait enfin pour les épreuves du doctorat. Il prit effectivement ses grades, et reçut le bonnet en 1764, à l'Université de Valence.

Mais n'oublions pas qu'il avait publié quelques années auparavant ses deux premiers ouvrages : l'*Esprit de Leibnitz*, et l'*Esprit de Sainte Thérèse*.

Son but, dans la première production, fut de ramener à la religion la foule de ceux qui, au dix-huitième siècle, s'en étaient éloignés par vanité. « Réunir en un volume tous les témoignages qu'un si grand homme a rendus à la vérité dans ses nombreux ouvrages, c'est assez démontrer que la foi ne procède pas essentiellement de la faiblesse, et qu'on peut être un excellent chrétien sans être un idiot; que dis-je? que celui-là seul est absurde qui est impie ou indifférent. » On ne pouvait faire un plus beau livre, si ce n'est l'*Esprit de Sainte Thérèse* (1).

---

(1) Leibnitz est un des plus grands génies qui jamais aient existé; on peut en dire autant de Sainte-Thérèse qui a mérité d'être appelée docteur de l'Église.

« Le vénérable Jean de Palafox, évêque d'Osma, a com-

Cet ouvrage ne s'adresse point aux mêmes lecteurs que l'autre. Fidèle à ses idées de rectitude morale et de modération, il avait dirigé d'abord ses remèdes vers un point extrême ; il les dirigea ensuite vers l'extrémité contraire.

« L'ascétisme, dit un auteur, a peuplé l'enfer, aussi bien que le péché de la chair ou l'athéisme effronté. Il est trop souvent un masque dont se pare l'orgueil pour commettre plus en sûreté et en plus grand nombre ses méfaits.

« Les personnes bien intentionnées elles-mêmes, confondent communément des choses distinctes par leur nature, prenant des degrés de perfection pour des obstacles mortels, jugeant d'après les yeux si sujets à l'illusion que la voie s'applanit pour elles là où se présente seulement l'apparence d'une superficie trompeuse sur d'effroyables abîmes. Les

---

menté une très grande partie de ses Œuvres. Le grand Bossuet en appelait la doctrine une doctrine céleste. Le savant et judicieux abbé Fleury, dans les *Mœurs des Israélites*, au témoignage du Concile de Trente et de saint Charles dont il appuyait un de ses sentiments, associe celui de sainte Thérèse et ajoute indistinctement qu'*il s'est déterminé sur de si grandes autorités*. Le célèbre abbé de Choisi admirait les Œuvres de notre Sainte : « Elles respirent, disait-il, l'amour divin et montrent un génie sublime. » Les Œuvres de sainte Thérèse lui ont mérité de la part des papes Grégoire XV et Urbain VIII, l'auguste titre de *docteur de l'Église* ; »
Esp. de sainte Thérèse, préf.

régions mystiques du christianisme sont en quelque sorte sa poésie, dont l'intime secret ne se révèle qu'aux intelligences d'élite ; elles supposent de l'enthousiasme dans la force, une sublime hardiesse dans l'ordre ; elles élèvent jusqu'au septième ciel celui qui s'y adonne, ou le frappent d'un anéantissement ridicule. »

C'était assurément une entreprise excellente que celle de M. Emery, lorsqu'il recueillait dans un simple petit livre, presque sous forme de manuel, ce qu'il avait trouvé de plus normal et de plus pratique dans les écrits de sainte Thérèse, élucidant les divers points de l'œuvre par l'habile disposition du contexte, observant une admirable gradation dans l'ensemble, conquérant pour la langue française, et par le fait d'une savante et pieuse ruse, si l'on me permet de parler ainsi, la *souveraineté spirituelle* de l'Espagne.

Dans une préface du genre de celles qu'il écrivait si bien, M. Emery développe ses motifs, que j'ai pu seulement indiquer ici. « On a dit qu'il n'était point d'auteur plus admiré et en même temps moins lu que Platon ; je ne sais si on ne pourrait en dire autant d'une sainte à qui la beauté du génie et l'élévation des pensées, la magnificence du style, la grandeur de caractère, donnent d'ailleurs, avec le *divin Platon*, une conformité frappante. On voit que nous parlons de sainte Thérèse....... On croit qu'il s'agit le plus souvent de révélations, de ravissements, d'extases, et que la sainte est perpétuellement abîmée dans le sein de la divinité, que de là elle donne des leçons de perfection, et tient un langage que les hommes peuvent à peine entendre.... Si nous convenons de ce qui précède, on doit aussi nous accorder que sainte Thérèse, dans ceux même de ses ouvrages où elle s'élève le plus haut, ne perd pas toujours de vue les ames qui tiennent à la terre. Elle parle toujours, il est vrai, le langage des anges, mais souvent c'est celui des anges se familiarisant et conversant avec les hommes......... d'ailleurs elle donne à l'usage de toutes les personnes..... les maximes les plus sages, les avertissements les plus salutaires, les règles les plus éprouvées ; et tout cela est présenté avec des graces, un naturel, un air d'amitié et de persuasion qui gagnent la confiance et entraînent l'acquiescement.... Le travail d'un éditeur qui rassemblerait quelques parties de ses œuvres (1) avec intelligence, ne serait-il pas vraiment important ?.....

« Voilà ce qui nous a fait naître l'idée et quel est

(1) Elles ont été traduites par Arnaud d'Andilli.

aussi l'objet de l'ouvrage que nous donnons au public. Nous avons eu pour modèle l'*Esprit de Saint François de Sales* et sa *Solide dévotion*, deux livres si utiles et si répandus, mais qui étaient au fond moins nécessaires et moins difficiles à exécuter que le nôtre.

« Les œuvres de sainte Thérèse proprement dites, ne sont pas l'unique fond dont nous avons tiré nos matériaux. Nous avons mis encore à contribution ses lettres imprimées (1), et celles que nous avons adoptées, ne seront pas la partie de notre ouvrage la moins curieuse et la moins instructive... Pour donner dans toute son étendue l'esprit de sainte Thérèse, nous avons jugé convenable d'en insérer quelques-unes, qui ne servent immédiatement qu'à faire connaître sa capacité dans la conduite des affaires, la gaîté de son caractère, la sensibilité de son cœur, les charmes de son esprit... »

Je m'arrête. Il fallait donner place à ces citations. Avant de passer outre, je veux dire bonnement à mon lecteur que j'ai pour ce livre une vieille et sincère prédilection. Au moment de l'analyser, je n'ai

(1) Dont le premier volume a été traduit, en 1653, par Pellicot, puis par Chappe de Ligny, avocat au Parlement; le second, en 1696, par la mère de Maupeou, supérieure des Carmélites de Saint-Denis (morte en 1727).

pas dû courir à ma bibliothèque ; il était là, sur un coin de ma table, à l'endroit accoutumé ; j'oserais presque ajouter qu'il était d'abord tout entier dans mon cœur. Hélas! au milieu des peines de la vie comme aux rares époques de la joie et du bonheur, il a été pour moi un doux compagnon, le plus sûr et le plus aimable confident.

Lisez cette sublime *Glosa*, chef-d'œuvre de poésie et d'amour :

  Que Muero porque no muero ;
  Ay ! que larga es esta vida !
  Que duros estos destierros,
  Esta carcel, y estos hierros
  En que el alma esta metida !
  Ay ! che vida tan amarga !
  Y si es dulce el amor,
  No lo es la esperança larga.
  O mi dios, quando serà ?
  Quando yo diga de vero :
  Que muero porque no muero ? (1).

Mais douze ans se sont écoulés depuis qu'à Valence nous avons vu M. Emery nommé maître en théologie. Il avait du reste assez bien rempli son temps. En 1776, il fut envoyé au séminaire d'An-

---

(1) Ceci est bien aussi beau que le célèbre ἀνέχου καὶ ἀπέχου.

gers comme supérieur, et M. de Grasse évêque de cette ville, le chargea bientôt des fonctions de grand-vicaire, je dirais mieux d'administrateur, car certains prélats, alors plus qu'aujourd'hui, se dispensaient aisément d'une résidence absolue. Mille circonstances, mille obligations, et quelquefois mille pures fantaisies les appelaient fréquemment soit dans de lointains châteaux, soit à Paris, soit ailleurs; l'épiscopat trop communément passait pour une espèce de riche sinécure; déplorable abus, mais qui souffrait exception, disons-le bien vîte ; on mettrait facilement en regard la plus belle de toutes les histoires de l'intelligence et de la vertu réunies, avec cette épigraphe tirée de Gibbon : *les évêques ont fait le royaume de France* (1) *et le monde ce qu'ils sont.*

M. Emery gouverna le diocèse d'Angers durant quelque temps pour les raisons qui viennent d'être dites, et durant quelque temps encore par suite de la mort de M. de Grasse au commencement de 1782.

Cette même année, M. Le Gallic, supérieur général de la Compagnie de Saint-Sulpice, après une administration paternelle et féconde pour le bien, donna sa démission. Il désirait vivre désor-

---

(1) Cité par M. de Maistre dans son ouvrage *Du Pape.*

mais dans la retraite pour ne plus s'occuper que de son salut. L'unanimité des suffrages lui donna pour successeur celui dont j'écris la notice; et en effet, je ne sais s'il lui manquait une seule des qualités requises pour ce poste difficile : « Esprit d'ordre, dit M. Picot (1), coup d'œil juste, connaissance des affaires, discernement des hommes, mélange heureux de douceur et de fermeté... » M. Picot n'a pas flatté M. Emery; cet éloge était de toute justice; j'ajoute qu'à aucune époque, la Compagnie, l'Église, la France même et le monde tout entier, n'eurent plus besoin d'un homme pareil. En suivant la marche des évènements, nous allons bien nous en convaincre.

Il était d'usage que les supérieurs généraux de Saint-Sulpice fussent pourvus d'une abbaye ; ne demandons pas si c'était aussi complètement *de règle*. Le roi nomma M. Emery en 1784 à celle de

---

(1) Mémoires pour servir à l'Histoire ecclésisastique, 4ᵉ v. Cet ouvrage est un des plus utiles que je connaisse ; il remplit parfaitement les conditions de son titre ; les documents qu'il donne sont sûrs à peu d'exception près, ils sont nombreux et précis. Il est à regretter que M. Picot n'ait pas eu le temps d'y donner suite comme il l'entendait, ou d'en compléter du moins la dernière édition. Je mets de côté les opinions et réflexions de l'auteur, que leur franche naïveté ne saurait souvent sauver du reproche de petites préventions puériles et quelquefois même d'honnête radotage.

Boisgroland, diocèse de Luçon (1). Il dut accepter. Or ceci se passait cinq ans avant la révolution.

Lorsqu'elle éclata en 1789, il venait d'établir à Baltimore un séminaire dont il confia la direction à ses prêtres, sous la surveillance de l'évêque, récemment appelé dans cette ville (2). Mais un coup fatal l'arrachait bientôt à ses pieuses occupations. Toutes les maisons cléricales furent fermées ou détruites ; il fut lui-même jeté à Sainte-Pélagie où il resta six semaines, puis à la Conciergerie où, durant seize mois, il vit passer les innombrables victimes de la terreur. « *Il faudrait bien en finir avec lui, disait Fouquier-Thinville, mais ce b... de petit prêtre empêche les autres de crier.* » Napoléon n'eut pas d'autre politique à l'égard de M. Emery.

En effet, il était devenu dans sa prison, comme ailleurs, l'objet d'une vénération générale. On eût dit qu'il était arrivé là de son plein gré pour offrir à ceux qui l'entouraient les secours du ministère évangélique. Il y rencontra particulièrement Claude Fauchet et Adrien Lamourette, deux malheureux apostats, qui aussi bien que les autres se sentirent

---

(1) Le revenu, du reste, en était peu considérable.
(2) Baltimore ne fut érigé en évêché qu'à cette époque. M. Maréchal était parmi ces prêtres.

entraînés par le charme de ses vertus et de sa douce aménité. Il eut le bonheur de les ramener à des idées meilleures, et reçut à la fin l'expression non équivoque de leur repentir.

Après la terreur, lorsque la liberté lui fut rendue, M. de Juigné le nomma son grand-vicaire; le saint archevêque était absent pour des raisons que n'avait pas naguère M. de Grasse, je veux dire qu'il était en exil. M. Emery administra presque seul le diocèse de Paris, et il justifia plus que jamais en cette circonstance les efforts qu'on devait faire plus tard auprès de lui pour le placer sur un siège épiscopal. Théologien grave, érudit et profond dans le conseil, doué d'une prudence et d'un jugement extraordinaires dans l'appréciation des hommes et des choses, dans la répartition des charges, dans tous ses rapports avec le clergé en général et chaque membre du clergé en particulier, toujours actif et modéré, sévère et miséricordieux, invariable partisan des principes, mais ennemi des mesures extrêmes, il faisait face à tous les besoins, à toutes les nécessités, à toutes les convenances. Sa correspondance était si étendue, qu'on ne conçoit pas qu'il pût y suffire ; je me trompe, il avait trouvé le grand moyen : un règlement. Nul ne l'aborda jamais sans obtenir une réponse et s'en aller plus heureux ; il encourageait les bons, il calmait et attirait doucement ceux qui ne l'étaient pas, le plus souvent même il arrivait ainsi à toutes les fins désirables; et je n'en suis pas surpris, car la rigueur, cet autre péché originel de tout pouvoir, ne sert journellement qu'à détruire ce qui n'était que chancelant, et à mettre le néant là où se trouvaient des ruines. Si, à cette époque lamentable, l'Église n'eut pas à pleurer jusqu'au dernier de ses enfants, c'est à lui qu'en revient la gloire. M. Emery fut le prêtre par excellence de la fin du dix-neuvième siècle et des premières années de celui-ci. Cependant, cette sage modération déplut à quelques hommes d'un zèle ardent qui l'accusèrent de faiblesse, et de n'avoir pas *tenu compte des circonstances ;* elle fut blâmée par les pusillanimes qui trouvèrent sa fermeté excessive, et lui reprochèrent de n'avoir pas *tenu compte des circonstances !* c'en est assez pour conclure qu'il marchait dans la droite voie. « Mais c'étaient eux qui changeaient, remarque M. Picot, avec une judicieuse naïveté; pour lui, il fut toujours le même, sachant céder lorsqu'il le croyait utile, sachant aussi résister avec force quand il le jugeait nécessaire. » (1).

(1) M. Emery ne répondit à ces attaques incohérentes que

Au milieu des immenses travaux et des inextricables détails d'une administration telle que l'était alors celle du diocèse de Paris, au bruit du tonnerre qui battait et déracinait sur tous points la vieille société française, et par contre la société universelle, M. Emery trouvait encore le temps de se recueillir pour composer des ouvrages en faveur de la cause du catholicisme. Il fut un des courageux écrivains qui attaquèrent de front la constitution civile ; « mais comme il parut alors beaucoup d'ouvrages de ce genre, on ne saurait dire positivement quel était le titre du sien, » dit encore M. Picot.

Dans la notice de M. Belmas, j'ai pris pour épigraphe une parole que voici : *La Providence n'a pas permis que l'Église constitutionnelle ait rien changé à la doctrine de l'Église* (1). M. Grégoire l'avait citée lui-même à M. de Quélen quelques jours avant d'expirer. S'en suit-il de là que les prêtres assermentés fussent dans une position régulière, que le souverain Pontife ne les ait pas formellement

par le silence ; et ceci me rappelle une belle parole : Celse opposait aux chrétiens la réflexion si connue d'Épictète lorsque Epaphrodite son maître lui cassa la jambe : *Je vous l'avais bien dit*. — Votre Christ a-t-il rien fait de plus grand? — Oui, il s'est tu, repartit Origène.

(1) Parole de M. Emery.

et absolument condamnés avec le *factum* schismatique de l'avocat du clergé, M. Camus, qu'enfin M. Emery professât sur cette matière des principes mal assurés ? C'est demander si l'on applaudirait aux iniquités de toutes sortes qui nous débordent en admirant la *providence* qui ne leur permet pas de prévaloir sur le bien, et qui, des éléments même de la mort, sait faire éclore l'abondance de la vie. *La Providence n'a pas permis que l'Église constitutionnelle*, quels que fussent ses vices internes et la pernicieuse influence de son action pratique, bien que par sa nature même, elle dût inévitablement produire, avec le schisme et l'hérésie, l'altération du dogme et l'anéantissement de la discipline, *ait rien changé à* l'invariable et immortelle *doctrine de l'Église* en France. Ce commentaire était ici d'autant plus utile, que plusieurs personnes depuis six mois m'ont mis en demeure d'expliquer l'épigraphe en question (1).

En 1797, M. Emery publia un mémoire sur cette question : *les religieuses peuvent-elles sans blesser leur conscience, recueillir des successions et dis-*

---

(1) On demandait dernièrement à un professeur de Saint-Sulpice s'il était vrai que M. Emery eût approuvé la *constitution civile* : il en était bien capable, répondit, de sa chaire, le professeur. Reste à s'expliquer cette réponse.

poser par testament? Le sujet qui n'est plus susceptible aujourd'hui d'une objection sérieuse était alors d'une extrême importance. L'auteur y déploie toutes les richesses d'une dialectique nerveuse et de l'érudition la moins contestable : droit coutumier, droit écrit, jurisprudence canonique, autorités de l'une et l'autre nature, chaque preuve et chaque fait possibles viennent concourir à la solution, et la solution est sans réplique.

A cette publication succéda l'écrit intitulé : *Conduite de l'Église dans la réception des ministres de la religion qui reviennent de l'hérésie et du schisme.* C'était la réfutation de quelques erreurs dangereuses qui du sein des parlements s'étaient insensiblement glissées dans les rangs même du clergé. En peu de temps, l'édition fut épuisée ; il en parut une seconde en 1803. Un ecclésiastique de bonne volonté en prépare, je le sais, une troisième avec préface et annotations. Puisse-t-il éviter le reproche de Pierre Ballero aux continuateurs de l'*Araucana* : *Ils ont mis une queue à ce pauvre don Alonzo d'Ercilla y Çuniga.* Les principes de ce livre sont malheureusement et heureusement d'une application journalière.

M. Emery fit encore dans les *Annales catho-*

liques (1) plusieurs articles qui furent particulièrement remarqués.

Il avait assez bien prouvé de cette sorte que s'il faisait, pour ainsi dire, des livres avec ceux des autres, ce n'était point par impossibilité d'en écrire de son propre fonds. Mais il était persuadé que ce genre d'études serait plus profitable pour l'Église; et sa modestie s'accommodait de son opinion; il eut persévéramment la pensée d'exploiter tous les philosophes comme il avait fait de Leibnitz; la mort n'a pas permis qu'il conduisit à fin cette pensée.

C'est en 1799, qu'il fit imprimer le *Christianisme de François Bacon*. La journée du 18 fructidor (4 septembre 1797), l'ayant derechef condamné à la retraite, il s'était livré entièrement à la composition de ces deux volumes. Le discours préliminaire est un chef-d'œuvre du genre; on ne saurait unir à des considérations plus profondes et plus larges sur la nature de l'homme, l'action créatrice et conservatrice de Dieu, les rapports mystérieux et constants de tous les êtres dans une harmonieuse unité providentielle, plus de douces inspirations d'amour pur, plus de science théolo-

---

(1) Ouvrage périodique en 15 volumes qui a paru sous divers titres.

gique, une plus suave douceur d'idées et de style. Lisez la vie du grand homme qui vient à la suite, et trouvez-moi, pour la continuation de mes notices, la plume qui l'a tracée; je deviens un admirable biographe.

J'avoue que *les éclaircissements* qui terminent l'ouvrage, m'ont paru moins achevés que le reste, mais à Dieu ne plaise que ceci me suffise pour formuler un jugement défavorable.

« Après la chûte du directoire, M. Emery reparut et donna dans les annales quelques écrits en faveur de la soumission » (1). Ici revient le fameux mot : *etiam dyscolis*. Est-il besoin de le justifier? Faut-il après avoir établi une distinction rigoureuse entre les gouvernements de fait et ceux de droit, démontrer qu'à ceux-ci le peuple doit une obéissance permanente, aux autres des concessions provisionnelles? On n'attend pas de moi un gros volume in-folio dans le cadre de 36 petites pages, et je suis forcé de traiter cette question comme naguère celle des mariages mixtes, c'est-à-dire de supposer chez autrui la connaissance des choses que je ne puis dire.

(1) Mémoires pour servir à l'histoire ecclésiastique, 4ᵉ vol.

Cependant, « quelques personnes crurent pouvoir l'accuser d'ambition; » rien assurément qui soit plus conforme à cette malheureuse bassesse humaine que nous déplorons souvent. Mais il fit tomber ces vains reproches en refusant, comme il me semble l'avoir rapporté, le siège épiscopal d'Arras en 1802.

Au reste, Bonaparte lui-même jugeait mieux M. Emery que n'avaient fait les bonnes âmes dont je viens de parler. Car, à l'occasion du Concordat, il le fit arrêter quelque temps. Expliquons, s'il se peut, les rapports de M. Emery et de Napoléon.

Je maintiens ma comparaison de la page 376. Comme Fouquier-Thinville, Bonaparte eût voulu se défaire de M. Emery qu'il craignait et que par conséquent il détestait : *ce petit prêtre* voyait trop clair et trop juste, il avait trop évidemment une conscience, son influence sur le clergé et les populations ne faisait pas l'objet d'un doute; toutes choses singulièrement mal commodes. Mais aussi ce *petit prêtre*, en raison même de son crédit et de son incontestable mérite, intègre et modéré comme il s'était toujours montré, ne pouvait-il pas devenir un instrument efficace de despotisme, pourvu qu'on parvînt à le séduire par des formes mielleuses, à le gagner enfin? Entre ces deux idées, la politique du consul et de l'empereur flottait incertaine, peureuse ; et c'est positivement ce qui explique ses variations et les contradictions permanentes de sa conduite à l'égard du supérieur général de Saint-Sulpice, tantôt frappé comme un misérable criminel par les coups ténébreux d'une infâme police, tantôt placé au niveau des plus grands personnages de l'État et de l'Église, ami ambitionné, si l'on peut user de cette expression, par le maître du monde.

Certes, M. Emery ne demandait qu'à reprendre ses fonctions premières : il rassembla en effet quelques jeunes gens, parmi lesquels se trouvait M. de Quélen, acheta une maison à Paris rue du Pot-de-fer ; et en établit plusieurs autres en province, secondé puissamment par les évêques, et singulièrement cher à l'un d'eux qui usa de son crédit très considérable alors pour le faire nommer conseiller de l'Université. Le cardinal de Belloy se l'était attaché comme grand-vicaire. L'Église de France, on peut le dire sans être accusé d'emphase et d'une trop grande complaisance, avait les yeux fixés sur lui.

Eh bien, je le demande, après tout ce qu'on vient de voir, comment s'expliquer le mot du P. H...

l'un de nos plus savants théologiens et de nos plus saints prêtres : LE PAPE AURAIT INTERDIT M. EMERY, S'IL EUT OSÉ ?

Suivons les faits, sachons si la fin répondit au commencement, et si rien ne justifiera une assertion pareille.

C'était en 1809, le pape refusait des bulles aux élus de Napoléon ; grand dommage ! L'homme incomparable ne fut point à court d'expédients : il improvisa une commission formée de MM. Maury, Fesch, l'archevêque de Tours, les évêques de Verdun, de Nantes, de Verceil et d'Évreux, le P. Fontana général des Barnabites et Emery, lesquels étant convoqués pour le 16 novembre au palais de son oncle, devaient tout simplement chercher les moyens de *pourvoir aux besoins des églises*. Trois questions furent posées : la première relative au gouvernement de l'Église, rapporteur M. l'évêque de Trèves ; la seconde au Concordat, rapporteur M. l'évêque de Nantes ; la dernière aux églises d'Allemagne et d'Italie, rapporteur M. l'archevêque de Tours. Après quelques séances, le P. Fontana vit la tournure que prenaient les affaires et disparut ; M. Emery crut qu'il était indispensable de rester pour défendre du moins, autant que possible, les droits du Saint-Siège ; mais lorsque les réponses furent prêtes le 11 janvier 1810; il refusa de signer, motivant son refus par des raisons de convenance : « mon nom, disait-il, ne doit pas figurer à côté de ceux des princes de l'Église. » En réalité, c'était un moyen d'accommoder sa conscience avec certains égards. Napoléon voulait davantage ; M. Emery eut ordre de quitter son séminaire (1).

On ne s'attendait pas à le trouver encore au sein d'une commission nouvelle; mais qu'on se rappelle la double idée du despote. En janvier 1811, eut lieu une seconde convocation, formée cette fois de MM. Maury, Fesch, Caselli et des mêmes que ci-dessus, exception faite du vénérable P. Fontana. Deux questions furent traitées. 1° Ne pouvant communiquer avec le pape, à qui doit-on s'adresser

---

(1) Cette assemblée avait été convoquée dans une matinée de mars. La réponse fut assez vague. Napoléon l'appela de nouveau en audience aux Tuileries. Bigot de Préameneu fit tous les efforts imaginables pour démoraliser les membres. Cette fois encore, on n'obtint pas le résultat désiré; de là nécessité d'une troisième convocation à laquelle l'empereur voulut donner toute la solennité possible. M. Emery n'ayant pas paru, le cardinal Fesch envoya pour le chercher deux évêques, MM. Jauffret et de Boulogne.

« Tous les évêques résisteront, disait le cardinal Fesch à son neveu, vous allez faire des martyrs. » M. Emery seul résista purement et simplement.

pour obtenir les dispenses? 2° Le pape persistant à refuser les bulles, quel serait le moyen de donner aux sujets nommés l'institution canonique? Prodige de folie et d'impiété sacrilège! De bonne foi, ne serait-ce pas une œuvre immensément curieuse et méritoire qu'une histoire véritable de cet homme autour duquel se grouppent toutes les adulations éhontées comme tous les plus délirants mensonges? mais je m'écarte de mon sujet.

Les réponses furent déposées entre les mains de Napoléon au mois de mars. Il y manquait encore la signature de M. Emery. Le maître se sentit piqué plus qu'il n'osa le dire, n'étant pas de ceux qui savent se vaincre avant d'avoir vaincu les autres.

Il manda M. Emery aux Tuileries avec les autres membres de la commision, puis ayant pris congé de ces derniers, il resta seul avec lui. Napoléon aimait à parler théologie. Le *petit prêtre* se mit incontinent à sa place, c'est-à-dire qu'il fit entendre un langage inconnu : celui de la vérité. « Il exposa la doctrine véritable de Bossuet, et osa même réclamer en faveur de la souveraineté temporelle des papes. Son courage mesuré, sa gravité modeste, ses raisons déduites avec force et présentées avec sagesse en imposèrent au perturbateur de l'Église qui ne se montra point offensé de sa liberté. M. Emery méritait, ajoute M. Picot, de finir ainsi sa carrière. Il tomba malade quelque temps après, soit que ce fût une suite de l'agitation qu'il avait éprouvée, soit que ce fût une nécessité de ses quatre-vingts ans, et mourut le 28 avril; »

Pour ne pas rompre la chaine des faits, il a fallu renvoyer ici ce qu'il nous reste à dire sur ses ouvrages. En 1803, il donna une édition nouvelle de l'*Esprit de Leibnitz* avec ce titre : *Pensées de Leibnitz sur la religion et la morale*, 2 vol. in-8°. Voici la seule faute qu'on puisse lui reprocher avec quelque fondement dans tout le cours de sa belle carrière : il augmenta cet ouvrage d'un *Éclaircissement sur la mitigation des peines de l'enfer*; et laissant aller son esprit au gré de son excellent cœur, si miséricordieux, si tendre et si aimant, hasarda sur cette matière infiniment délicate des opinions voisines de l'hérésie (1). Je me hâte de dire qu'aussitôt qu'il s'en aperçut, sans hésitation comme sans crainte, il arrêta la distribution de l'*Éclaircissement*, et qu'on en trouverait difficilement aujourd'hui un exem-

---

(1) Il ne s'agissait point ici de ces matières dont saint Grégoire de Nazianze a dit : *quód si res dubia est, vincat humanitas ac facilitas.*

plaire. Il publia en 1805 *la Défense de la révélation contre les objections des esprits forts par Euler, suivie des pensées de cet auteur sur la religion, supprimées dans la dernière édition de ses lettres à une princesse d'Allemagne.* En 1807, il rendit à sa pureté première le fameux discours de Fleury sur les libertés de l'Église gallicane, ce discours si indignement dénaturé par la bande noire des parlements Jansénistes. Il voulait ainsi démontrer que le savant Prieur n'était pas opposé à la cour de Rome; mais je n'affirmerais pas qu'il atteignit son but. La même année, parurent les *Nouveaux opuscules* en un petit volume auquel il fit quelques additions, toujours dans le même but; et Napoléon se mit en colère, il joua toutes ses comédies d'habitude devant son oncle qui lui conseilla d'appeler l'auteur pour avoir une explication.

Au reste, voici l'entretien parfaitement raconté par M. le chevalier Artaud :

M. Emery avait publié les *Nouveaux opuscules de l'abbé Fleury;* il avait ajouté plusieurs écrits de la main de cet auteur illustre et entr'autres une pièce très intéressante sur ce qui s'était passé dans l'année 1682, et sur le sens qu'on devait attacher, d'après Bossuet lui-même, au 4e article de la Déclaration concernant l'infaillibilité du pape. Ce petit ouvrage plut beaucoup aux étrangers, et fut très recherché à Rome; mais ce livre qui attirait à M. Emery tant d'éloges hors de sa patrie, lui suscitait de grandes persécutions en France. On l'accusa auprès de Fouché d'être ultramontain. L'empereur ne tarda pas à être informé de ces accusations ; on en parla dans le conseil d'état. M. de Fontanes prit hautement la défense du théologien, et soutint que M. Emery était un homme sage et très modéré, et qu'il s'applaudissait d'avoir un pareil homme dans l'université. Néanmoins les préventions de l'empereur subsistaient toujours. Il ne fallait pas avoir un défenseur du pape à Paris, quand M. Alquier était chargé de l'attaquer à Rome. Napoléon parla de cet incident à M. le cardinal Fesch qui, ne pouvant dissiper toutes ses préventions, conseilla de faire venir M. Emery à Fontainebleau où la cour devait encore rester, afin que l'empereur pût avoir avec lui quelques explications. L'empereur y consentit. M. Emery fut surpris d'une invitation dont on ne lui avait pas indiqué l'objet. Il assemble son conseil et lui dit : « L'empereur me mande à Fontaibleau. Je ne sais pas ce qu'il veut me dire. Peut-être désire-t-il me consulter sur ses démêlés avec le pape? Peut-être va-t-il supprimer la Compagnie? Ainsi il faut beaucoup prier pour moi, afin que Dieu m'inspire des réponses convenables. »

M. Emery attendit trois jours avant d'avoir une audience. Il passa une grande partie de ce temps dans la chapelle du château, priant pour les princes de la branche de Valois qui l'avaient fait bâtir et pour lesquels, disait-il, il y avait bien longtemps qu'on n'avait fait de prières. Il se proposait aussi de dire la vérité à Bonaparte sur ses querelles avec le pape, et il préparait ainsi son petit discours : « Je suis sur le bord de ma tombe, aucun intérêt humain ne peut agir sur moi, mais le seul intérêt de Votre Majesté (1) m'oblige à lui déclarer qu'il est très important pour elle de se reconcilier avec le pape, qu'autrement elle est exposée à de grands malheurs. »

Le moment de l'audience étant enfin arrivé, M. le cardinal Fesch alla prendre M. Emery, l'introduisit dans le cabinet de l'empereur, puis se retira. Napoléon commença par parler des *Opuscules*. « J'ai lu votre livre, lui fut-il dit, le voilà sur ma table. Il est vrai qu'il y a dans la préface quelque point qui n'est pas franc du collier, mais en somme il n'y a pas de quoi fouetter un chat. » Et Sa Majesté

« (1) L'intérêt seul, disait un ancien, nous dicte le respect que nous feignons pour les tyrans. Ils sont comme les ânes qu'on étrille pour en tirer service. » Aujourd'hui on userait de plus jolis termes pour dire la même chose.

prit M. Emery par l'oreille. C'était une gentillesse qu'il se permettait quelquefois vis-à-vis de ceux dont il était content. Il se l'était permise avec le prince-primat ; ce dernier s'en plaignit plus tard à M. Emery qui lui répondit : « Monseigneur, j'ai reçu la même faveur que Votre Altesse ; je n'osais pas m'en vanter, mais à présent que je la partage avec un si grand seigneur que vous, je vais le dire à tout le monde. » Napoléon ne cessa de parler de ses démêlés avec le pape, et déclara qu'il respectait la puissance spirituelle, mais que, quant à sa puissance temporelle, elle ne venait pas de J.-C., mais de Charlemagne, et que lui qui était empereur comme Charles, voulait ôter au pape cette puissance temporelle, pour qu'il lui restât plus de temps à donner aux affaires spirituelles. M. Emery, attaqué sur un autre terrain, objecta que Charlemagne d'abord n'avait pas donné au pape toutes ses possessions temporelles qui étaient très considérables dès le ve siècle, et qu'au moins l'empereur ne devait pas toucher à ces premiers biens temporels. M. Emery allait continuer ; Napoléon, qui n'était pas très instruit de l'histoire ecclésiastique et qui paraissait ignorer ce point, ne répondit rien à cet égard ; mais adoucissant sa voix, il s'empressa d'ajouter, sans suivre sa première idée, que le pape était un très brave homme, malheureusement entouré de cardinaux encroutés d'ultramontanisme qui lui donnaient de mauvais conseils. M. Alquier avait accusé les moines, Napoléon accusait les cardinaux. « Voyez-vous, reprit Napoléon, si je pouvais m'entretenir un quart-d'heure avec le pape, j'accommoderais tous nos différends. — Eh bien! puisque Votre Majesté veut tout accommoder, pourquoi ne laisse-t-elle pas venir le pape à Fontainebleau? — C'est ce que j'ai dessein de faire. — Mais dans quel état le ferez-vous venir? S'il traverse la France comme un captif, un tel voyage fera beaucoup de tort à Votre Majesté. Car vous pouvez compter qu'il sera environné de la vénération des fidèles. — Je n'entends pas le faire arriver comme un captif; je veux qu'on lui rende les mêmes honneurs que quand il est venu me sacrer. Après cela, il est bien surprenant que vous, qui avez appris toute votre vie la théologie, vous et tous les évêques de France, vous ne trouviez aucun moyen canonique pour *m'arranger* avec le pape. Quant à moi, si j'avais seulement étudié la théologie durant six mois, je débrouillerais toutes choses. . parce que (il posa le doigt sur son front) Dieu m'a donné l'intelligence. Je ne parlerais pas latin si bien que le pape; mon latin serait un *latin de cuisine,* mais bientôt j'aurais éclairci toutes les difficultés. » En ce moment M. Emery fit un signe qui voulait dire : Vous êtes bien heureux de vous croire en état de savoir toute la théologie en six mois, tandis que je ne la sais pas, moi qui l'ai étudiée toute ma vie.

L'entretien durait encore quand trois rois, le roi de Bavière, le roi de Wurtemberg et le roi de Hollande, se présentèrent à l'audience. On les annonçait à haute voix et avec beaucoup de solennité; l'empereur répondit sèchement : « Qu'ils attendent ! » Il est tout naturel de se croire le droit de faire attendre des rois qu'on a nommés soi-même. M. Emery voyant qu'il n'était pas congédié, reprit la parole et dit : « Sire, puisque vous avez daigné lire les *Opuscules de Fleury*, je vous prie d'accepter quelques additions que j'y ai faites, et qui sont le complément de l'ouvrage. » L'empereur les reçut et les mit sur sa table. Le but de M. Emery, en les lui offrant, était d'obtenir qu'il lût deux beaux témoignages de Bossuet et de Fénélon en faveur de l'église romaine, témoignages qui formaient une partie de ce supplément, et qu'ainsi il apprît à les respecter davantage. Quelques jours après, les *additions* furent saisies par la police et mises au pilon. Cependant il parut, dès ce moment, qu'il était entré dans l'esprit de l'empereur un sentiment d'estime et de vénération pour M. Emery. »

Je ne puis qu'indiquer les *Pensées de Descartes*, 1811, dernière production de M. Emery; les éditions de plusieurs ouvrages de M. de Luc et des *Lettres à un évêque sur divers points de morale et de discipline*, par *M. de Pompignan*, 1802 ; Puisque nous sommes avec le cardinal Fesch et Napoléon, restons là pour contempler l'agonie du *petit prêtre*.

M. Fournier, évêque de Montpellier, l'assista.

Le cardinal Fesch reçut ses derniers soupirs ; Il alla le soir à la cour, et s'étant présenté devant Napoléon, il lui dit : « J'ai une triste nouvelle à vous annoncer, c'est que M. Emery vient de mourir. » Napoléon répondit : « J'en suis fâché, j'en suis très fâché, c'était un homme sage, c'était un ecclésiastique d'un mérite distingué. Il faut lui faire des obsèques extraordinaires. »

Ses obsèques furent honorées par la présence de plusieurs prélats, par la présence du peuple et surtout des pauvres, par les larmes de ses élèves et de ses amis. Les séminaristes voulurent eux-mêmes porter son corps, il fut enterré dans sa maison d'Issy.

Napoléon voulait faire placer M. Emery au Panthéon.

1er Février 1842.

PARIS. — IMP. DE A APPERT, PASSAGE DU CAIRE, 54.

Biographie du Clergé Contemporain.

M. PARAVEY.

A. Appert, Édit. Passage du Caire, 54

M. PARADIS

Tel homme a tout ce qu'il souhaite et se peut définir... ...
... pour lui l'admire, lorsque... ...
à l'endroit où il a souper... ...
c'est lorqu'il est ou ce qu'il veut...
La Bruyère.

Plaçons-nous dans telles situations qu'il nous plaira, soyons homme de lec... grands honneurs et de plaisirs, choisissons de la cour ou de la retraite, vivons en philosophe avec les libertins, jamais nous n'aurons tous les biens dont nous... de sortir de nous-mêmes... ...
... ...
Massillon.

Il n'y a de bonne recette pour trouver le bonheur que de prendre le temps comme il vient, les gens comme ils sont, et d'être bien avec soi-même.
...

Il ... ...
...
... ...
les gens qui ...
...

Voici un personnage qui ... ... heureux généreux ... ... M. Par...
rey...
...

A. Appert Édit. Passage du Caire, 54.

M. PARAVEY.

> Tel homme au fond et en lui-même ne se peut définir ; trop de choses qui sont hors de lui l'altèrent, le changent, le bouleversent ; il n'est point précisément ce qu'il est ou ce qu'il paraît être.
> LABRUYÈRE.

> Plaçons-nous dans telle situation qu'il nous plaira, soyons homme de bien, soyons homme de plaisir, choisissons de la cour ou de la retraite, vivons en philosophe ou en libertin, jamais nous ne ferons tous les hommes approbateurs de notre conduite, ni ne réunirons tous les suffrages en notre faveur.
> MASSILLON.

> Il n'y a de bonne recette pour trouver le bonheur que de prendre le temps comme il vient, les gens comme ils sont, et d'être bien avec soi-même.
> Mme DU DEFFANT.

> Il n'est point de fonds qui rapporte plus d'amis que le fonds de la franchise et de la bonhomie ; on sourit aux bonnes gens comme on sourit à l'enfance.
> AZAÏS.

Voici un personnage peu éminent. On se demandera généralement : Qu'est-ce que M. Paravey ?

Au fait, sa vie n'a pas de caractère public, si j'en excepte une circonstance isolée et fortuite ; ses actes privés ne sont point de nature à fixer beaucoup l'attention. Il est difficile à définir.

Après avoir passé dans les couvents les premières années de sa jeunesse, il augmenta d'un uniforme les gigantesques armées de la République française, d'où il passa dans une maison de commerce, sans avoir positivement gagné les épaulettes de général. Il fut commis de banque; puis il fit un séjour de quatre ans au séminaire de Saint-Sulpice, et devint prêtre-administrateur à Saint-Germain-l'Auxerrois. Il est aujourd'hui chanoine titulaire de deuxième classe à Saint-Denis, et, je crois, gardien des tombes royales.

En regard de ces diverses positions, que dirai-je des qualités qu'il y déploya successivement ?

Ici, la même infécondité se révèle dans mon sujet.

Mais observons bien vite, avec Montesquieu, que le bon sens et le bonheur des particuliers consistent beaucoup dans la médiocrité de leurs talents et de leurs fortunes. Ce qui du moins paraît consolant.

Evidemment, il n'est pas et il ne doit pas être question des qualités du cœur. Elles sont grandes quelquefois chez les hommes obscurs, mais le voile qui les couvre en dérobe complètement la vue, ou du moins en rend l'appréciation fort difficile. Si elles sont communes, elles se confondent dans la foule, et sont encore comme n'étant pas. Si elles manquent totalement, la délicatesse veut que l'écrivain n'ait pas l'air de s'en apercevoir (1).

Les qualités de l'intelligence sont d'une condition différente. Elles se révèlent très habituellement par le fait même de leur existence ; elles se formulent dans un écrit, dans le discours, dans une espèce quelconque d'opérations produites et, pour ainsi dire, palpables. Loin de récuser l'examen, elles le provoquent et l'implorent.

Or, M. Paravey n'est point un écrivain, ni un orateur. On chercherait vainement un établissement qu'il ait fondé ou restauré, une idée nouvelle qu'il ait introduite en ce monde. Comme homme privé, ses habitudes sont excellemment pacifiques et négatives ; le suprême mérite de sa conversation c'est qu'elle se borne à de rares monosyllabes ; il paraît

---

(1) Et puis les hommes comptent presque pour rien les qualités du cœur, et idolatrent les talents du corps et de l'esprit : celui qui dit froidement de soi et sans croire blesser la modestie, qu'il est bon, qu'il est constant, fidèle, sincère, équitable, reconnaissant, n'ose dire qu'il est vif, qu'il a les dents belles et la peau douce, cela est trop fort.
LA BRUYÈRE.

avoir senti toute la sagesse de la maxime antique : *Tais-toi, ou dis quelque chose qui vaille mieux que ton silence* (1). Au point de vue théologique, rien autre chose. Il n'est pas, comme MM. Fayet, Gousset et Carrière, le casuiste que viennent consulter les fonctionnaires de paroisses; son confessionnal n'est point assiégé comme celui de M. l'abbé Badiche; il n'argumente point dans les conférences comme tels et tels que je pourrais nommer; il est purement et simplement à la hauteur du vulgaire. A d'autres égards, ses succès de collège n'ont point fait époque; et lorsqu'il s'associait à la maison de banque de son frère, il n'a pas inventé les théories financières de Jacques Bresson.

Il a soixante-quinze ans. A moins d'un miracle, tout porte à croire que sa carrière est close, c'est-à-dire qu'il ne fera pas plus qu'il n'a fait.

Cependant une place lui appartient dans cette Biographie. Son nom est historique; le peuple de Paris, qui peut-être ne s'en souvient plus, le prononçait il y a douze ans avec enthousiasme et vénération. En ce temps-là, l'émeute furieuse et féroce s'apprivoisa devant lui. Abandonnée à ses instincts,

---

(1) Ménandre.

elle pouvait égorger encore une foule de prêtres ; elle eût toujours épargné celui-là. C'est qu'il s'appelait *le prêtre des tombes du Louvre.*

Expliquons-nous.

Le 30 juillet 1830, après la fameuse et fantastique bataille des trois jours, les rues étaient jonchées de cadavres ; la place du Louvre surtout, par suite des assauts livrés sous la colonnade, présentait l'aspect d'un charnier ravagé. Les vainqueurs s'attendrirent, et je suppose que tel fut leur raisonnement plus ou moins explicite :

« Le Clergé n'aime pas la révolution. Durant les
« quinze années qui viennent de s'écouler, il en a
« **combattu** de toutes ses forces les principes et les
« progrès, si bien qu'il s'était en quelque sorte iden-
« tifié à la branche royale que nous brisons, et que
« *le coup dont on la tue* doit lui *saigner* (1) sur le
« cœur. Ce serait donc lui jouer un fort vilain
« tour que de l'amener par la violence ou la ruse
« à bénir ce qu'il méprise et repousse. Nos morts
« sont là. Demandons pour eux la sépulture chré-
« tienne. »

Quand même il serait démontré que je m'abuse

---

(1) Corneille.

sur les intentions en ce point, l'on aurait peine, ce me semble, à en indiquer de meilleures. Hors de là, je ne trouve, pour expliquer une étrangeté pareille, que d'indéfinissables caprices, de petites fantaisies invraisemblables, une lubie comme en ont souvent les multitudes et les femmes coquettes.

Les choses étant ainsi, la populace se porta sur la place du Louvre, et ensuite au presbytère de Saint Germain-l'Auxerrois.

Toutes les portes restèrent fermées. Une seule s'ouvrit au quatrième étage, c'était celle de M. l'abbé Paravey.

« Où étaient donc les sept à huit prêtres qui habitent le presbytère? »

Il y a plusieurs manières de répondre à cette question.

Ou ils étaient absents, et je crois qu'à leur place beaucoup d'autres se fussent ingéniés du même moyen pour échapper à un massacre probable. Un martyre inutile est plus qu'un grand malheur, c'est une sottise. « Or, dit La Bruyère, il n'y a rien qui rafraîchisse le sang comme d'avoir su éviter de faire une sottise. »

Ou bien, étant présents, ils jugeaient convenable et même obligatoire de s'abstenir jusqu'à ce qu'ils eussent pris les informations de leurs chefs naturels; et, en ce dernier cas, avant de les blâmer, il faudrait être complètement au fait de la discipline ecclésiastique. Hormis les accidents généraux et journaliers du ministère, il est une somme d'évènements possibles, mais rares, qui excèdent la compétence du simple prêtre et se rangent dans la catégorie des pouvoirs réservés. Celui qui, de son propre mouvement, s'ingère de certaines fonctions relatives à ces règlements exceptionnels, non-seulement commet un crime *in se*, mais, se trouvant *suspens par le fait même*, c'est-à-dire dépouillé de ses titres, il ne saurait toujours agir qu'*illicitement*, et quelquefois *invalidement*. *Benè præcipiunt qui vetant quidquam agere quod dubitas æquum sit an iniquum; æquitas enim lucet ipsa per se; dubitatio cogitationem significat injuriæ* (1).

Ou bien encore, si l'on veut que ces deux hypothèses ne soient point admissibles, leurs convictions politiques ne leur permettaient pas de prêter l'oreille à la réquisition dont il s'agit. La liberté de penser, commune à tous, et si hautement proclamée, n'est pas apparemment une prérogative confiscable chez eux. Or, comme je l'ai dit plus d'une fois, entre la foi politique et la foi sociale, entre

(1). Cicer.

celles-ci et la foi morale ou catholique, les rapports sont nombreux, étroits, nécessaires, évidents, d'autant plus évidents que celui qui les étudie a plus de philosophie et de conscience. Lors donc, et cette conclusion mérite quelques égards, lorsqu'ils ne voyaient dans ce ramas de cadavres que des restes maudits de brigands surpris par la mort en état flagrant d'assassinat, pouvaient-ils répandre sur eux l'*eau lustrale?* Le refus était un devoir, la condescendance n'eût été qu'une honteuse et sacrilège pasquinade!

Mais je vois qu'en disculpant les autres, j'accuse M. Paravey. C'est une conséquence inévitable et que toutefois mes intentions réprouvent. Quelques mots suffiront, je l'espère, pour éclaircir cette apparente opposition.

Chacun fut irréprochable.

M. l'abbé Paravey, soit qu'il eût gardé la chambre, comme je l'ai dit d'après mes notes, soit qu'il fût occupé dans la sacristie à enregistrer un baptême, suivant une autre version, avait voulu rester à son poste. Pouvait-il le vouloir, ou, pour mieux dire, en avait-il le droit? Là est la première question. Eh bien, non, s'il jugeait dans toute la sincérité de son âme les hommes et les choses aussi défavorablement que faisaient ses confrères, car il eût commis alors l'énorme niaiserie que j'ai signalée; oui, s'il ne prévoyait pas des excès effroyables à la suite de la guerre civile, et si d'ailleurs il sympathisait avec les rebelles, ce qui me donne lieu d'examiner immédiatement la troisième difficulté.

Sur celle-ci, je ne dois rien préjuger. Les opinions gouvernementales de M. Paravey me sont inconnues. Mais j'argumente *du possible*, et c'est assez. Je me persuade, sans motifs bien précis, qu'il apercevait dans cette violente substitution d'un roi à un autre roi, et peut-être d'une monarchie à un état quelconque d'espèce différente, le salut du peuple et la restauration du catholicisme en France. De l'idée que je lui prête, qu'il aurait conçue naturellement et de très bonne foi, dérivaient des conséquences pratiques. Qui donc lui saurait mauvais gré de les avoir adoptées de point en point? Ce n'est pas Escobar que je trouve absurde, quand de misérables petits faquins citent en ricanant sa fameuse maxime, ainsi formulée:

Quidquid agant homines, intentio judicat omnes.

Resterait la deuxième question; mais la réponse se présente d'elle-même. Si jamais la frayeur fut chose permise, c'est bien alors. En face de ces bandes armées de toutes pièces et menaçantes, le plus déterminé des prêtres légitimistes se fût rendu.

La résistance n'était pas moins impossible qu'inutile. Ajoutez à ces causes l'instinct de la conservation si naturel, si impérieux. Que sera-ce si l'on admet en outre les prédispositions de conscience et d'opinions dont nous parlions tout-à-l'heure ? L'obéissance, quelque absolue et sacrée qu'elle soit, mesure sur nos forces ses exigences les plus rigoureuses. *Deus impossibilia non jubet.*

J'ai trouvé dans Cicéron cette belle pensée qui m'a frappé : « Ce n'est pas seulement une générosité, c'est souvent un grand avantage de relâcher quelque chose de ses droits. »

M. Paravey sortit, et, environné de respect et d'acclamations, il faut en convenir, se rendit au lieu désigné.

On avait creusé une fosse devant la partie de la colonnade qui avoisine la Seine. C'est là que furent déposés tous les cadavres. Le pieux officiant récita les prières des morts au milieu d'une foule immense, silencieuse, *profondément* recueillie. La cérémonie dura plus d'une heure (1).

---

(1) Voici en quels termes le *Journal des Débats* rendait compte de cette cérémonie :

« Il existe vis-à-vis le Louvre, sous la colonnade, et vis-à-vis l'église Saint-Germain-l'Auxerrois, une place nue qui était entourée d'une simple barricade en bois : c'est dans un coin

Lorsqu'elle fut finie, la foule se rangea sur deux rangs pour laisser passer le *ministre de Dieu;* elle le reconduisit triomphalement au presbytère.

Cette populace est bonne, lorsqu'on fait ce qu'elle veut!

On ne songea plus à M. l'abbé Paravey que pour consigner dans les journaux une dispute qui fut soulevée à son sujet. Les défenseurs et les accusateurs se montrèrent passionnés, impertinents, menteurs, à l'envi les uns des autres. Me préserve le ciel de

de cette place et du côté de la Seine qu'ont été ensevelis aujourd'hui d'héroïques citoyens qui ont succombé dans les journées du 28 et du 29. On a creusé deux grandes fosses dans lesquelles quatre-vingts cadavres à peu près ont été placés entre deux couches de chaux vive; les morts étaient apportés dans de grands fourgons et retirés l'un après l'autre. Un frère a reconnu son frère; le cadavre était ensanglanté et presque méconnaissable, cependant le frère de la victime s'est jeté sur ce corps avec des plaintes. Le jeune homme a voulu couper une mèche de cheveux à ce cadavre; on lui a prêté un couteau, il a coupé les cheveux, il a embrassé son frère, après quoi il l'a abandonné à la fosse qui le réclamait. Les citoyens ont rendu à ces corps tous les honneurs dus aux soldats et aux chrétiens. Ils ont déchargé leurs fusils sur cette vaste tombe; ils ont appelé un prêtre de l'église Saint-Germain-l'Auxerrois: M. l'abbé Paravey est venu en habits sacerdotaux, et il a béni la terre des morts. La garde nationale a reconduit *monsieur le curé* jusqu'à sa porte. Quelle guerre! quelle histoire! quel peuple! En ce moment, il élève sur le champ de repos une croix de bois sur laquelle on lit, pour toute inscription funéraire:

« *Aux Français morts pour la liberté!* »

répéter leurs bavardages. M. Paravey ne répondit pas ; il fit bien. Madame de Maintenon l'a dit : « On ne triomphe de la calomnie qu'en la dédaignant. » Ce que Tacite exprime ainsi : « *Spreta exolescunt ; si irascare, adgnita videntur.* »

La catastrophe du 13 février est connue. C'était six mois plus tard, époque du pillage de l'archevêché et des scènes atroces de Saint-Germain l'Auxerrois. Du sein de la dévastation, parmi les cris de rage et de mort, un nom se fit entendre : *l'abbé Paravey !* Un homme écrivit au charbon sur une porte : CHAMBRE DE L'ABBÉ PARAVEY. Une sentinelle y fut placée ; on respecta cette chambre.

Ainsi, ce jour-là, on se souvint encore du nom de M. l'abbé Paravey. Le gouvernement lui-même, fils de la révolution de juillet, s'occupa de sa personne pour lui donner le ruban de la Légion-d'Honneur, en attendant mieux.

On l'a fait ensuite, comme je l'ai dit plus haut, membre du chapitre royal de Saint-Denis où il n'est remarqué que par ceux qui le voient traverser la grande rue pour se rendre à l'office canonial.

Je l'ai vu moi-même. Il sortait en effet du N° 184 de la grande-rue. Quelqu'un m'apprit qu'il habitait là, au deuxième étage, un modeste appartement. — M. l'abbé Paravey est d'une taille ordinaire, plutôt au-dessous qu'au-dessus de la moyenne. Sa physionomie (1), sans rien avoir de très saillant, ne manque pas d'expression ; mais ce n'est pas l'esprit, c'est plutôt la bonhomie qu'elle accuse, une bonhomie mélangée de quelques légères prétentions à la finesse. Ses yeux tirent avantage de la modestie qui les incline ordinairement; on n'y trouve rien à lire. Il a la démarche timide et hésitante du vieillard, le son de voix à l'avenant, et la mise fort soignée, car il possède au suprême degré cette heureuse disposition que saint François de Sales appelait une vertu, et dont madame Necker a dit : « La propreté est la toilette de la vieillesse. » Il vit sobrement (2), il a un air de bonheur, et sa santé actuelle lui promet de longs jours que je lui souhaite.

Quant à ses habitudes, les avis sont partagés. Les uns assurent qu'il est d'une affabilité charmante et d'un commerce agréable, les autres qu'il n'est rien de tout cela ; et les derniers attribuent la morgue qu'ils lui supposent, soit à la politique désespérée d'un homme qui, ne pouvant se faire valoir par des

---

(1) « La physionomie, pour un observateur attentif, est le portrait du caractère. »   Comte de Ségur.

(2) Sénèque définit la tempérance *la plus fine et la plus délicate des voluptés.*

3

qualités d'intelligence expansives et nettes, s'efforce d'y suppléer par une rude et facile taciturnité, soit au vertige que lui cause son élévation inattendue. N'étant pas initié à l'intérieur de M. l'abbé Paravey, je n'ai pas le droit d'émettre un avis.

J'aime mieux jeter un coup-d'œil sur la partie purement historique ou chronologique, si l'on veut, de sa vie, le prendre à son berceau, le suivre dans ses conditions diverses, dire enfin quel a été cet homme dont j'ai pu raconter les choses qu'on vient de voir, le dire à ses enthousiastes de la place du Louvre, s'ils se souviennent de lui, et alors même qu'ils l'auraient oublié, le leur dire encore. Plaise à Dieu que les préliminaires de cette notice aient provoqué chez mon lecteur le désir et l'impatience de la connaître.

Jean-Baptiste Paravey naquit à Gray, petite ville de Franche-Comté (aujourd'hui sous-préfecture de la Haute-Saône), le 19 décembre 1767. Il est d'une famille de commerçants.

Après avoir passé comme tout autre par les premières épreuves de l'existence que Sénèque a si bien décrites, et Job mieux encore : *Homo natus muliere, brevi vivens tempore, multis repletur miseriis*, il fut, lui aussi, mis à l'école, et apprit à lire moyennant les procédés d'usage : la patience et la férule, les exclamations admiratives de sa mère et les livres barbouillés d'encre ou mis en pièces. Que sais-je? il arriva de la sorte au collège.

Le collège de Gray était alors dirigé par des prêtres séculiers, et jouissait d'une certaine vogue dans le pays. Il y fit toutes ses études de latinité, de philosophie et de physique.

Sa vocation pour l'état ecclésiastique s'était manifestée de bonne heure. Encore enfant, il se faisait remarquer entre ceux de son âge par sa piété, sa précoce gravité, son goût pour les choses religieuses, sa naïve innocence. Il aurait voulu entrer au séminaire de Besançon, déjà en possession de sa haute renommée théologique, *mais ses parents le destinaient aux ordres religieux* (1).

Cette réflexion d'un biographe tendrait à faire croire que les inspirations du jeune Paravey furent contrariées, d'autant qu'on trouve à la suite ces paroles dignes d'attention : *il se soumit à leur volonté.*

On est fort peu scrupuleux en général sur ces matières. Les vocations tout-à-fait libres sont infiniment rares. A cette époque de la vie où l'homme fait un choix d'état, rien n'est plus impressionnable

---

(1) *Biographie des hommes du jour.*

que ses sens et son âme, plus inconsistant et plus flexible que sa volonté. Une ombre qui passe laisserait sur lui son empreinte.

Que ce soit le vœu d'une famille d'avoir un prêtre parmi ses membres, s'il est trop persévéramment exprimé par des personnes chères, ce vœu peut avoir sur le sujet que je suppose une influence irrésistible, et par conséquent funeste, alors surtout qu'à ces motifs déterminants se joint une direction ou éducation analogue.

Je ne parle point des violences déclarées et brutales.

Souvent, et aujourd'hui plus que jamais, la pieuse ambition de recueillir des ouvriers pour la vigne du Seigneur entraîne à des excès et à des calamités qu'on ne soupçonne pas. Un pauvre petit paysan se distingue à l'école primaire par son intelligence et sa bonne conduite; il devient enfant de chœur, et un jour on a entendu qu'il disait : *Je voudrais bien être prêtre*. Le curé du lieu saisit le mot au passage, conçoit lui-même des espérances qui lui font battre le cœur délicieusement, organise un *plan d'occupation*, si je puis ainsi m'exprimer, et il atteint son but. Je me trompe, il a fait un malheureux, car il a pris pour des désirs réfléchis ce qui n'était que le caprice ingénu d'une âme séduite par des effets extérieurs, de beaux ornements, une grande soutane noire, la réputation de profonde science et les hommages de vénération qui entourent M. le curé ; l'enfant de chœur se voyait tout simplement dans l'avenir à la place de celui-ci, et son imagination lui donnait un enfant de chœur semblable à lui. Mais plus tard le caractère se forme et se rassied, les passions naissent, l'esprit de comparaison vient avec elles, le voile des illusions tombe, tout est changé. Le séminariste pleure les erreurs dorées du pauvre petit paysan. Le clerc tonsuré craindra, s'il se désiste, de laisser soupçonner sa sincérité et son honneur, car on dira que sous un prétexte de vocation, il voulait faire gratuitement ses études, sauf à se retirer ensuite (1) ; le sous-diacre, qui sait ? le prêtre lui-même sentira que ses obligations lui pèsent, l'écrasent comme une monstrueuse chaîne à traîner et à ronger durant les siècles éternels.

Ceci est maintenant d'application journalière, et voilà pourquoi je n'ai point résisté à l'attrait d'une petite digression qui sera suivie de plusieurs autres.

---

(1) Un homme ne doit jamais rougir d'avouer qu'il a eu tort ou qu'il s'est trompé, ou qu'il a été trompé, car en faisant cet aveu, il prouve qu'il est plus sage aujourd'hui qu'il ne l'était hier.   POPE.

Les monastères, sous ce rapport de la vocation, couvrirent jadis des mystères effroyables.

D'où je conclus, non pas qu'il faille traiter légèrement ce que j'ose appeler les instincts ecclésiastiques, ralentir le zèle de ces admirables pasteurs qui peuplent les séminaires, mettre en doute le libre arbitre de tel ou tel individu, méconnaître les immenses avantages de la vie *régulière* (1), mais qu'il convient d'apporter une extrême délicatesse, une pureté à toute épreuve, beaucoup de jugement et de prudence dans l'adoption des moyens et l'usage qu'on en fait, pour le but même le plus louable.

N'eussé-je empêché qu'une vocation malheureuse avec ces réflexions et avec tous mes écrits, que j'estimerais ma carrière fort honorablement parcourue, alors même que des puristes m'accuseraient de divaguer en traitant de tout à propos de tout.

Pour ce qui est de M. l'abbé Paravey, on comprendra que les deux dernières pages qui sont écrites à son sujet, ne concernent pas absolument sa personne.

---

(1) Voici une belle pensée de Fénélon sur les Cloîtres : « le cloître, dit-il, n'est pas un lieu de captivité, mais un asile ; on n'obéit aux supérieurs que pour obéir à la règle, et à la règle que pour obéir à l'évangile ; on n'obéit à cette autorité douce et charitable que pour n'obéir pas au monde, au péché et aux passions les plus tyranniques ; si on se dépouille des faux biens, c'est pour se revêtir de Jésus-Christ.

En janvier 1786, il se rendit à Vendôme et entra dans la célèbre abbaye des Bénédictins de la congrégation de Saint-Maur.

Le 1ᵉʳ janvier 1789, il y prononça ses vœux.

On était bien près de la grande révolution. Le ciel dès-lors était chargé de tempêtes et de ténèbres ; nul ne doutait ou du moins ne pouvait douter d'une explosion terrible. Il était héroïque de prendre un engagement à pareille heure ; ce fut pourtant chose commune ; qu'on le sache bien, pour la gloire de l'Église catholique et du clergé français.

Treize mois après, parut une loi qui supprimait les ordres religieux. M. Paravey venait de quitter Vendôme pour passer à l'abbaye de Saint-Bénigne de Dijon. C'est là que cette loi lui fut signifiée, en avril 1790.

Il se retira à la campagne, avec un de ses vieux confrères, et il y resta jusqu'au mois de juin 1793.

Dieu qui seul fait des choses admirables, *qui facis mirabilia solus*, montra plus évidemment que jamais en ces funestes conjonctures comment il sait, des sources mêmes du mal, tirer un principe de salut et de vie. La persécution, en dispersant ses élus, répandit proportionnellement par le monde les vraies lumières et l'odeur de leurs vertus ; si elle interrompit de prodigieux travaux en détruisant les éléments d'une activité recueillie et collective, elle en occasionna de plus étonnants peut-être sur une infinité de divers points; si elle diminua le nombre des individus, elle centupla l'énergie de ceux qui restèrent. Bien des contrées, sans la révolution de 1793, seraient encore assises à l'ombre de la mort.

Selon la mesure de ses forces, sur un théâtre peu apparent, Dom Paravey fit fructifier pour le service de Dieu le talent qui lui avait été donné. Il visitait les malades et les pauvres, catéchisait les enfants, cherchait l'enfant prodigue que souvent il avait le bonheur de ramener dans la maison du père de famille. A force de patience, de douceur et de charité, il mettait le pasteur sur la voie des conversions les plus difficiles; il lui préparait l'accès auprès d'un mourant obstiné dans l'impénitence finale; il propageait de bons livres d'une doctrine pure et consacrée, réconciliait les ennemis, établissait la concorde et l'union par de sages avis et par une juste répartition d'éloges ou de blâmes; il faisait de son exil un apostolat.

Qu'on mesure ici le mérite de M. Paravey sur les paroles de Montesquieu : « La plupart des hommes sont plus capables de grandes actions que de bonnes. »

Mais en juin 1793, le siège de Lyon ayant été résolu, et la Convention ayant fait des levées en masse, il fut incorporé dans le huitième bataillon de la Côte-d'Or qui s'organisait à Villefranche.

J'ai peine à me figurer dom Paravey avec de grosses moutaches, des guêtres pyramidales, une queue poudroyante et finement tressée, soldat de la république-une-et-indivisible.

C'est qu'ainsi que je le disais plus haut, je l'ai vu dans son costume clérical.

Que n'ai-je donc de quoi contredire mes assertions premières? Trouvez-moi qu'il ait escaladé une brèche, pris un rebelle au collet, souffert en quelque endroit du contact exagéré d'un biscayen, jeté à la postérité un de ces grands mots que savaient si bien fabriquer les éditeurs des *Victoires et Conquêtes*, etc., etc.....

J'ai eu trop raison.

M. Paravey à trente ans devait singulièrement ressembler à M. l'abbé Paravey septuagénaire. Il paraît clair que cette nature a toujours été douce, amoureuse de la paix, un peu inerte. Ses mouvements sont raides et mathématiquement combinés, ils n'ont rien d'une grande vivacité perdue, d'une flexibilité d'autrefois qui, à toutes les dates de l'existence, laisse toujours quelques indices qui la rappellent. M. Paravey oserait-il assassiner une mouche avec préméditation? M. Paravey est, à coup sûr, l'antipode de ce qu'on nomme par excellence *le soldat.*

Lui-même se connaissait merveilleusement, et je prévois qu'il ne sera pas un des derniers à justifier mon avis.

Il servit durant quatre mois qui furent pour lui quatre myriades de siècles. En octobre, son bataillon reçut l'ordre de se diriger sur le Rhin. C'était bien loin.

Mais, heureusement, il avait passé l'âge de la réquisition. Il n'hésita point à demander son congé, l'obtint, revint en toute hâte dans son pays natal, et suivit les affaires commerciales de ses parents.

On dit qu'il avait en cela violenté ses goûts, je veux bien le croire; toujours est-il que le négoce fut moins antipathique à ses dispositions naturelles que la carrière des armes. Il s'y distingua un peu davantage.

Là, on lui tint compte de son inaltérable probité, de son jugement sûr, de la droiture de ses décisions dans les différents arbitrages dont le tribunal de commerce le chargeait fréquemment. Il fut bientôt nommé membre de ce tribunal qu'il présida pendant sept années.

Nous observons qu'il n'était point prêtre, bien qu'il eût fait ses vœux de religion chez les Bénédictins. Eh, l'eût-il été, son autorité n'y perdrait rien ; au contraire, elle s'augmenterait de toute la sainte majesté de son caractère. Je ne vois pas quel grand mal ce serait que toute justice humaine fût rendue par ceux auxquels le Seigneur a dit : « *Ce que vous lierez sur la terre sera lié dans le ciel, et ce que vous délierez sur la terre sera délié dans le ciel.* » Paroles absolues qui n'admettent pas les subtiles distinctions de l'ordre spirituel à l'ordre temporel, paroles que l'on avait comprises selon leur vrai sens à d'autres époques que les nôtres, du temps de saint Grégoire VII, par exemple. — Mais à côté de nos légistes, qu'est-ce que saint Grégoire VII, Bellarmin, etc., etc. ? Arrêtons-nous un instant ici.

On nomme souvent la magistrature un sacerdoce, et c'est avec raison.

Si les juges d'aujourd'hui ne vivent plus comme des prêtres, je n'ose les en blâmer absolument, mais ils pourraient faire mieux. Tels n'étaient pas les membres des Parlements. Les dissipations du monde, quelles qu'elles fussent, ne les effleuraient pas même. Figurez-vous donc L'Hopital ou Lamoignon dans un quadrille, émerveillant l'assistance par des complications d'entrechats (1)! Pothier récitait tous les jours son bréviaire, et bien d'autres faisaient comme lui..... Que dirai-je ?

Chez presque toutes les nations de l'antiquité, le même homme réunissait la dignité de prêtre à celle de juge.

Ces sept années furent encore un temps d'apostolat pour M. Paravey, et comme une préparation plus prochaine à la grande détermination qu'il allait prendre. Nous allons voir comment.

Dans la région des intérêts industriels et commerciaux, bien des questions s'agitent et se heurtent; la confusion naît de là. Avec de la mauvaise foi, on dénature les choses les plus simples; et si rien n'est plus facile généralement que de se faire une conscience large et fausse, que sera-ce d'une espèce d'hommes dont toute la vie se groupe, pour ainsi dire, autour d'une somme quelconque de chiffres, et s'est identifiée à des combinaisons matérielles toujours palpitantes, toujours capitales, toujours fragiles, toujours attaquées par toutes les forces et toutes les ruses possibles, toujours brutales

---

(1) « L'homme d'esprit et de sens est ordinairement sérieux, dit un écrivain; il n'y a pas de quoi rire en ce monde. » — La dernière observation serait peut-être contestable.

et furieuses par conséquent ? « Ainsi se font, suivant le mot de Jean-Jacques Rousseau, les cœurs qui n'ont point d'étoffe, et les âmes à vendre. »

On a dit avec quelque semblant d'exagération, mais non sans vérité, que le commerce était le vol élevé à sa plus haute puissance. Et, de fait, il entre habituellement dans une spéculation, même à l'insu de ceux qui la conçoivent, un désir plus ou moins implicite, mais réel, de desservir autrui à leur avantage. Moyennant je ne sais quel vernis social et le prétexte de faire contrepoids à des iniquités passées en usage, on croit son honneur satisfait ; on se fie à l'idée qu'étant tout juste en équilibre sur la limite qui sépare le *code pénal* d'un registre de *Doit et Avoir*, on se tient assez droit pour ne pas tomber précisément du mauvais côté.

Voilà le commerce, indépendamment des mille et mille réflexions qu'un tel sujet pourrait encore nous inspirer.

Or, quelle sagesse ne suppose pas la magistrature commerciale dans les hommes qui en sont investis ? Quelle probité ! quel courage ! quelle longanimité ! quelle pénétration ! quelle science des positions, des habitudes, des individus, de la société ! Quelle philosophie et quel sang-froid ! quel désintéressement et quelle indépendance ! Quel don du ciel que l'aptitude à des fonctions si délicates et si magnifiques! et comme saint Ambroise avait raison, lorsque, dans son enthousiasme mêlé d'épouvante et d'espoir, il faisait honneur à Dieu lui-même de cette qualité de juge : *Judex crederis esse venturus!*

Que si j'avais assez connu, dans ses plus intimes détails, l'existence judiciaire de M. Paravey, rien ne m'eût empêché de montrer en quoi et comment ses divers actes répondirent aux saintes et innombrables exigences de sa position. Vous l'auriez vu en présence des plaideurs, impassible, recueilli, écoutant, dans l'attitude du respect et de la bonté, les raisons et les plaintes des deux parties irritées, et, après les avoir interrogées et comprises, établissant lui-même avec une parfaite lucidité l'état de la question, déduisant de tels et tels motifs des conséquences précises, irréfragables, concluant, s'il y avait lieu et chaque fois qu'il y avait lieu, à la conciliation ; ou, s'il lui semblait nécessaire de soumettre à une sentence judiciaire le point en litige, disposant toutes choses pour qu'au moins, de part et d'autre, la conscience fût sauve et le danger aussi restreint que possible. Tel je l'aurais montré dans le conseil.

Dans l'exercice public de ses fonctions, sa conduite nous eût édifiés de même.

M. Paravey vint à Paris en 1822. Je ne sais

quelles circonstances l'y amenèrent ; je sais seulement que ce fut au grand regret de ses compatriotes.

Ici est la date de son entrée dans la maison de banque de son frère. Nouveau sujet de réflexions.

S'il y a au monde quelque chose de plus épineux que le commerce, pour un homme droit et pur, c'est la finance. *Il est plus facile à un chameau de passer par le trou d'une aiguille*, disait Jésus-Christ, *qu'à un riche d'entrer dans le royaume des cieux*. Ceci regardait particulièrement, j'en suis bien sûr, les banquiers et tous les gens de bourse. J'ai lu un poëme polonais, fort original et fort spirituel du reste (1), où il est dit que « *le héros trouva des individus de tous genres dans le ciel* (il voyageait par-là), *des comédiens, des Turcs, des voleurs, des Grecs schismatiques*, etc., etc., etc., et , sauf respect, jusqu'à *l'empereur Nicolas premier* lui-même, *mais qu'il n'y vit pas l'ombre d'un financier.* »

Du reste, dans toutes les conditions, le pauvre est bien proche de l'homme de bien, et l'opulent n'est guère éloigné de la friponnerie.

---

(1) On m'a dit que l'auteur de ce poëme était un jeune homme actuellement réfugié en France et résidant à Paris.

Celui qui est financier ne peut être homme, à moins d'un miracle; son art consiste à dépouiller le plus possible ce dernier caractère pour accumuler le plus possible (1). Écoutez-le, il vous dira en riant qu'avec de la pitié on ne fait pas ses affaires, ce qui est incontestable au point de vue qu'il occupe, car il exploite la fortune d'autrui en l'amoindrissant sous couleur de la conserver, en rendant indispensables ses semblants de bons offices qu'il fait payer fort cher; de là une souffrance irrémédiable chez ses clients, de là de continuelles plaintes; qu'il en soit ému et qu'il y fasse droit, il est inconséquent, il se nie, c'est un suicide.

« Le fort se nourrit de la graisse du faible, dit la comédie indienne, et si le faible jette un cri de douleur, le fort lui répond : c'est en mangeant ce qui m'appartient que le faible s'engraisse; que réclame-t-il ? et si je l'abandonne, que mangera-t-il demain ? »

Je m'explique ainsi le malaise de M. Paravey dans sa condition nouvelle. Il ne put longtemps s'y maintenir; et un jour on apprit qu'il était allé

---

(1) A ceci s'applique une admirable expression de l'Écriture-Sainte ; *viri isti posuerunt immunditias suas in cordibus suis.*   ÉZÉCHIEL. 30-2.

s'asseoir sur les bancs du séminaire de Saint-Sulpice, c'est-à-dire qu'il avait repris son ancien état de vie, moins la règle monastique. C'était son fait.

On n'est jamais bien que soi-même (1).

J'éloigne une réflexion douloureuse. L'infortune a aussi sa pudeur. Elle a des mystères lamentables qu'on ne pourrait sonder sans violation. Un mot, et c'est assez : « Il n'y a rien de plus intéressant, dit Barthélemy, que l'extrême douceur jointe à l'extrême souffrance. » Ce mot regarde M. Paravey. Je cite encore une parole de Buffon, que ceci me rappelle. « Si l'on observait les hommes, on verrait que presque tous mènent une vie ou timide ou contentieuse, et que la plupart meurent de chagrin. »

Il est inutile d'examiner si M. Paravey se mit à la tête de ses condisciples par l'étendue de son esprit et de ses connaissances, mais il se fit assurément remarquer par sa pieuse régularité.

Le 23 décembre de l'année 1826, après un séjour de quatre ans à Saint-Sulpice, il fut ordonné prêtre. Il y était entré en 1822.

Ce fut une bonne acquisition pour le diocèse de Paris.

(1) Gresset.

M. de Quélen le nomma prêtre-administrateur-sacristain à Saint-Germain-l'Auxerrois.

On ignore assez universellement, et surtout dans les provinces, ce que c'est qu'un prêtre-administrateur, tel que nous en voyons à Paris.

En général, le prêtre-administrateur est, suivant l'expression connue, un *homme de peine*. Il fait la besogne qui fatiguerait les titulaires des paroisses : si M. le curé visite les malades du premier étage, et MM. les vicaires ceux du deuxième, ceux du sixième lui sont réservés. Il a encore à lui tous les pauvres, les petits baptêmes, les mariés sans équipage, les enterrements de dernière classe. C'est une prérogative qu'on ne saurait lui ravir, de se lever la nuit pour l'extrême-onction, et de courir, à travers les ténèbres, les dangers et la boue des rues, vers un mourant qui l'appelle, de faire l'aumône aux plus nécessiteux, d'entendre les confessions *occasionnelles*, d'expliquer à des enfants évaporés et quelquefois stupides, la lettre du catéchisme, d'entendre persévéramment les dévotes mécontentes et scrupuleuses, etc., etc. (1).

---

(1) On s'acharne fort gentiment à me reprocher ce qu'on a la politesse de nommer des niaiseries; ce sont de petits détails un peu minutieux sur les personnages dont je m'occupe. S'il était besoin de répondre sérieusement à ces obli-

Il serait difficile que le prêtre-administrateur fût un être vermeil et rebondi comme on a dit de tous temps que l'étaient les chanoines; le mouvement l'amaigrit, et il n'a pas une table de Cambacérès, étant un peu moins appointé qu'un commis de magasin qui s'estime.

Observons cependant qu'il y a plus d'une sorte d'administrateurs.

Leur position varie selon l'importance diverse des églises qui les emploient.

A Saint-Roch, un prêtre-administrateur peut se croire un personnage; son travail est plus partagé et par conséquent moindre, parce qu'il a plus de confrères. Il touche deux mille trente-cinq francs à la fabrique, ce qui, avec les honoraires de ses messes, forme deux mille quatre cents francs. Il est envié.

---

geantes critiques, je citerais M. de La Motte, Plutarque, Abély, etc., etc.; le silence me plaît davantage. Toutefois voici un petit passage sur saint François-de-Sales, que je recommande à la considération de mes Grands-juges littéraires.

« C'était une chose édifiante de voir de quel œil et de quel cœur il recevait en ces occasions une poignée de noix ou de châtaignes, ou des pommes, ou de petits fromages, ou des œufs que les enfants et les pauvres lui présentaient. D'autres lui donnaient des sols, des doubles ou des liards, qu'il recevait humblement, avec action de grâce. Il recevait même des trois, des quatre sols pour dire des messes, qu'on lui envoyait de quelques villages, et les disait avec grand soin. »

(*Esprit de saint François de Sales.*)

Qu'il y a loin de celui-là aux *hommes de peine* de Sainte-Marguerite ou de Saint-Gervais, etc., etc.! Nous en saurons quelque chose, lorsque, suivant mon habitude de considérer les ecclésiastiques, non pas sur les dignités dont on les entoure, mais sur le mérite qu'ils ont, je prendrai dans ces deux églises le sujet de deux ou trois notices.

— Il serait bien temps, ce me semble, de songer qu'un prêtre, fût-il administrateur, doit avoir une position sociale dans un pays catholique, je veux dire une position fixe, des ressources proportionnées à cette position, si bien que, par une espèce de contradiction dérisoire et cruelle, il ne joignît pas à l'obligation de donner beaucoup le malheur de ne rien posséder.

Car, je le demande, à qui s'adressent ceux qui ont faim et ceux qui sont nus, si ce n'est à celui-là seul qu'ils connaissent et peuvent voir, sauf exceptions (1), le prêtre-administrateur ?

---

(1) On me fera l'honneur de penser que j'établis une thèse générale *de re*, sans répudier aucune des admirables exceptions qui se présentent à distances, *quoad personas*. Je parle d'un *état de choses*, mais non de tels ou tels hommes; et, par exemple, je ne vois pas un prêtre-administrateur qui puisse se flatter d'être, plus que M. Fayet et MM. les curés de Saint-Gervais et de Sainte-Marguerite, *les courtisans du pauvre*. Mais, encore une fois, des exceptions, quelque belles qu'elles

On dit qu'il en fut toujours ainsi, et que ce qui a été peut bien être encore. On allègue la coutume, qu'il est toujours dangereux de changer. C'est une objection ridicule et incroyable, mais c'est la plus ordinaire : « Le fils de Dieu, répond Tertullien, ne s'est pas appelé *la coutume*, il s'est appelé *la vérité. Christus veritatem se, non consuetudinem nuncupavit ?* »

Saint-Germain-l'Auxerrois est une paroisse mitoyenne entre celles que je viens de nommer.

Là, M. Paravey remplit de point en point son mandat. Il fit de son modeste traitement et de ses ressources personnelles un usage conforme à l'esprit de la charité sacerdotale; il travailla, comme ses confrères, dans le silence et l'obscurité, mais d'une manière aussi efficace que possible, à la sanctification des âmes, et même au bien-être temporel des paroissiens, sans aspirer, certes, à la célébrité; heureux, dans sa douce modestie, d'espérer pour l'autre vie la récompense et la gloire promises *aux hommes de bonne volonté.*

La célébrité vint le chercher, célébrité fragile et passagère, il est vrai : la révolution de juillet

---

soient, n'empêchent pas les abus généraux, elles en prouvent au contraire l'existence, puisqu'elles sont des exceptions.

éclata ; et il s'en ressentit, comme nous l'avons rapporté en commençant.

En résumé, M. Paravey est un excellent homme et un excellent prêtre, qui se montra toujours à la hauteur, sinon au-dessus, de son sort ; il faut surtout remarquer que, parmi les chanoines de Saint-Denis, nul ne remplit ses fonctions capitulaires avec une plus parfaite exactitude (1) ; d'autre part,

(1) On sera curieux de trouver ici quelques particularités sur le second ordre du chapitre de Saint-Denis.

Il fut institué en 1816, par ordonnance royale. D'abord nul n'était nommé s'il n'avait justifié de dix années de services comme chef dans une partie quelconque de l'administration ecclésiastique. Il y avait obligation de résider à Saint-Denis et d'assister aux offices capitulaires. Les appointements étaient de 3,000 fr. pour les simples chanoines, de 4,000 fr. pour les dignitaires, et de 6,000 fr. pour le doyen.

En 1831, la loi qui prescrivit l'extinction du chapitre au fur et à mesure des décès, confirma néanmoins l'ordonnance de 1816, relativement à ceux qui étaient alors titulaires.

Toutefois, comme la loi n'avait qu'un but économique, le roi pouvait nommer aux vacances, pourvu que le traitement des nouveaux élus fût pris sur la liste civile, et non sur le budget de l'état.

Le chapitre du premier ordre remonte à 1806. — Il n'y a pas, à proprement parler, de premier ordre pour les fonctions ; il n'y en a que pour les appointements.

Le décret impérial avait établi dix chanoines-évêques, aux appointements de 10,000 fr. qui furent réduits à 8,000 fr. en 1830. — Mêmes obligations de résider, de suivre régulièrement les offices, d'acquitter les fondations établies, etc., etc.

De ces dix chanoines, il en reste six qui perçoivent ensemble 48,000 fr.

L'auteur de l'écrit où je puise ces renseignements, les as-

M. Paravey est un homme heureux, au sens de madame du Deffant: « Il n'y a de bonne recette pour trouver le bonheur que de prendre le temps comme il vient, les gens comme ils sont, et d'être bien avec soi-même. »

Mon troisième volume est achevé. Pour le clore, j'ai saisi avec empressement cette notice qui pouvait se borner à quelques lignes. Les précédentes, plus substantielles par elles-mêmes, ne m'avaient pas permis d'émettre certaines idées que j'estime importantes. Je les ai placées ici; elles forment un complément nécessaire, et j'aurai atteint mon but si la Biographie arrive à cette conclusion de Diderot : « Tout bien considéré, les hommes n'ont rien de mieux à faire dans ce monde que d'être vertueux. »

saisonne de réflexions piquantes et judicieuses. Il oppose la règle aux usages qui la neutralisent ; ses assertions reposent sur des faits hautement énoncés, de notoriété publique, et incontestables. Ce qui me manque pour les reproduire, ce n'est pas le désir et la sympathie, mais autre chose.

10 Février 1842.

Paris. — Imp. de A. APPERT, pass. du Caire, 54.

www.ingramcontent.com/pod-product-compliance
Lightning Source LLC
Chambersburg PA
CBHW051139230426
43670CB00007B/864